全国"七五"普法统编教材

QUANGUO QIWU PUFA TONGBIAN JIAOCAI

"大众创业 万众创新"

法律知识读本

中国社会科学院法学研究所法治宣传教育与公法研究中心◎组织编写

总顾问：张苏军

总主编：李　林　　本册主编：陈百顺　陈　娟

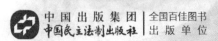

中国出版集团
中国民主法制出版社

全国百佳图书
出版单位

图书在版编目（CIP）数据

"大众创业 万众创新"法律知识读本：以案释法版 /中国社会科学院法学研究所法治宣传教育与公法研究中心组织编写. -- 北京 ：中国民主法制出版社，2016.7

全国"七五"普法统编教材

ISBN 978-7-5162-1207-3

Ⅰ．①大… Ⅱ．①中… Ⅲ．①法律－中国－普及读物 Ⅳ．①D920.5

中国版本图书馆CIP数据核字（2016）第132889号

责任编辑 / 张静西
装帧设计 / 郑文娟　苏　鑫

书　　名 / "大众创业 万众创新"法律知识读本（以案释法版）
作　　者 / 陈百顺　陈　娟

出版 · 发行 / 中国民主法制出版社
社　　址 / 北京市丰台区右安门外玉林里7号（100069）
电　　话 / 010-62155988
传　　真 / 010-62151293
经　　销 / 新华书店
开　　本 / 16开　710mm×1000mm
印　　张 / 14.875
字　　数 / 242千字
版　　本 / 2016年7月第1版　　2016年7月第1次印刷
印　　刷 / 北京精乐翔印刷有限公司

书　　号 / ISBN 978-7-5162-1207-3
定　　价 / 28.00元
出 版 声 明 / 版权所有，侵权必究。

（如有缺页或倒装，本社负责退换）

丛书编委会名单

总　顾　问：张苏军

主　　　任：李　林　刘海涛

委　　　员：李　林　陈甦　陈泽宪　孙宪忠　刘作翔　李明德

　　　　　　王敏远　周汉华　邹海林　莫纪宏　田　禾　熊秋红

　　　　　　张　生　沈　涓　刘海涛　赵卜慧　陈晗雨　陈百顺

　　　　　　沙崇凡　艾其来　吴丽华　宋玉珍　陈禄强　栾兆安

办公室主任：莫纪宏　陈百顺

办公室成员：谢增毅　廖　凡　李　忠　李洪雷　陈欣新　陈根发

　　　　　　翟国强　刘小妹　李　霞　戴瑞君　聂秀时　李长涛

　　　　　　邵　波　赵　波　胡俊平　陈　娟　严月仙　罗　卉

　　　　　　张静西　马凤燕　杨　文　刘佳迪　郭槿桉

总　序

搞好法治宣传教育
营造良好法治氛围

全面推进依法治国，是坚持和发展中国特色社会主义，努力建设法治中国的必然要求和重要保障，事关党执政兴国、人民幸福安康、国家长治久安。

我们党长期重视依法治国，特别是党的十八大以来，以习近平同志为总书记的党中央对全面依法治国作出了重要部署，对法治宣传教育提出了新的更高要求，明确了法治宣传教育的基本定位、重大任务和重要措施。十八届三中全会要求"健全社会普法教育机制"；十八届四中全会要求"坚持把全民普法和守法作为依法治国的长期基础性工作，深入开展法治宣传教育"；十八届五中全会要求"弘扬社会主义法治精神，增强全社会特别是公职人员尊法学法守法用法观念，在全社会形成良好法治氛围和法治习惯"。习近平总书记多次强调，领导干部要做尊法学法守法用法的模范。法治宣传教育要创新形式、注重实效，为我们做好工作提供了基本遵循。

当前，我国正处于全面建成小康社会的决定性阶段，依法治国在党和国家工作全局中的地位更加突出，严格执法、公正司法的要求越来越高，维护社会公平正义的责任越来越大。按照全面依法治国新要求，深入开展法治宣传教育，充分发挥法治宣传教育在全面依法治国中的基础作用，推动全社会树立法治意识，为"十三五"时期经济社会发展营造良好法治环境，为实现"两个一百年"奋斗目标和中华民族伟大复兴的中国梦作出新贡献，责任重大、意义重大。

为深入贯彻党的十八大和十八届三中、四中、五中全会精神，贯彻落实习近平总书记系列重要讲话精神特别是依法治国重要思想，深入扎实地做好"七五"普法工作，中国社会科学院法学研究所联合中国民主法制出版社，经过反复研究、精心准备，特组织国内从事法律教学、研究和实务的专家学者，在新一轮的五年普法规划实施期间，郑重推出"全面推进依法治国精品书库（六大系列）"，即《全国"七五"普法统编教材（以案释法版，25册）》《青少年法治教育系列教材（法治实践版，30册）》《新时期法治宣传教育工作系列丛书（30册）》《"谁执法谁普法"系列丛书（以案释法版，70册）》《"七五"普法书架——以案释法系列丛书（60册）》和《"谁执法谁普法"

系列宣传册（漫画故事版，70册）》。六套丛书均注重采取宣讲要点、以案释法、图文并茂、通俗易懂的形式，紧紧围绕普法宣传的重点、法律规定的要点、群众关注的焦点、社会关注的热点、司法实践的难点，结合普法学习、法律运用和司法实践进行了全面阐释。丛书涵盖了中国特色社会主义法律体系的方方面面，系统收录了各类法律法规和规章，筛选了涉及经济、政治、文化、社会和生态文明建设的各类典型案例，清晰展现了法律教学研究和司法工作的生动实践，同时兼顾了领导干部、青少年学生、工人和农民等不同普法对象的学习需求，具有很强的实用性和操作性，对于普法学习、法学研究和司法实务均具有较好的参考价值。

丛书的出版，有助于广大公民深入学习中央关于全面推进依法治国的战略布局，系统掌握宪法和法律规定，学会运用多样的权利救济途径表达诉求、维护合法权益；有助于广大行政执法人员和法律工作者进一步优化知识结构，丰富相关法律知识储备，强化能力素质和提高工作水平；有助于广大司法实务工作者准确把握法律应用方面的最新进展，解决实际工作中存在的司法疑难问题。

诚然，中国特色社会主义的建设日新月异，依法治国的实践也在不断丰富和发展。丛书出版后，还需要结合普法实践新进展，立法工作新动态和执法司法新需求，及时进行修订完善和内容更新，以确保读者及时、准确掌握中央全面推进依法治国的新要求、立法执法的新进展，使丛书的社会应用价值不断提升。

全面建成小康社会、实现中华民族伟大复兴的中国梦，必须全面推进依法治国；落实依法治国基本方略，必须不断提高全社会的法律应用水平。衷心希望这六套丛书的出版，能够在普法学习宣传、法学理论研究和教学、法律工作实务方面起到应有作用，切实有助于广大公务人员能够更好地运用法治思维和法治方式推动工作，带头在宪法法律范围内活动；有助于执法司法工作人员始终坚持严格执法、公正司法，不断提升执法司法能力；有助于广大干部群众坚持依法治理，加强法治保障，运用法治思维和法治方式化解社会矛盾，更好地营造学法、尊法、守法、用法的良好氛围。

本书编委会
2016年5月

目　　录

第一章　全面推进依法治国战略 ‥‥‥‥‥‥‥‥‥‥‥‥‥‥‥‥ 1
　第一节　全面推进依法治国战略概述 ‥‥‥‥‥‥‥‥‥‥‥‥ 1
　　以案释法 01　让人民群众在司法案件中感受到公平正义 ‥‥ 11
　第二节　宪法及行政法相关规定 ‥‥‥‥‥‥‥‥‥‥‥‥‥‥ 12
　　以案释法 02　换届选举的法律严肃性不容挑战 ‥‥‥‥‥‥ 24
　　以案释法 03　行政不作为被判败诉 ‥‥‥‥‥‥‥‥‥‥‥ 39
　　以案释法 04　行政机关对不属于本机关办理职责的事项应依法移送
　　　　　　　　有关机关 ‥‥‥‥‥‥‥‥‥‥‥‥‥‥‥‥‥ 40
　第三节　"七五"普法规划的主要内容 ‥‥‥‥‥‥‥‥‥‥‥ 41
第二章　大众创业、万众创新政策概述 ‥‥‥‥‥‥‥‥‥‥‥‥ 48
　第一节　大众创业、万众创新的提出背景 ‥‥‥‥‥‥‥‥‥‥ 48
　第二节　大众创业、万众创新的政策解读 ‥‥‥‥‥‥‥‥‥‥ 50
　第三节　大众创业、万众创新的重要意义 ‥‥‥‥‥‥‥‥‥‥ 52
第三章　从依法创业创新开始 ‥‥‥‥‥‥‥‥‥‥‥‥‥‥‥‥ 56
　第一节　创业创新者学法、懂法的重要意义 ‥‥‥‥‥‥‥‥‥ 56
　第二节　与创业创新密切相关的法律政策规定 ‥‥‥‥‥‥‥‥ 57
　　以案释法 05　创业中要消除"法盲" ‥‥‥‥‥‥‥‥‥‥‥ 62
　第三节　创业创新者面临的法律风险防范 ‥‥‥‥‥‥‥‥‥‥ 62
　　以案释法 06　因无权代理所签订的合同效力的确定 ‥‥‥‥ 65
　　以案释法 07　公司未给缴员工社保费被起诉 ‥‥‥‥‥‥‥ 68
　　以案释法 08　使用未经注册的商标有风险 ‥‥‥‥‥‥‥‥ 70
　第四节　创业创新者法律素质培养 ‥‥‥‥‥‥‥‥‥‥‥‥‥ 71
　　以案释法 09　创业者选择商标需谨慎 ‥‥‥‥‥‥‥‥‥‥ 72
第四章　大众创业常见法律问题处理 ‥‥‥‥‥‥‥‥‥‥‥‥‥ 73
　第一节　如何开办企业 ‥‥‥‥‥‥‥‥‥‥‥‥‥‥‥‥‥‥ 73
　　以案释法 10　合伙协议一方能否只经营不出资 ‥‥‥‥‥‥ 78
　第二节　如何依法融资 ‥‥‥‥‥‥‥‥‥‥‥‥‥‥‥‥‥‥ 78
　　以案释法 11　企业虚构融资用途非法吸收公众存款案 ‥‥‥ 81
　第三节　如何合法用工 ‥‥‥‥‥‥‥‥‥‥‥‥‥‥‥‥‥‥ 82

以案释法 12　法定节假日的工资标准 ……………………… 86

第四节　如何签订与管理合同 ……………………………… 87

以案释法 13　承诺须与要约一致并在有效期内作出 …… 89

以案释法 14　合同履行过程中变更合同的协议应采用书面形式 …… 91

以案释法 15　合同中的违约责任 ………………………… 94

第五节　如何依法纳税 ……………………………………… 95

以案释法 16　酒店偷税案 ………………………………… 97

第六节　如何依法经营与开展正当竞争 …………………… 98

以案释法 17　高压锅爆炸引发侵权 ……………………… 101

以案释法 18　喝啤酒喝出铁丝 …………………………… 106

以案释法 19　建筑施工单位不依法建立应急救援组织案 …… 109

以案释法 20　买手机扫微信有奖销售案 ………………… 113

以案释法 21　曲某诉山东某公司大气污染责任纠纷案 …… 117

第七节　如何避免知识产权侵权 …………………………… 118

以案释法 22　两公司同时申请商标注册案 ……………… 122

以案释法 23　"职务发明"的专利权人归属 ……………… 124

以案释法 24　李某侵犯某百货商场商业秘密案 ………… 126

以案释法 25　某书局诉 A 文化公司侵权案：古籍整理也有著作权 …… 128

以案释法 26　网游公司侵犯著作权改编权案 …………… 134

第八节　如何办理企业解散与清算 ………………………… 135

以案释法 27　独资企业投资人解散企业案 ……………… 139

第九节　常见创业法律纠纷处理 …………………………… 139

以案释法 28　同工同酬的认定 …………………………… 141

第五章　万众创新常见法律问题处理 ………………………… 144

第一节　如何申请专利及其保护 …………………………… 144

以案释法 29　面膜外观设计专利权被侵案 ……………… 146

第二节　技术创新成果如何许可实施 ……………………… 147

第三节　如何实现技术创新成果的资本化 ………………… 152

以案释法 30　专利技术出资案 …………………………… 159

第四节　如何依法享受技术创新的税收优惠 ……………… 159

以案释法 31　取得高新技术企业资格可享受企业所得税优惠 …… 162

第五节　技术创新与相关竞争法建设 ……………………… 162

以案释法 32　不正当竞争纠纷中的专利权滥用认定 …… 168

第六节　创新中常见法律纠纷处理 ………………………… 168

以案释法 33　商标权侵权纠纷案件 ……………………… 176

第六章　创业创新常见刑事犯罪预防 ………………………… 178

第一节　创业企业常见刑事犯罪预防 ……………………… 178

以案释法 34　刘某虚报注册资本案 ·················· 179

以案释法 35　欺诈发行股票案 ······················· 181

以案释法 36　季某销售伪劣产品案 ·················· 184

以案释法 37　周某逃税案 ··························· 187

第二节　创业创新者常见刑事犯罪预防 ················· 187

以案释法 38　注册公司销售未上市公司股票，被判以非法经营罪··· 191

以案释法 39　黄某非法经营案 ······················· 192

以案释法 40　某公司行贿案 ························· 192

附　录 ······································· 194

中共中央　国务院转发《中央宣传部、司法部关于在公民中开展法治
　　宣传教育的第七个五年规划（2016—2020 年）》的通知 ········· 194

全国人民代表大会常务委员会关于开展第七个五年法治宣传教育的决议 ··· 202

国务院关于大力推进大众创业万众创新若干政策措施的意见 ·········· 205

第一章　全面推进依法治国战略

★全面推进依法治国，是我们党从坚持和发展中国特色社会主义，实现国家治理体系和治理能力现代化，提高党的执政能力和执政水平出发，总结历史经验、顺应人民愿望和时代发展要求作出的重大战略布局。全面推进依法治国，必须坚持中国共产党的领导，坚持人民主体地位、坚持法律面前人人平等，坚持依法治国和以德治国相结合，坚持从中国实际出发。

★宪法是国家的根本大法；我国的国体是人民民主专政的社会主义国家；我国的政体是人民代表大会制度；我国的国家机构包括权力机关、行政机关、军事机关、审判机关和检察机关。

★我国公民享有广泛的宪法权利。

★行政法是调整行政主体行使行政权过程中所产生的社会关系以及对行政权进行规范和控制的法律规范的总称。行政法由规范行政主体和行政权设定的行政组织法、规范行政权行使的行政行为法、规范行政权运行程序的行政程序法、规范行政权监督的行政监督法等部分组成。

★"七五"普法规划明确了七项主要任务。

第一节　全面推进依法治国战略概述

为贯彻落实党的十八大作出的战略部署，加快建设社会主义法治国家，党的十八届四中全会作出了全面推进依法治国的重要决定。

我们党高度重视法治建设。长期以来，特别是党的十一届三中全会以来，十分注重深刻总结国家社会主义法治建设的成功经验和深刻教训，提出了为了保障人民民主，必须加强法治，必须使民主制度化、法律化，把依法治国确定为党领导人民治理国家的基本方略，把依法执政确定为党治国理政的基本方式，把依法行政作为政府行政权运行的基本原则，社会主义法治建设不断取得历史性成就。当前，我国正处于社会主义初级阶段，全面建成小康社会进入决定性阶段，改革进入攻坚期和深水区，国际形势复杂多变，我们党面对的改革发展稳定任务之重前所未有、矛盾风险挑战之多前所未有，依法治国在党和国家工作全局中的地位更加突出、作用更加重大。正是在这样的关键时刻，党中央作出了全面推进依法治国的重大战略布局。深入了解依法治国方略的形成与发展过程、深刻领会全面推进依法治国的重大意义、系统把握全面推进依法治国必须坚持的基本原则，认真落实全面推进依法治国的总体要求，对进一步推进依法行政、建设法治政府具有重要意义。

一、全面推进依法治国的总目标

党的十八届四中全会通过的《中共中央关于全面推进依法治国若干重大问题的决定》（以下简称《决定》）明确提出全面推进依法治国的总目标，即建设中国特色社会主义法治体系，建设社会主义法治国家。习近平总书记指出："提出这个总目标，既明确了全面推进依法治国的性质和方向，又突出了全面推进依法治国的工作重点和总抓手。"

准确把握总目标，就要坚定不移地走中国特色社会主义法治道路。实践已经证明，中国特色社会主义法治道路，是社会主义法治建设成就和经验的集中体现，是建设社会主义法治国家的唯一正确道路。现在，我们建设中国特色社会主义法治体系，建设社会主义法治国家，都是对中国特色社会主义法治道路的坚持和拓展。在这一根本性问题上，我们必须树立自信、保持定力，坚持走中国特色社会主义法治道路，去实现全面推进依法治国的总目标。

准确把握总目标，就要明确全面推进依法治国的总抓手。全面依法治国各项工作都要围绕总目标来部署、来展开，涉及很多方面，在实际工作中必须有一个总揽全局、牵引各方的总抓手，这就是建设中国特色社会主义法治体系。法治体系是国家治理体系的骨干工程，也是社会主义法治建设的基础工程。只有加快形成完备的法律规范体系、高效的法治实施体系、严密的法治监督体系、有力的法治保障体系，形成完善的党内法规体系，才能不断为法治建设提供动力、激发活力，切实把全会部署落到实处。

准确把握总目标，就要深刻认识建设中国特色社会主义法治体系、建设社会主义法治国家的重大意义。"奉法者强则国强，奉法者弱则国弱"，我们正处于全面深化改革的攻坚时期、处于实现国家治理体系和治理能力现代化的关键阶段，只有在法治轨道上不断深化改革、在法治轨道上推进治理现代化，才能在具有许多新的历史特点的伟大斗争中赢得新胜利，确保国家长治久安，不断开拓中国特色社会主义更加广阔的发展前景。

这个总目标对全面推进依法治国具有纲举目张的意义。

（一）明确了全面推进依法治国的正确方向

当今世界，由于各国历史、文化和发展道路的不同，存在着不同的法律制度模式和法治体系。提出这个总目标，就是要明确宣示，我们全面推进依法治国，将坚定不移建设中国特色社会主义法治体系、建设社会主义法治国家，就是要沿着中国特色社会主义法治道路前进，坚持我国法治的社会主义性质，最根本的是坚持党的领导、坚持中国特色社会主义制度、坚持中国特色社会主义理论体系指导。明确这一根本性问题，有利于明确全面推进依法治国的根本目的和历史任务，有利于统一思想、凝聚全党全国各族人民在法治上的共识，排除和澄清各种模糊认识，保障依法治国沿着正确的方向推进。

（二）规划了全面推进依法治国的总体布局

全面推进依法治国是一个系统工程，涉及立法、执法、司法、守法等各个方面，涉及中国特色社会主义事业五位一体总体布局的各个领域，必须加强顶层设计、统筹谋划，在实际工作中必须有一个总揽全局、牵引各方的总抓手，围绕这个总抓手来谋划和推进依法治国各项工作。这个总抓手就是建设中国特色社会主义法治体系。《决定》针对我国法治建设面临的突出矛盾和问题，体现推进各领域改革发展对提高法治水平的迫切要求，从法律规范体系、法治实施体系、法治监督体系、法治保障体系和党内法规体系等方面对法治体系建设提出目标要求，从依法治国、依法执政、依法行政共同推进和法治国家、法治政府、法治社会一体建设方面对法治中国建设作出战略部署和总体安排。

（三）反映了我们党治国理政思想的重大创新

随着党和国家事业不断发展，我们党对法治地位和作用的认识也在不断深化。"十年动乱"结束后，邓小平同志就深刻指出，制度问题更带有根本性、全局性、稳定性和长期性，为了保障人民民主，必须加强法制。适应这一要求，党的十一届三中全会开启了民主法制建设的新征程。党的十五大确立了依法治国基本方略；党的十六大、十七大重申了这一方略，党的十六届四中全会将依法执政确立为新的历史条件下我们党执政的一个基本方式。党的十八大明确提出法治是治国理政的基本方式，党的十八届三中全会进一步强调建设法治中国。在这些历史性成就的基础上，党的十八届四中全会又根据新的实践和时代发展，与时俱进地提出了全面推进依法治国的总目标。总目标的提出，特别是中国特色社会主义法治体系的提出，不仅在党的历史上是第一次，在世界范围内也具有独创性，是党的治国理政思想的重大创新，标志着我们党对法治发展规律、社会主义建设规律和共产党执政规律的认识达到了一个新的高度。

（四）体现了与全面深化改革总目标的内在联系

党的十八届三中全会确定了全面深化改革的总目标，这就是完善和发展中国特色社会主义制度、推进国家治理体系和治理能力现代化。治理一个国家、一个社会，关键是要立规矩、讲规矩、守规矩。法律是国家最大的规矩，法治是国家治理最基本的手段。提出全面推进依法治国总目标，就是考虑这个总目标与全面深化改革总目标的内在联系和相互衔接，在全面深化改革总体框架内全面推进依法治国各项工作，在法治轨道上不断深化改革，更好发挥法治的引领和规范作用。建设中国特色社会主义法治体系，加快建设社会主义法治国家，本身就是全面深化改革的重要内容，而依法治国的全面推进，必将使中国特色社会主义制度更加完善、更加有效地推进国家治理体系和治理能力现代化。全面深化改革总目标和全面推进依法治国总目标，可以说是党的十八大作出的总体战略部署在时间轴上的顺序展开，全面深化改革、全面依法治国就像两个轮子一样协同驱动，为实现全面建成小康社会提供制度动力和保障。

二、全面推进依法治国必须坚持的基本原则

全面推进依法治国是一项系统工程，是国家治理领域一场广泛而深刻的革命，需要付出长期艰苦努力，这一过程中，既要避免不作为，又要防范乱作为。为此，党的十八届四中全会明确提出了全面推进依法治国必须要坚持的基本原则，即坚持中国共产党的领导，坚持人民主体地位，坚持法律面前人人平等，坚持依法治国和以德治国相结合，坚持从中国实际出发。

（一）党的领导原则

党的领导是中国特色社会主义最本质的特征，是社会主义法治最根本的保证。把党的领导贯彻到依法治国全过程和各方面，是我国社会主义法治建设的一条基本经验。我国宪法确立了中国共产党的领导地位。坚持党的领导，是社会主义法治的根本要求，是党和国家的根本所在、命脉所在，是全国各族人民的利益所系、幸福所系。党的领导和社会主义法治是一致的，社会主义法治必须坚持党的领导，党的领导必须依靠社会主义法治。只有在党的领导下依法治国、厉行法治，人民当家作主才能充分实现，国家和社会生活法治化才能有序推进。依法执政，既要求党依宪依法治国理政，也要求党依据党内法规管党治党。实践证明，只有把依法治国基本方略的贯彻实施同依法执政的基本方式统一起来，把党领导立法、保证执法、支持司法、带头守法统一起来，把党总揽全局、协调各方同人大、政府、政协、审判机关、检察机关依法依章程履行职能，开展工作统一起来，把党领导人民制定和实施宪法法律同党坚持在宪法法律范围内活动统一起来，才能确保法治中国的建设有序推进、深入开展。

（二）人民主体原则

在我国，人民是依法治国的主体和力量源泉，法治建设以保障人民根本权益为出发点和落脚点。法治建设的宗旨是为了人民、依靠人民、保护人民、造福人民。

因此，全面推进依法治国，必须要保证人民依法享有广泛的权利和自由、承担应尽的义务，维护社会公平正义，促进共同富裕。

全面推进依法治国，就是为了更好地实现人民在党的领导下，依照法律规定，通过各种途径和形式管理国家事务，管理经济文化事业，管理社会事务。法律既是保障公民权利的有力武器，也是全体公民必须一体遵循的行为规范，因此全面推行依法治国，必须要坚持人民主体原则，切实增强全社会学法尊法守法用法意识，使法律为人民所掌握、所遵守、所运用。

（三）法律面前人人平等原则

平等是社会主义法律的基本属性。法律面前人人平等，要求任何组织和个人都必须尊重宪法法律权威，都必须在宪法法律范围内活动，都必须依照宪法法律行使权力或权利、履行职责或义务，都不得有超越宪法法律的特权。全面推行依法治国，必须维护国家法制统一、尊严和权威，切实保证宪法法律有效实施，任何人都不得以任何借口任何形式以言代法、以权压法、徇私枉法。

必须规范和约束公权力，加大监督力度，做到有权必有责、用权受监督、违法必追究。坚决纠正有法不依、执法不严、违法不究行为。

（四）依法治国和以德治国相结合原则

法律和道德同为社会行为规范，在支撑社会交往、维护社会稳定、促进社会发展方面，发挥着各自不同的且不可替代的交互作用，国家和社会治理离不开法律和道德的共同发挥作用。全面推进依法治国，必须要既重视发挥法律的规范作用，又重视发挥道德的教化作用，要坚持一手抓法治、一手抓德治，大力弘扬社会主义核心价值观，弘扬中华传统美德，培育社会公德、职业道德、家庭美德、个人品德。法治要体现道德理念、强化对道德建设的促进作用，道德要滋养法治精神、强化对法治文化的支撑作用，以实现法律和道德相辅相成、法治和德治相得益彰。

（五）从实际出发原则

全面推进依法治国是中国特色社会主义道路、理论、制度实践的必然选择。建设法治中国，必须要从我国基本国情出发，同改革开放不断深化相适应，总结和运用党领导人民实行法治的成功经验，围绕社会主义法治建设重大理论和实践问题，深入开展法治建设，推进法治理论创新。

三、全面推进依法治国的具体要求

十八届四中全会是我党历史上第一次通过全会的形式专题研究部署、全面推进依法治国问题。全会在对全面推进依法治国的重要意义、重大作用、指导思想和基本原则作了系统阐述的基础上，站在总揽全局、协调各方的高度，对全面推进依法治国进程中的人大、政府、政协、审判、检察等各项工作提出了工作要求。

（一）加强立法工作，完善中国特色社会主义法律体系建设和以宪法为核心的法律制度实施

1.建设中国特色社会主义法治体系，坚持立法先行，发挥立法的引领和推动作用，抓住提高立法质量这个关键

立法工作要恪守以民为本、立法为民理念，贯彻社会主义核心价值观，要符合宪法精神、反映人民意志、得到人民拥护。要把公正、公平、公开原则贯穿立法全过程，完善立法体制机制，坚持立改废释并举，增强法律法规的及时性、系统性、针对性、有效性。坚持依法治国，首先要坚持依宪治国、坚持依宪执政。一切违反宪法的行为都必须予以追究和纠正。

为了强化宪法意识，党和国家还确定，每年12月4日定为国家宪法日。在全社会普遍开展宪法教育，弘扬宪法精神。建立宪法宣誓制度，凡经人大及其常委会选举或者决定任命的国家工作人员正式就职时公开向宪法宣誓。

2.完善党对立法工作中重大问题决策的程序

凡立法涉及重大体制和重大政策调整的，必须报党中央讨论决定。党中央向全国人大提出宪法修改建议，依照宪法规定的程序进行宪法修改。法律制定和修改的重大问题由全国人大常委会党组向党中央报告。

健全有立法权的人大主导立法工作的体制机制。建立由全国人大相关专门委员会、全国人大常委会法制工作委员会组织有关部门参与起草综合性、全局性、基础性等重要法律草案制度。增加有法治实践经验的专职常委比例。依法建立健全专门委员会、工作委员会立法专家顾问制度。

加强和改进政府立法制度建设，完善行政法规、规章制定程序，完善公众参与政府立法机制。重要行政管理法律法规由政府法制机构组织起草。

明确立法权力边界，从体制机制和工作程序上有效防止部门利益和地方保护主义法律化。明确地方立法权限和范围，依法赋予设区的市地方立法权。

3.深入推进科学立法、民主立法

加强人大对立法工作的组织协调，健全立法起草、论证、协调、审议机制，健全向下级人大征询立法意见机制，建立基层立法联系点制度，推进立法精细化。更多发挥人大代表参与起草和修改法律作用。充分发挥政协委员、民主党派、工商联、无党派人士、人民团体、社会组织在立法协商中的作用，拓宽公民有序参与立法途径，广泛凝聚社会共识。

4.加强重点领域立法

依法保障公民权利，加快完善体现权利公平、机会公平、规则公平的法律制度，

保障公民人身权、财产权、基本政治权利等各项权利不受侵犯，保障公民经济、文化、社会等各方面权利得到落实，实现公民权利保障法治化。增强全社会尊重和保障人权意识，健全公民权利救济渠道和方式。

（二）深入推进依法行政，加快建设法治政府

各级政府必须坚持在党的领导下、在法治轨道上开展工作，创新执法体制，完善执法程序，推进综合执法，严格执法责任，建立权责统一、权威高效的依法行政体制，加快建设职能科学、权责法定、执法严明、公开公正、廉洁高效、守法诚信的法治政府。

1. 依法全面履行政府职能

完善行政组织和行政程序法律制度，推进机构、职能、权限、程序、责任法定化。行政机关要坚持法定职责必须为、法无授权不可为，勇于负责、敢于担当，坚决纠正不作为、乱作为，坚决克服懒政、怠政，坚决惩处失职、渎职。行政机关不得法外设定权力，没有法律法规依据不得作出减损公民、法人和其他组织合法权益或者增加其义务的决定。

2. 健全依法决策机制

把公众参与、专家论证、风险评估、合法性审查、集体讨论决定确定为重大行政决策法定程序，确保决策制度科学、程序正当、过程公开、责任明确。

建立重大决策终身责任追究制度及责任倒查机制，对决策严重失误或者依法应该及时作出决策但久拖不决造成重大损失、恶劣影响的，严格追究行政首长、负有责任的其他领导人员和相关责任人员的法律责任。

3. 深化行政执法体制改革

根据不同层级政府的事权和职能，按照减少层次、整合队伍、提高效率的原则，合理配置执法力量。

推进综合执法，大幅减少市县两级政府执法队伍种类，重点在食品药品安全、工商质检、公共卫生、安全生产、文化旅游、资源环境、农林水利、交通运输、城乡建设、海洋渔业等领域内推行综合执法，有条件的领域可以推行跨部门综合执法；严格实行行政执法人员持证上岗和资格管理制度，未经执法资格考试合格，不得授予执法资格，不得从事执法活动。严格执行罚缴分离和收支两条线管理制度，严禁收费罚没收入同部门利益直接或者变相挂钩。

4. 坚持严格规范公正文明执法

依法惩处各类违法行为，加大关系群众切身利益的重点领域执法力度。完善执法程序，

以人为本　立法为民

建立执法全过程记录制度。明确具体操作流程，重点规范行政许可、行政处罚、行政强制、行政征收、行政收费、行政检查等执法行为。严格执行重大执法决定法制审核制度。

全面落实行政执法责任制，严格确定不同部门及机构、岗位执法人员执法责任和责任追究机制，加强执法监督，坚决排除对执法活动的干预，防止和克服地方和部门保护主义，惩治执法腐败现象。

5.强化对行政权力的制约和监督

加强党内监督、人大监督、民主监督、行政监督、司法监督、审计监督、社会监督、舆论监督制度建设，努力形成科学有效的权力运行制约和监督体系，增强监督合力和实效。

加强对政府内部权力的制约，对财政资金分配使用、国有资产监管、政府投资、政府采购、公共资源转让、公共工程建设等权力集中的部门和岗位实行分事行权、分岗设权、分级授权，定期轮岗，强化内部流程控制，防止权力滥用。改进上级机关对下级机关的监督，建立常态化监督制度。完善纠错问责机制，健全责令公开道歉、停职检查、引咎辞职、责令辞职、罢免等问责方式和程序。

完善审计制度，保障依法独立行使审计监督权。对公共资金、国有资产、国有资源和领导干部履行经济责任情况实行审计全覆盖。

6.全面推进政务公开

坚持以公开为常态、不公开为例外原则，推进决策公开、执行公开、管理公开、服务公开、结果公开。各级政府及其工作部门依据权力清单，向社会全面公开政府职能、法律依据、实施主体、职责权限、管理流程、监督方式等事项。重点推进财政预算、公共资源配置、重大建设项目批准和实施、社会公益事业建设等领域的政府信息公开。

涉及公民、法人或其他组织权利和义务的规范性文件，按照政府信息公开要求和程序予以公布。推行行政执法公示制度。推进政务公开信息化，加强互联网政务信息数据服务平台和便民服务平台建设。

（三）保证公正司法，提高司法公信力

必须完善司法管理体制和司法权力运行机制，规范司法行为，加强对司法活动的监督，努力让人民群众在每一个司法案件中感受到公平正义。

1.完善确保依法独立公正行使审判权和检察权的制度

建立领导干部干预司法活动、插手具体案件处理的记录、通报和责任追究制度。任何党政机关和领导干部都不得让司法机关做违反法定职责、有碍司法公正的事情，任何司法机关都不得执行党政机关和领导干部违法干预司法活动的要求。对干预司法机关办案的，给予党纪政纪处分；造成冤假错案或者其他严重后果的，依法追究刑事责任。

2. 优化司法职权配置

健全公安机关、检察机关、审判机关、司法行政机关各司其职，侦查权、检察权、审判权、执行权相互配合、相互制约的体制机制。

完善审级制度，一审重在解决事实认定和法律适用，二审重在解决事实法律争议、实现二审终审，再审重在解决依法纠错、维护裁判权威；建立司法机关内部人员过问案件的记录制度和责任追究制度。完善主审法官、合议庭、主任检察官、主办侦查员办案责任制，落实谁办案谁负责。

3. 推进严格司法

健全事实认定符合客观真相、办案结果符合实体公正、办案过程符合程序公正的法律制度。加强和规范司法解释和案例指导，统一法律适用标准。全面贯彻证据裁判规则，严格依法收集、固定、保存、审查、运用证据，完善证人、鉴定人出庭制度，保证庭审在查明事实、认定证据、保护诉权、公正裁判中发挥决定性作用。明确各类司法人员工作职责、工作流程、工作标准，实行办案质量终身负责制和错案责任倒查问责制，确保案件处理经得起法律和历史检验。

4. 保障人民群众参与司法

坚持人民司法为人民，依靠人民推进公正司法，通过公正司法维护人民权益。在司法调解、司法听证、涉诉信访等司法活动中保障人民群众参与。推进审判公开、检务公开、警务公开、狱务公开，依法及时公开执法司法依据、程序、流程、结果和生效法律文书，杜绝暗箱操作。

5. 加强人权司法保障

强化诉讼过程中当事人和其他诉讼参与人的知情权、陈述权、辩护辩论权、申请权、申诉权的制度保障。健全落实罪刑法定、疑罪从无、非法证据排除等法律原则的法律制度。完善对限制人身自由司法措施和侦查手

段的司法监督，加强对刑讯逼供和非法取证的源头预防，健全冤假错案有效防范、及时纠正机制。

6. 加强对司法活动的监督

完善检察机关行使监督权的法律制度，加强对刑事诉讼、民事诉讼、行政诉讼的法律监督。完善人民监督员制度，重点监督检察机关查办职务犯罪的立案、羁押、扣押冻结财物、起诉等环节的执法活动。

依法规范司法人员与当事人、律师、特殊关系人、中介组织的接触、交往行为。严禁司法人员私下接触当事人及律师、泄露或者为其打探案情、接受吃请或者收受其财物、为律师介绍代理和辩护业务等违法违纪行为，坚决惩治司法掮客行为，防止利益输送。

弘扬社会主义法治精神，建设社会主义法治文化，增强全社会厉行法治的积极性和主动性，形成守法光荣、违法可耻的社会氛围，使全体人民都成为社会主义法治的忠实崇尚者、自觉遵守者、坚定捍卫者。

1.推动全社会树立法治意识

坚持把全民普法和守法作为依法治国的长期基础性工作，深入开展法治宣传教育，引导全民自觉守法、遇事找法、解决问题靠法。坚持把领导干部带头学法、模范守法作为树立法治意识的关键，完善国家工作人员学法用法制度，把法治教育纳入国民教育体系，从青少年抓起，在中小学设立法治知识课程。

健全普法宣传教育机制，各级党委和政府要加强对普法工作的领导，宣传、文化、教育部门和人民团体要在普法教育中发挥职能作用。实行国家机关"谁执法谁普法"的普法责任制，建立法官、检察官、行政执法人员、律师等以案释法制度。把法治教育纳入精神文明创建内容，开展群众性法治文化活动，健全媒体公益普法制度，加强新媒体新技术在普法中的运用，提高普法实效；加强社会诚信建设，健全公民和组织守法信用记录，完善守法诚信褒奖机制和违法失信行为惩戒机制，使尊法守法成为全体人民共同追求和自觉行动；加强公民道德建设，弘扬中华优秀传统文化，增强法治的道德底蕴，强化规则意识，倡导契约精神，弘扬公序良俗。发挥法治在解决道德领域突出问题中的作用，引导人们自觉履行法定义务、社会责任、家庭责任。

2.推进多层次多领域依法治理

深入开展多层次多形式法治创建活动，深化基层组织和部门、行业依法治理，支持各类社会主体自我约束、自我管理。发挥市民公约、乡规民约、行业规章、团体章程等社会规范在社会治理中的积极作用。建立健全社会组织参与社会事务、维护公共利益、救助困难群众、帮教特殊人群、预防违法犯罪的机制和制度化渠道，发挥社会组织对其成员的行为导引、规则约束、权益维护作用。

3.建设完备的法律服务体系

完善法律援助制度，扩大援助范围，健全司法救助体系，保证人民群众在遇到法律问题或者权利受到侵害时获得及时有效法律帮助。

4.健全依法维权和化解纠纷机制

强化法律在维护群众权益、化解社会矛盾中的权威地位，引导和支持人们理性表达诉求、依法维护权益。建立健全社会矛盾预警机制、利益表达机制、协商沟通机制、救济救助机制，畅通群众利益协调、权益保障法律渠道。把信访纳入法治化轨道，保障合理合法诉求依照法律规定和程序就能得到合理合法的结果。

健全社会矛盾纠纷预防化解机制，完善调解、仲裁、行政裁决、行政复议、诉讼等有机衔接、相互协调的多元化纠纷解决机制。

完善立体化社会治安防控体系，有效防范化解管控影响社会安定的问题，保障人民生命财产安全。依法严厉打击暴力恐怖、涉黑犯罪、邪教和黄赌毒等违法犯罪活动，绝不允许其形成气候。依法强化危害食品药品安全、影响安全生产、损害生态环境、破坏网络安全等重点问题治理。

此外，十八届四中全会还就法治工作队伍建设、党对全面推进依法治国的领导等重大问题提出了加强和改进要求。

🔍以案释法 ①

让人民群众在司法案件中感受到公平正义

【案情介绍】欠债还钱，天经地义，支付罚息，也理所应当。但是，银行却在本金、罚息之外，另收"滞纳金"，并且还是按复利计算，结果经常导致"滞纳金"远高于本金，成了实际上的"驴打滚"。中国银行某高新技术产业开发区支行起诉信用卡欠费人沙女士，请求人民法院依法判令沙女士归还信用卡欠款共计375079.3元（包含本金339659.66元及利息、滞纳金共计35419.64元）。银行按每日万分之五的利率计算的利息，以及每个月高达5%的滞纳金，这就相当于年利率高达78%。受理本案的人民法院认为，根据合同法、商业银行法，我国的贷款利率是受法律限制的，最高人民法院在关于民间借贷的司法解释中明确规定：最高年利率不得超过24%，否则就算"高利贷"，不受法律保护。但问题在于，最高法的司法解释针对的是"民间高利贷"，而原告是根据中国人民银行的《银行卡业务管理办法》收取滞纳金的，该如何审理？

【以案释法】在我国社会主义法律体系中，宪法是国家的根本大法，处于最高位阶，一切法律、行政法规、司法解释、地方性法规和规章、自治条例和单行条例都不得与宪法规定精神相违背。依法治国首先是必须依宪治国。十八届四中全会重申了宪法第五条关于"一切违反宪法和法律的行为，必须予以追究"的原则，强调要"努力让人民群众在每一个司法案件中感受到公平正义。"此案中，法官引述了宪法第三十三条第二款规定："中华人民共和国公民在法律面前一律平等。"法官认为："平等意味着对等待遇，除非存在差别对待的理由和依据。一方面，国家以贷款政策限制民间借款形成高利；另一方面，在信用卡借贷领域又形成超越民间借贷限制一倍或者几倍的利息。这显然极可能形成一种'只准州官放火，不许百姓点灯'的外在不良观感。"法官从宪法"平等权"等多个层面，提出应对法律作系统性解释，认为"商业银行错误将相关职能部门的规定作为自身高利、高息的依据，这有违于合同法及商业银行法的规定"，从而最终驳回了银行有关滞纳金的诉讼请求，仅在本金339659.66元、年利率24%的限度内予以支持。

第二节　宪法及行政法相关规定

一、宪法

我国现行宪法于1982年12月4日五届全国人大五次会议通过，后经1988年4月12日七届全国人大一次会议、1993年3月29日八届全国人大一次会议、1999年3月15日九届全国人大二次会议、2004年3月14日十届全国人大二次会议四次修正。作为国家的根本法和治国安邦的总章程，现行宪法集中反映了我国各族人民长期奋斗的成果，规定了国家的性质和根本制度，国家的根本任务，国家的政治制度、基本经济制度，公民的基本权利和义务，国家机关的组织与职权，国家的标志等国家生活中的根本问题，具有最大的权威和最高的法律效力，在中国特色社会主义法律体系中居核心地位。

我国现行宪法的主要内容包括：

（一）指导思想和基本原则

宪法的指导思想是指导宪法制定和实施的思想基础和理论依据，宪法的基本原则是对宪法制定和实施发挥具体规范效力的规则。宪法的基本原则以先发的指导思想为理论依据，同时又将宪法指导思想的核心价值和基本要求具体化、规范化，进而在宪法制定和实施中发挥规范指导作用。

我国宪法的指导思想是马克思列宁主义、毛泽东思想、中国特色社会主义理论体系。它是全国各族人民团结奋斗的共同思想基础，是党的主张和人民意志的有机统一，是制定、修改和实施宪法的根本依据。

我国宪法的基本原则是：坚持党的领导原则；一切权力属于人民原则；尊重和保障人权原则；民主集中制原则；权力监督与制约原则；法治原则。

（二）国家性质与政权组织形式

我国的国家性质是工人阶级领导的、以工农联盟为基础的人民民主专政的社会主义国家。

我国国家政权组织形式是人民代表大会制度。人民代表大会制度是我国人民当家作主的根本途径和最高实现形式，是我国的根本政治制度。

（三）我国的政治制度

1. 人民民主专政

宪法所称的国家性质又称国体，是指国家的阶级本质，反映社会各阶级在国家中的地位，体现该国社会制度的根本属性。

我国宪法第一条第一款规定："中华人民共和国是工人阶级领导的、以工农联盟为基础的人民民主专政的社会主义国家。"即人民民主专政是我国的国体。这一国体需要从以下方面理解：

（1）工人阶级的领导是人民民主专政的根本标志。工人阶级的领导地位是由工人阶级的特点、优点和担负的伟大历史使命所决定的。工人阶级对国家的领导是通过自己的先锋队——中国共产党来实现的。

（2）人民民主专政包括对人民实行民主和对敌人实行专政两个方面。在人民内部实行民主是实现对敌人专政的前提和基础，而对敌人实行专政又是人民民主的有力保障。两者是辩证统一的关系。人民民主专政实质上就是无产阶级专政。

（3）共产党领导下的多党合作与爱国统一战线是中国人民民主专政的主要特色。爱国统一战线是指由中国共产党领导的，由各民主党派参加的，包括社会主义劳动者、社会主义事业的建设者、拥护社会主义的爱国者和拥护祖国统一的爱国者组成的广泛的政治联盟。目前我国爱国统一战线的任务是为社会主义现代化建设服务，为实现祖国统一大业服务，为维护世界和平服务。

2. 人民代表大会制度

人民代表大会制度是中国人民民主专政的政权组织形式（政体），是中国的根本政治制度。

（1）人民代表大会制度的主要内容。国家的一切权力属于人民。人民行使国家权力的机关是全国人大和地方各级人大。各级人大都由民主选举产生，对人民负责，受人民监督。人大及其常委会集体行使国家权力，集体决定问题，严格按照民主集中制的原则办事。国家行政机关、审判机关、检察机关都由人大产生，对它负责，向它报告工作，受它监督。全国人大是最高国家权力机关；地方各级人大是地方国家权力机关。全国人大和地方各级人大各自按照法律规定的职权，分别审议决定全国的和地方的大政方针。全国人大对地方人大不是领导关系，而是法律监督关系、选举指导关系和工作联系关系。

（2）人民代表大会制度的优越性。人民代表大会制度是适合我国国情的根本政治制度，它直接体现我国人民民主专政的国家性质，是建立我国其他国家管理制度的基础。它有利于保证国家权力体现人民的意志；它有利于保证中央和地方的国家权力的统一；它有利于保证我国各民族的平等和团结。总之，我国人民代表大会制度，能够确保国家权力掌握在人民手中，符合人民当家作主的宗旨，适合我国的国情。

3. 中国共产党领导的多党合作和政治协商制度

中国共产党领导的多党合作和政治协商制度是中华人民共和国的一项基本的政治制度，是具有中国特色的政党制度。这种政党制度是由中国人民民主专政的国家性质所决定的。

（1）多党合作制度的基本内容。中国共产党是执政党，各民主党派是参政党，中国共产党和各民主党派是亲密战友。中国共产党是执政党，其执政的实质是代表工人阶级及广大人民掌握人民民主专政的国家政权。各民主党派是参政党，具有法律规定的参政权。其参政的基本点是：参加国家政权，参与国家大政方针和国家领导人人选的协商，参与国家事务的管理，参与国家方针、政策、法律、法规的制定和执行。中国共产党和各民主党派合作的首要前提和根本保证是坚持中国共产党的领导和坚持四项基本原则。中国共产党与各民主党派合作的基本方针是"长期共存，互相监督，肝胆相照，荣辱与共"。中国共产党和各民主党派以宪法和法律为根本活动准则。

（2）多党合作的重要机构。中国人民政治协商会议，简称"人民政协"或"政协"，是中国共产党领导的多党合作和政治协商的重要机构，也是中国人民爱国统一战线组织。中国人民政治协商会议是在中国共产党领导下，由中国共产党、各个民主党派、无党派民主人士、人民团体、各少数民族和各界的代表，台湾同胞、港澳同胞和归国侨胞的代表，以及特别邀请的人士组成，具有广泛的社会基础。人民政协的性质决定了它与国家机关的职能是不同的。人民政协围绕团结和民主两大主题履行政治协商、民主监督和参政议政的职能。

4. 民族区域自治制度

民族区域自治制度，是指在国家统一领导下，各少数民族聚居的地方实行区域自治，设立自治机关，行使自治权的制度。

（1）自治机关。民族自治地方按行政地位，分为自治区、自治州、自治县。自治区相当于省级行政单位，自治州是介于自治区与自治县之间的民族自治地方，自治县相当于县级行政单位。民族自治地方的自治机关是自治区、自治州、自治县的人大和人民政府。民族自治地方的自治机关都实行人民代表大会制度。

（2）自治权。民族自治地方的自治权有以下几个方面：①民族立法权。民族自治地方的人大有权依照当地的政治、经济和文化的特点，制定自治条例和单行条例。②变通执行权。上级国家机关的决议、决定、命令和指标，如果不适合民族自治地方实际情况，自治机关可以报经上级国家机关批准，变通执行或者停止执行。③财政经济自主权。凡是依照国家规定属于民族自治地方的财政收入，都应当由民族自治地方的自治机关自主安排使用。④文化、语言文字自主权。民族自治地方的自治机关在执行公务的时候，依照本民族自治地方自治条例的规定，使用当地通用的一种或者几种语言文字。⑤组织公安部队权。民族自治地方的自治机关依照国家的军事制度和当地的实际需要，经国务院批准，可以组织本地方维护社会治安的公安部队。⑥少数民族干部具有任用优先权。

5. 基层群众自治制度

基层群众自治制度是指人民依法组成基层自治组织，行使民主权利，管理基层公共事务和公益事业，实行自我管理、自我服务、自我教育、自我监督的一项制度。

中国的基层群众自治制度，是在新中国成立后的民主实践中逐步形成的。党的十七大将"基层群众自治制度"首次写入党代会报告，正式与人民代表大会制度、中国共产党领导的多党合作和政治协商制度、民族区域自治制度一起，纳入了中国特色政治制度范畴。

我国的基层群众自治组织主要是居民委员会和村民委员会。

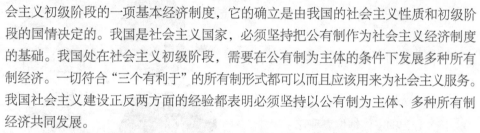

（四）我国的基本经济制度

1. 所有制度

（1）我国的所有制结构是公有制为主体、多种所有制经济共同发展。这是我国社会主义初级阶段的一项基本经济制度，它的确立是由我国的社会主义性质和初级阶段的国情决定的。我国是社会主义国家，必须坚持把公有制作为社会主义经济制度的基础。我国处在社会主义初级阶段，需要在公有制为主体的条件下发展多种所有制经济。一切符合"三个有利于"的所有制形式都可以而且应该用来为社会主义服务。我国社会主义建设正反两方面的经验都表明必须坚持以公有制为主体、多种所有制经济共同发展。

（2）公有制。公有制是生产资料归劳动者共同所有的所有经济结构形式，包括全民所有制和集体所有制。全民所有制经济即国有经济，是国民经济的主导力量。国家保障国有经济的巩固和发展。集体所有制经济是国民经济的基础力量。国家保护城乡集体经济组织的合法的权利和利益，鼓励、指导和帮助集体经济的发展。

公有制是我国所有制结构的主体，它的主体地位体现在：第一，就全国而言，公有资产在社会总资产中占优势；第二，国有经济控制国民经济的命脉，对经济发展起主导作用。国有经济的主导作用主要体现在控制力上，即体现在控制国民经济发展方向，控制经济运行的整体态势，控制重要稀缺资源的能力上。在关系国民经济的重要行业和关键领域，国有经济必须占支配地位。

生产资料公有制是社会主义的根本经济特征，是社会主义经济制度的基础，是国家引导、推动经济和社会发展的基本力量，是实现最广大人民群众根本利益和共同富裕的重要保证。坚持公有制为主体，国有经济控制国民经济命脉，对发挥社会主义制度的优越性，增强我国的经济实力，国防实力和民族凝聚力，提高我国国际地位，具有关键性作用。

（3）非公有制。非公有制经济是我国现阶段除了公有制经济形式以外的所有经济结构形式，主要包括个体经济、私营经济、外资经济等。

个体经济，是由劳动者个人或家庭占有生产资料，从事个体劳动和经营的所有制形式。它是以劳动者自己劳动为基础，劳动成果直接归劳动者所有和支配。

私营经济，是以生产资料私有和雇佣劳动为基础，以取得利润为目的所有制形式。

外资经济，是我国发展对外经济关系，吸引外资建立起来的所有制形式。它包括中外合资经营企业、中外合作经营企业中的境外资本部分，以及外商独资企业。

非公有制经济是我国社会主义市场经济的重要组成部分，国家保护个体经济、私营经济等非公有制经济的合法的权利和利益，鼓励、支持和引导非公有制经济的发展，并对非公有制经济依法实行监督和管理。

2.分配制度

我国现行的分配制度是以按劳分配为主体、多种分配方式并存的分配制度。这种分配制度是由我国社会主义初级阶段的生产资料所有制结构、生产力的发展水平，以及人们劳动差别的存在决定的，同时也是发展社会主义市场经济的客观要求。

按劳分配

按劳分配的主体地位表现在：

其一，全社会范围的收入分配中，按劳分配占最大比重，起主要作用。

其二，公有制经济范围内劳动者总收入中，按劳分配收入是最主要的收入来源。

除了按劳分配以外，其他分配方式主要还包括按经营成果分配；按劳动、资本、技术、土地等其他生产要素分配。

（五）公民的基本权利和基本义务

公民的基本权利是由一国的宪法规定的公民享有的，主要的、必不可少的权利，故有些国家又把公民的基本权利称为宪法权。

1.平等权

宪法第三十三条第二款规定："中华人民共和国公民在法律面前一律平等。"这既是我国社会主义法制的一项重要原则，也是我国公民的一项基本权利。其含义有以下几点：第一，我国公民不分民族、种族、性别、职业、家庭出身、宗教信仰、教育程度、财产状况、居住期限、一律平等地享有宪法和法律规定的权利并平等地承担相应的义务；第二，国家机关对公民平等权利的保护，对公民履行义务平等的约束，平等的要求；第三，所有公民在适用法律上一律平等，不允许任何组织和个人有超越宪法和法律之上的特权；第四，法律面前一律平等还包括民族平等和男女平等。

2.政治权利和自由

（1）选举权与被选举权。宪法第三十四条规定："中华人民共和国年满十八周岁的公民，不分民族、种族、性别、职业、家庭出身、宗教信仰、教育程度、财产状况、居住期限，都有选举权和被选举权；但是依照法律被剥夺政治权利的人除外。"选举权与被选举权包含以下内容：公民有权按照自己的意愿选举人民代表；公民有被选举为人民代表的权利；公民有依照法定程序罢免那些不称职的人民代表的权利。

选举权和被选举权是公民参加国家管理的一项最基本的政治权利，也是最能体现人民群众当家作主的一项权利。

（2）言论、出版、集会、结社、游行、示威的自由。宪法第三十五条规定："中华人民共和国公民有言论、出版、集会、结社、游行、示威的自由。"言论自由就是宪法规定公民通过口头或书面形式表达自己的意见的自由。出版自由是公民以出版物形式表达其思想和见解的自由。集会自由是指公民享有宪法赋予的聚集在一定场所商讨问题或表达意愿的自由。结社自由是公民为一定宗旨，依照法定程序组织或参加具有连续性的社会团体的自由。游行自由是指公民采取列队行进的方式来表达意愿的自由。示威自由是指通过集会或游行、静坐等方式表达强烈意愿的自由。

我国宪法一方面保障公民享有集会、游行、示威的自由，另一方面公民也应当遵守有关的法律规定。

3.宗教信仰自由

宪法第三十六条第一款规定："中华人民共和国公民有宗教信仰自由。"尊重和保护宗教信仰自由，是我们党和国家长期的基本政策。

4.人身自由

宪法第三十七条规定："中华人民共和国公民的人身自由不受侵犯。任何公民，非经人民检察院批准或者决定或者人民法院决定，并由公安机关执行，不受逮捕。禁止非法拘禁和以其他方法非法剥夺或者限制公民的人身自由，禁止非法搜查公民的身体。"

人身自由有广义、狭义之分。狭义的人身自由是指公民的身体自由不受侵犯。广义的人身自由还包括：公民的人格尊严不受侵犯、公民的住宅不受侵犯、公民的通信自由和通信秘密受法律保护。

人身自由不受侵犯，是公民最起码、最基本的权利，是公民参加各种社会活动和享受其他权利的先决条件。

5.监督权

监督权是指宪法赋予公民监督国家机关及其工作人员的活动的权利，包括：

（1）批评权。公民有对国家机关和国家工作人员工作中的缺点和错误提出批评意见的权利。

（2）建议权。公民有对国家机关和国家工作人员的工作提出合理化建议的权利。

（3）控告权。公民对任何国家机关和国家工作人员的违法失职行为有向有关机关进行揭发和指控的权利。

（4）检举权。公民对于违法失职的国家机关和国家工作人员，有向有关机关揭发事实，请求依法处理的权利。

（5）申诉权。公民的合法权益因行政机关或司法机关作出的错误的、违法的决定或裁判，或者因国家工作人员的违法失职行为而受到侵害时，有向有关机关申诉理由，要求重新处理的权利。

6.社会经济权利

（1）劳动权。劳动权是指有劳动能力的公民有获得工作并取得相应报酬的权利。

（2）休息权。休息权是为保护劳动者的身体健康和提高劳动效率而休息的权利。

（3）退休人员生活保障权。退休人员生活保障权是指退休人员的生活受到国家和社会的保障。

（4）获得物质帮助权。获得物质帮助权是指公民在年老、疾病或者丧失劳动能力的情况下，有从国家和社会获得物质帮助的权利。

7.文化教育权利

（1）公民有受教育的权利。公民享有从国家接受文化教育的机会和获得受教育的物质帮助的权利。

（2）公民有进行科研、文艺创作和其他文化活动的自由。我国宪法规定，公民有进行科学研究、文学艺术创作和其他文化活动的自由。国家对于从事教育、科学、技术、文学、艺术和其他文化事业的公民的有益于人民的创造性工作，给以鼓励和帮助。

8.对社会特定人的权利的保护

（1）国家保护妇女的权利和利益。宪法第四十八条规定："中华人民共和国妇女在政治的、经济的、文化的、社会的和家庭的生活等各方面享有同男子平等的权利。国家保护妇女的权利和利益，实行男女同工同酬，培养和选拔妇女干部。"

（2）婚姻、家庭、老人和儿童受国家的保护。宪法第四十九条规定，"婚姻、家庭、母亲和儿童受国家的保护""禁止破坏婚姻自由，禁止虐待老人、妇女和儿童"。

（3）国家保护华侨、归侨和侨眷的权利和利益。宪法第五十条规定："中华人民共和国保护华侨的正当的权利和利益，保护归侨和侨眷的合法的权利和利益。"

9. 公民的基本义务

第一，维护国家统一和各民族团结的义务。宪法第五十二条规定："中华人民共和国公民有维护国家统一和各民族团结的义务。"

第二，遵纪守法和尊重社会公德的义务。宪法第五十三条规定："中华人民共和国公民必须遵守宪法和法律，保守国家秘密，爱护公共财产，遵守劳动纪律，遵守公共秩序，尊重社会公德。"

第三，维护祖国的安全、荣誉和利益的义务。宪法第五十四条规定："中华人民共和国公民有维护祖国的安全、荣誉和利益的义务，不得有危害祖国的安全、荣誉和利益的行为。"

第四，保卫祖国，依法服兵役和参加民兵组织。宪法第五十五条规定："保卫祖国，抵抗侵略是中华人民共和国每一个公民的神圣职责。依照法律服兵役和参加民兵组织是中华人民共和国公民的光荣义务。"

第五，依法纳税的义务。宪法第五十六条规定："中华人民共和国公民有依照法律纳税的义务。"

第六，其他义务。宪法规定的公民基本义务还包括：劳动的义务；受教育的义务；夫妻双方有实行计划生育的义务；父母有抚养教育未成年子女的义务以及成年子女有赡养扶助父母的义务等。

（六）国家机构

国家机构是国家为了实现其职能而建立起来的国家机关的总和。

我国国家机构由权力机关、行政机关、军事机关、审判机关、检察机关组成。

我国国家机构的组织和活动有五大原则：一是民主集中制原则；二是联系群众，为人民服务原则；三是社会主义法治原则；四是责任制原则；五是精简和效率原则。

1. 全国人大

全国人大是国家最高的权力机关、立法机关，不只是在权力机关中的地位最高，而且在所有的国家机关中地位最高。

全国人大由省、自治区、直辖市、特别行政区和军队选出的代表组成。各少数民族都应当有适当名额的代表。全国人大每届任期五年。

全国人大的主要职权：

（1）立法权。修改宪法，制定和修改刑事、民事、国家机构的和其他的基本法律。

（2）任免权。选举、决定和任免最高国家机关领导人和有关组成人员。

（3）决定权。决定国家重大事务。

（4）监督权。监督宪法和法律的实施，监督最高国家机关的工作。

2. 全国人大常委会

全国人大常委会是全国人大的常设机关，是最高国家权力机关的组成部分，在全国人大闭会期间，行使最高国家权力。

全国人大常委会对全国人大负责并报告工作。全国人大选举并有权罢免全国人大常委会的组成人员。

全国人大常委会每届任期同全国人大每届任期相同，它行使职权到下届全国人大选出新的常委会为止。

3.国家主席

国家主席是我国国家机构体系中的一个国家机关，和全国人大常委会结合起来行使国家职权的，对外代表中华人民共和国。

国家主席、副主席，由全国人大选举产生，任期是五年，连续任期不得超过两届。

国家主席根据全国人民代表大会的决定和全国人民代表大会常务委员会的决定，公布法律，任免国务院总理、副总理、国务委员、各部部长、各委员会主任、审计长、秘书长，授予国家的勋章和荣誉称号，发布特赦令，宣布进入紧急状态，宣布战争状态，发布动员令。

国家主席代表中华人民共和国，进行国事活动，接受外国使节；根据全国人民代表大会常务委员会的决定，派遣和召回驻外全权代表，批准和废除同外国缔结的条约和重要协定。

4.地方各级人大及其常委会

地方各级人大是地方权力机关。省、直辖市、自治区、县、市、市辖区、乡、民族乡、镇设立人大。县级以上的地方各级人大设立常委会，作为本级人大的常设机关。地方各级人大每届任期五年。

5.国务院

国务院即中央人民政府，是国家最高行政机关，是国家最高权力机关的执行机关，统一领导全国各级行政机关的工作。

国务院由总理、副总理、国务委员、秘书长、审计长、各部部长、各委员会主任组成，国务院组成人员的任期为五年，总理、副总理、国务委员的连续任期不得超过两届。

国务院向全国人大及其常委会负责并报告工作，总理领导国务院的工作，副总理、国务委员协助总理工作。

国务院行使以下职权：第一，国务院有权根据宪法和法律，规定行政措施，制定行政法规，发布行政决定和命令；第二，对国防、民政、科教、经济等各项工作的领导和管理权；第三，对所属部、委和地方各级行政机关的领导权及行政监督权；第四，提出议案权；第五，行政人员的奖惩权；第六，全国人大及其常委会授予的其他职权。

6. 地方各级人民政府

地方各级人民政府是地方国家行政机关，也是地方各级人大的执行机关。地方各级人民政府对本级人大和上一级国家行政机关负责并报告工作。县级以上的地方各级人民政府在本级人大闭会期间，对本级人大常委会负责并报告工作。地方各级人民政府都受国务院统一领导，负责组织和管理本行政区域的各项行政事务。

7. 军事机关

中央军委是中国共产党领导下的最高军事领导机关，统帅全国武装力量（解放军、武装警察部队、民兵、预备役）。

中央军委由主席、副主席、委员组成，实行主席负责制。主席由全国人大选举产生，副主席和军委委员根据主席的提名由全国人大决定，全国人大闭会期间，由全国人大常委会决定。中央军委的每届任期五年，主席和副主席可以终身任职。

中央军委实行主席负责制，军委主席直接对全国人大和全国人大常委会负责。

8. 审判机关

人民法院是国家的审判机关，依法独立行使审判权，不受行政机关、团体和个人的非法干预。人民法院体系由最高人民法院、地方人民法院（高级法院、中级法院、基层法院）、专门人民法院（军事法院、海事法院、铁路运输法院）构成。

最高人民法院是国家最高的审判机关，地方人民法院是地方的审判机关，专门人民法院是专门审判机关。最高人民法院监督地方各级人民法院和专门人民法院的审判工作，上级人民法院监督下级人民法院的审判工作。

最高人民法院对全国人大和全国人大常委会负责。地方各级人民法院对产生它的国家权力机关负责。

最高人民法院由院长、副院长、庭长、副庭长、审判员等若干人组成。最高人民法院的院长由全国人大选举产生，任期五年，连任不得超过两届。

9. 检察机关

人民检察院是国家的法律监督机关，依法独立行使检察权，不受行政机关、社会团体和个人的干涉。

人民检察院体系由最高人民检察院、地方各级人民检察院和专门人民检察院构成。

最高人民检察院是最高检察机关，领导地方各级人民检察院和专门人民检察院的工作，上级人民检察院领导下级人民检察院的工作。

最高人民检察院对全国人大和全国人大常委会负责。地方各级人民检察院对产生它的国家权力机关和上级人民检察院负责。

最高人民检察院由全国人大选举产生的检察长、副检察长、检察员组成，最高人民检察院检察长任期五年，连任不得超过两届。

（七）国家标志

国家标志由宪法规定，是国家主权、独立和尊严的象征，主要包括国旗、国歌、国徽和首都。它集中反映了国家的历史传统、民族精神，政权组织形式及其特点。

1.国旗

中华人民共和国国旗是五星红旗。国旗法对国旗的图案、颜色、规格及使用等，有着明确具体的规定。

2.国歌

中华人民共和国国歌是《义勇军进行曲》。将《义勇军进行曲》确定为国歌，是为了唤起人民反抗外国侵略者的爱国热情，激励人民在祖国和平建设时期保持传统、不忘历史，为社会主义建设事业而努力奋斗。

3.国徽

中华人民共和国国徽，中间是五星照耀下的天安门，周围是齿轮和谷穗。天安门图案象征中国各族人民反帝反封建的不屈不挠的民族精神，齿轮谷穗象征着工人阶级和农民阶级，五星红旗代表着中国共产党领导下的各族人民大团结。

4.首都

中华人民共和国首都是北京。

（八）国家宪法日和宪法宣誓制度

1.国家宪法日

（1）国家宪法日的设立。党的十八届四中全会通过的《中共中央关于全面推进依法治国若干重大问题的决定》提出，将每年12月4日定为国家宪法日。2014年11月1日，十二届全国人大常委会十一次会议通过的《全国人民代表大会常务委员会关于设立国家宪法日的决定》，正式将12月4日设立为国家宪法日。决定在宪法日，国家通过多种形式开展宪法宣传教育活动。

（2）国家宪法日的设立目的及意义。宪法是国家的根本法，是治国安邦的总章程，具有最高的法律地位、法律权威和法律效力。全面贯彻实施宪法，是全面推进依法治国、建设社会主义法治国家的首要任务和基础性工作。全国各族人民、一切国家机关和武装力量、各政党和各社会团体、各企业事业组织，都必须以宪法为根本的活动准则，并且负有维护宪法尊严、保证宪法实施的职责。任何组织或者个人都不得有超越宪法和法律的特权，一切违反宪法和法律的行为都必须予以追究。国家宪法日设立的目的，是为了增强全社会的宪法意识，弘扬宪法精神，加强宪法实施，全面推进依法治国。设立国家宪法日，有助于树立宪法权威，维护宪法尊严；有助于普及宪法知识，增强全社会宪法意识，弘扬宪法精神；有助于扩大宪法实施的群众基础，加强宪法实施的良好氛围，发扬中华民族的宪法文化。

2. 宪法宣誓制度

（1）宪法宣誓制度的确立及意义。2015年7月1日，十二届全国人大常委会十五次会议通过了《全国人民代表大会常务委员会关于实行宪法宣誓制度的决定》，以国家立法形式确立了我国的宪法宣誓制度，该决定自2016年1月1日起施行。决定指出：宪法是国家的根本法，是治国安邦的总章程，具有最高的法律地位、法律权威和法律效力。国家工作人员必须树立宪法意识，恪守宪法原则，弘扬宪法精神，履行宪法使命。

宪法宣誓制度的确立及实行，具有非常重要的意义。实行宪法宣誓制度有利于树立宪法权威；有利于增强国家工作人员的宪法观念，激励和教育国家工作人员忠于宪法、遵守宪法，维护宪法。宪法宣誓仪式是庄严神圣的，宣誓人员通过感受宪法的神圣，铭记自己的权力来源于人民、来源于宪法。在履行职务时就可以严格按照宪法的授权行使职权，发现违反宪法的行为，就能够坚决地捍卫宪法、维护宪法。实行宪法宣誓制度也有利于在全社会增强宪法意识。通过宪法宣誓活动，可以强化全体公民对宪法最高法律效力、最高法律权威、最高法律地位的认识，可以提高全体社会成员自觉遵守宪法，按照宪法规定行使权利履行义务。

（2）宪法宣誓制度的适用主体。根据决定的规定，宪法宣誓制度的适用主体主要有：各级人大及县级以上各级人大常委会选举或者决定任命的国家工作人员，以及各级人民政府、人民法院、人民检察院任命的国家工作人员，在就职时应当公开进行宪法宣誓。

全国人大选举或者决定任命的国家主席、副主席，全国人大常委会委员长、副委员长、秘书长、委员，国务院总理、副总理、国务委员、各部部长、各委员会主任、中国人民银行行长、审计长、秘书长，中央军委主席、副主席、委员，最高人民法院院长，最高人民检察院检察长，以及全国人大专门委员会主任委员、副主任委员、委员等，在依照法定程序产生后，进行宪法宣誓。

在全国人大闭会期间，全国人大常委会任命或者决定任命的全国人大专门委员会个别副主任委员、委员，国务院部长、委员会主任、中国人民银行行长、审计长、秘书长，中央军委副主席、委员，在依照法定程序产生后，进行宪法宣誓。

全国人大常委会任命的全国人大常委会副秘书长，全国人大常委会工作委员会主任、副主任、委员，全国人大常委会代表资格审查委员会主任委员、副主任委员、委员等，在依照法定程序产生后，进行宪法宣誓。宣誓仪式由全国人大常委会委员长会议组织。

全国人大常委会任命或者决定任命的最高人民法院副院长、审判委员会委员、庭长、副庭长、审判员和军事法院院长，最高人民检察院副检察长、检察委员会委员、检察员和军事检察院检察长，国家驻外全权代表，在依照法定程序产生后，进行宪法宣誓。宣誓仪式由最高人民法院、最高人民检察院、外交部分别组织。

国务院及其各部门、最高人民法院、最高人民检察院任命的国家工作人员，在就职时进行宪法宣誓。宣誓仪式由任命机关组织。

地方各级人大及县级以上地方各级人大常委员会选举或者决定任命的国家工作人员，以及地方各级人民政府、人民法院、人民检察院任命的国家工作人员，在依照法定程序产生后，进行宪法宣誓。

（3）宪法宣誓誓词内容。根据决定的规定，宪法宣誓誓词为："我宣誓：忠于中华人民共和国宪法，维护宪法权威，履行法定职责，忠于祖国、忠于人民，恪尽职守、廉洁奉公，接受人民监督，为建设富强、民主、文明、和谐的社会主义国家努力奋斗！"

（4）宪法宣誓形式。根据决定的规定，宪法宣誓应举行宪法宣誓仪式，根据情况，可以采取单独宣誓或者集体宣誓的形式。单独宣誓时，宣誓人应当左手抚按《中华人民共和国宪法》，右手举拳，诵读誓词。集体宣誓时，由一人领誓，领誓人左手抚按《中华人民共和国宪法》，右手举拳，领诵誓词；其他宣誓人整齐排列，右手举拳，跟诵誓词。

宣誓场所应当庄重、严肃，悬挂中华人民共和国国旗或者国徽。

负责组织宣誓仪式的机关，可以根据决定并结合实际情况，对宣誓的具体事项作出规定。

🔍 以案释法 ⓪2

换届选举的法律严肃性不容挑战

【案情介绍】2013年2月开始，有群众陆续向中央有关部门举报某市人大代表换届选举过程中存在严重的贿赂现象。中纪委经过初步调查，获取了部分市人大代表在市人大会议期间收受省人大代表候选人送钱送物的情况和证据。2013年4月上旬，中央听取了案件初步调查情况汇报，认为案情重大，性质严重，必须彻底查清，给社会一个交代、给人民一个交代；要求办案机关一定要以事实为根据，以法律为准绳，坚决严肃、扎实稳妥地做好案件查处工作，把此案办成经得起人民和历史检验的铁案。2013年6月中旬，中纪委专案组赴该市开展全面调查，获取了大量书证、物证，基本查清了案件事实：该破坏选举案共有56名当选的省人大代表存在送钱拉票的行为。

2013年8月，该市十二届人大常委会六次会议决定，对以贿赂手段当选的56名省人大代表依法确认当选无效并予以公告；对5名未送钱拉票但工作严重失职的省人大代表，依法公告终止其代表资格。该市有关县（市、区）人大常委会会议分别决定，接受512名收受钱物的衡阳市人大代表及3名未收受钱物但工作严重失职的市人大代表辞职。另有6名收受钱物的该市人大代表此前因调离本行政区域已经终止代表资格。

2014年3月9日上午9时，中央领导在十二届全国人大二次会议上指出，该市发生的以贿赂手段破坏选举的违纪违法案件，性质严重，影响恶劣，给我们以深刻警示。必须切实加强对人大代表选举工作的组织领导，坚持严格依法按程序办事，切实加强人大代表思想、作风建设，维护宪法法律的权威和尊严。

2014年8月18日，北京市二中院对该省政协原副主席童某玩忽职守案作出一审宣判，对童某以玩忽职守罪判处有期徒刑五年。

【以案释法】人民代表大会制度是我国的根本政治制度。这一根本政治制度的本质特征，就是由人民通过民主选举产生人大代表，组成人民代表大会，再由人大产生其他国家政权机关。只有把人大代表选举好，才能真正落实宪法的人民民主原则，使国家政权基础得到巩固。人大换届选举也是中国共产党坚持执政为民、执政靠民，支持和保证人民当家作主的一次重要实践，保证党组织推荐的人选顺利进入国家政权机关，对于保证党的主张通过法定程序成为国家意志，对于加强和改善党的领导、提高党的执政能力，具有重要意义。通过广泛动员和组织选民参加人大换届选举，让人民群众在党的领导下、在发扬民主的基础上，依法把自己信得过的人选进国家权力机关，并通过人大代表行使管理国家和社会事务的权力，这将有利于增强基层政权的群众基础，进一步密切党群关系、干群关系，促进社会安定团结，具有重要作用。为此，选举权作为公民的一项重要政治权利，不仅宪法中有明确规定，而且也为刑法所明确保护。刑法专门设定有破坏选举罪，明确规定在选举各级人民代表大会代表和国家机关领导人员时，以暴力、威胁、欺骗、贿赂、伪造选举文件、虚报选举票数等手段破坏选举或者妨害选民和代表自由行使选举权和被选举权，情节严重的，处三年以下有期徒刑、拘役或者剥夺政治权利。此外，刑法还规定，国家机关工作人员滥用职权或者玩忽职守，致使公共财产、国家和人民利益遭受重大损失的，处三年以下有期徒刑或者拘役；情节特别严重的，处三年以上七年以下有期徒刑。童某因在该选举贿赂案发生时任市委书记，犯有玩忽职守罪，且情节特别严重，因而被判处有期徒刑五年。

二、行政法相关规定

行政有一般行政与国家行政之分。一般行政是指各种组织（包括机关、团体、单位等）的执行、管理职能。国家行政是指国家这一特殊组织的执行、管理职能。

行政法是规定国家行政主体的组织、职权、行使职权的方式、程序以及对行使行政职权的法制监督，调整行政关系的法律规范系统。

行政法有六项基本原则：合法行政、合理行政、程序正当、诚实守信、高效便民、权责统一。

（一）基本要求

国务院《全面推进依法行政实施纲要》对依法行政提出了六项基本要求：合法行政、合理行政、程序正当、高效便民、诚实守信、权责统一。

1. 合法行政

合法行政强调的是行政主体在行使行政权力时必须依据法律、符合法律，不得与法律相抵触。凡没有法律、法规、规章的规定，行政机关不得作出影响公民、法人和其他组织合法权益或者增加公民、法人和其他组织义务的决定。

2. 合理行政

合理行政要求行政机关实施行政管理，应当遵循公平、公正的原则，要平等对待行政管理相对人，不偏私，不歧视。合理行政主要适用于自由裁量权领域。合理行政的基本要求包括：行政的目的、动机合理，行政的内容和范围合理，行政的手段和措施合理。

3. 程序正当

行政机关实施行政管理，除法定保密的外，应当公开，注意听取公民、法人和其他组织的意见；要严格遵守法定程序，依法保护行政相对人、利害关系人的知情权、参与权和救济权；行政人员履行职责，与行政相对人存在利害关系时，应当回避。

4. 高效便民

行政机关实施行政管理，应当遵守法定时限，积极履行法定职责，提高办事效率，提供优质服务，方便公民、法人和其他组织。高效便民的具体要求有：首先，行政机关从事行政管理应从方便老百姓办事出发，把为公众提供优质服务作为行政管理的根本宗旨，而不应把行政管理看作是限制老百姓的工具和手段；其次，行政机关实施行政管理应采取积极主动的态度，尤其是对法定职责范围内的行政事务应及时履行；再次，行政机关应遵守法定时限，提高办事效率，对办理的事项不能久拖不决。

5. 诚实守信

诚实守信是依法行政对行政机关及其行政活动的必然要求，也是行政机关及其工作人员的法律义务与责任。按照这一原则，行政机关必须做到：首先，发布

的信息必须真实可靠；其次，制定的法规、规章和政策、决定应当保持相对稳定，不能朝令夕改；再次，因国家利益、公共利益或者其他法定事由撤回或者变更已经生效的行政决定，给公民、法人和其他组织造成财产损失，行政机关应当依法予以补偿。

6.权责统一

行政机关必须依照法律规定的职权、职责行政，行使多大的权力就要承担多大的责任。行政机关违法或者不当行使职权，应当依法承担法律责任。依法做到执法有保障，有权必有责，用权受监督，违法受追究，侵权须赔偿。

（二）行政主体

1.概念和特征

行政主体是指享有行政职权，以自己的名义行使行政职权并独立承担责任的组织。行政主体具有下列三个特征：

第一，行政主体是享有国家行政权力，实施行政活动的组织。这是行政主体与其他国家机关、组织的区别所在。

第二，行政主体是能以自己的名义行使行政权的组织。这是行政主体与行政机关内部的组成机构和受行政机关委托执行某些行政管理任务的组织的区别。

第三，行政主体是能够独立对外承担其行为所产生的法律责任的组织。这是行政主体具有独立法律人格的具体表现，也是一个组织成为行政主体的必备条件。

2.行政主体的类型

在我国，行政主体包括国家行政机关和法律、法规授权的组织。

（1）行政机关。国家行政机关包括中央国家行政机关和地方行政机关。中央行政机关，是指国务院和国务院所属各工作部门。地方行政机关，是指在一定行政区域内由该行政区人民代表大会产生的人民政府及其工作部门。

地方人民政府可以在一定行政区域内设立派出机关，代表其管理该行政区域内各项行政事务。地方人民政府的职能部门可以在一定行政区域内设立派出机构，代表该机构管理该行政区域内某一方面的行政事务。

（2）法律、法规授权的组织。法律、法规授权的组织是指依据法律、法规授权而行使特定行政职能的非国家机关组织。包括：事业组织；社会团体；基层群众性自治组织，如居民委员会和村民委员会；企业组织。

（三）行政行为

1.概念和特征

行政行为是指行政主体行使行政职权作出的、能够产生行政法律效果的行为。

行政行为具有从属法律性、裁量性、单方意志性、效力先定性以及强制性等特征。其中，效力先定性是指行政行为一经作出后，就事先假定其符合法律规定，在没有被国家有权机关宣布为违法无效之前，对行政机关本身和相对方以及其他国家机关都具有拘束力，任何个人或团体都必须遵守和服从。

2.行政行为有效的要件

（1）主体合法。主体合法是指作出行政行为的组织必须具有行政主体资格，并且具有法定的职权。

（2）内容合法。内容合法要求：行为有确凿的证据证明，有充分的事实根据；行为有明确的依据，正确适用了法律、法规、规章和其他规范性文件；行为必须公正、合理，符合立法目的和立法精神。

（3）程序合法。行为的程序是否合法影响着行政行为实体的合法性，程序合法要求：行政行为符合行政程序法确定的基本原则和制度；行政行为应当符合法定的步骤和顺序；行政行为必须在行政机关的权限内，越权无效；行政行为应当符合法定形式。

3.行政行为的种类

行政行为包括抽象行政行为和具体行政行为两种。

（1）抽象行政行为。抽象行政行为，是指国家行政机关针对不特定管理对象实施的制定法规、规章和有普遍约束力的决定、命令等行政规则的行为，其行为形式体现为行政法律文件，其中包括规范文件和非规范文件。

（2）具体行政行为。具体行政行为是国家行政机关依法就特定事项对特定的公民、法人和其他组织权利义务作出的单方行政职权行为。具体行政行为种类繁多，如行政许可、行政处罚、行政强制等，对公民、法人、其他组织的权益产生影响较大。

（四）行政立法

1.行政立法的含义

行政立法是指国家行政机关依照法律规定的权限和程序，制定行政法规和行政规章的活动。它包含以下几层含义：

第一，行政立法是行政机关的行为。表现为：国家行政机关接受国家立法机关的委托，依照法定程序制定具有法律效力的规范性文件的活动；国家行政机关依照法定程序制定有关行政管理规范性文件的活动。

第二，行政立法是行政机关依照法定权限和程序所为的行为。这是行政立法同其他行政行为的显著区别。行政立法必须经过起草、征求意见、讨论、通过和公布等立法程序。

第三，行政立法是行政机关制定行政法规、行政规章的抽象行政行为。从行为的结果看，行政立法的结果是产生具有普遍约束力的规范性文件。这些规范性文件并不是针对某个具体的人或具体的事，而是普遍适用。

2.行政立法程序

行政立法程序是指行政机关制定、修改和废止行政法规或者规章的程序。包括：

（1）立项。我国行政立法的立项是指享有行政立法权的行政机关编制立法年度计划。每年年初有关部门向立法机关报送立项申请，立法机关内设的法制机构对立项申请进行汇总研究，拟定立法机关的年度立法工作计划，报立法机关审批。

（2）起草。①确定起草单位。行政立法的起草单位一般包括立法机关起草；立法机关组织起草；立法机关确定某一个或几个部分，或者某一个或某几个内设机构负责起草；委托起草。②立法调研。起草行政法规与规章应当进行调查研究，总结实践经验，听取意见，在此基础上拟定立法草案。③内部征求意见与协商。行政立法起草过程中，如果法规或者规章涉及其他主管部门的职责或与其他部门关系密切的，起草单位应当征求有关部门的意见或者与有关部门进行协商；经过协商不能达成一致意见的，应当在上报草案送审稿时说明情况或理由。④送审。起草完毕后，起草单位负责人应当在送审稿上签名，并将签名的送审稿及其说明、对送审稿主要问题的不同意见和其他有关材料按规定报送审查。

（3）审查。行政立法的审查由立法机关的法制机构进行。包括如下步骤：①审查送审稿。审查内容包括送审稿要符合宪法、法律和上位法的规定；要体现切实保障公民、法人和其他组织合法权益的精神；要体现科学规范行政行为、促进政府职能转变的改革精神；体现与有关的行政法规或规章协调；要符合立法技术要求。②征求意见。在完成上述工作后，法制机构应当形成草案和对草案的说明，由法制机构负责人签署，提出提请行政立法机关审议的建议。

（4）决定。行政法规草案由国务院常务会议审议，或者由国务院审批。国务院部门规章由部务会议或者委员会会议审议。地方政府规章由政府常务会议或者全体会议审议。

（5）公布。公布是行政立法的一个程序，也是最后一个法定程序。

（6）备案。《中华人民共和国立法法》《行政法规制定程序条例》《行政规章制定程序条例》以及《法规规章备案条例》都对行政立法的备案作出了规定。主要包括：报送备案、备案登记等。

（五）行政法的内容

1. 行政许可

行政许可，是指在法律一般禁止的情况下，行政主体根据行政相对方的申请，经依法审查，通过颁发许可证、执照等形式，赋予或确认行政相对方从事某种活动的法律资格或法律权利的一种行政行为。

行政许可的原则有合法性原则、公开公平公正原则、便民原则、救济原则、信赖保护原则、行政许可一般不得转让原则、监督原则等。

（1）行政许可的范围，根据行政许可法第十二条规定，下列事项可以设定行政许可：直接涉及国家安全、公共安全、经济宏观调控、生态环境保护以及直接关系人身健康、生命财产安全等特定活动，需要按照法定条件予以批准的事项；有限自然资源开发利用、公共资源配置以及直接关系公共利益的特定行业的市场准入等，需要赋予特定权利的事项；提供公众服务并且直接关系公共利益的职业、行业，需要确定具备特殊信誉、特殊条件或者特殊技能等资格、资质的事项；直接关系公共安全、人身健康、生命财产安全的重要设备、设施产品、物品，需要按照技术标准、技术规范，通过检验、检测、检疫等方式进行审定的事项；企业或者其他组织的设立等，需要确定主体资格的事项；法律、行政法规规定可以设定行政许可的其他事项。

可以设定行政许可的事项的例外，根据行政许可法第十三条规定，本法第十二条所列事项，通过下列方式能够予以规范的，可以不设行政许可：公民、法人或者其他组织能够自主决定的；市场竞争机制能够有效调节的；行业组织或者中介机构能够自律管理的；行政机关采用事后监督等其他行政管理方式能够解决的。

（2）行政许可的种类从行政许可的性质、功能和适用条件的角度来说，大体可以划分为五类：普通许可、特许、认可、核准、登记。

普通许可。普通许可是准许符合法定条件的相对人行使某种权利的行为。凡是直接关系国家安全、公共安全的活动，基于高度社会信用的行业的市场准入和法定经营活动，直接关系到人身健康、生命财产安全的产品、物品的生产及销售活动，都适用于普通许可。如游行示威的许可，烟花爆竹的生产与销售的许可等。

特许。特许是行政机关代表国家向被许可人授予某种权利或者对有限资源进行有效配置的管理方式。主要适用于有限自然资源的开发利用、有限公共资源的配置、直接关系公共利益的垄断性企业的市场准入。如出租车经营许可、排污许可等。

认可。认可是对相对人是否具有某种资格、资质的认定，通常采取向取得资格的人员颁发资格、资质证书的方式。如会计师、医师的资质等。

核准。核准是行政机关按照技术标准、经济技术规范，对申请人是否具备特定标准、规范的判断和确定。主要适用于直接关系公共安全、人身健康、生命财产安全的重要设备、设施的设计、建造、安装和使用，以及直接关系人身健康、生命财产安全的特定产品、物品的检验、检疫。如电梯安装的核准、食用油的检验等。

登记。登记是行政机关对个人、企业是否具有特定民事权利能力和行为能力的主体资格和特定身份的确定。如工商企业注册登记、房产所有权登记等。

（3）行政许可的实施。行政许可实施主体是指行使行政许可权并承担相应责任的行政机关和法律、法规授权的具有管理公共事务职能的组织。行政许可的实施主体主要有三种：法定的行政机关、被授权的具有管理公共事务职能的组织、被委托的行政机关。

实施程序：①申请与受理。公民、法人或者其他组织向行政机关提出申请，应如实提交有关材料和反映真实情况，并对其申请材料实质内容的真实性负责。行政机关对申请人提出的行政许可申请应当根据不同情况分别作出受理或不受理的处理决定。②审查与决定。行政机关对申请人提交申请材料进行审查。材料齐全、符合法定形式，行政机关能够当场作出决定的，应当场作出书面的行政许可决定；不能当场作出行政许可决定的，应当在法定期限内按照规定程序作出行政许可决定。③听证。法律、法规、规章规定实施行政许可应当听证的事项，或者行政机关认为需要听证的其他涉及公共利益的重大行政许可事项，行政机关应当向社会公告，并举行听证。④变更与延续。行政机关不得擅自改变已经生效的行政许可。行政许可决定所依据的法律、法规、规章修改或者废止，或者准予行政许可所依据的客观情况发生重大变化，行政机关为了公共利益的需要，可以依法变更或者撤回已经生效的行政许可，但应当对由此给公民、法人或者其他组织造成的财产损失依法给予补偿。

被许可人要求变更行政许可事项的，应当向作出行政许可决定的行政机关提出申请；符合法定条件、标准的，行政机关应当依法办理变更手续。需要延续依法取得的行政许可的有效期的，应当在该行政许可有效期届满30日前向作出行政许可决定的行政机关提出申请。法律、法规、规章另有规定的，依照其规定。行政机关应当根据被许可人的申请，在该行政许可有效期届满前作出是否准予延续的决定；逾期未作决定的，视为准予延续。

2.行政处罚

行政处罚是指具有行政处罚权的行政主体为维护公共利益和社会秩序，保护公民、法人或其他组织的合法权益，依法对行政相对人违反行政法律法规而尚未构成犯罪的行为所实施的法律制裁。

行政处罚的原则包括法定原则，公正公开原则，处罚与违法行为相适应原则，处罚与教育相结合的原则等。

（1）行政处罚的种类。行政处罚的种类，主要是指行政处罚机关对违法行为的具体惩戒制裁手段。我国的行政处罚可以分为以下几种：

人身罚也称自由罚，是指特定行政主体限制和剥夺违法行为人的人身自由的行政处罚。这是最严厉的行政处罚。人身罚主要是指行政拘留。行政拘留，也称治安拘留，是特定的行政主体依法对违反行政法律规范的公民，在短期内剥夺或限制其人身自由的行政处罚。

行为罚又称能力罚，是指行政主体限制或剥夺违法行为人特定的行为能力的制裁形式。它是仅次于人身罚的一种较为严厉的行政处罚措施。责令停产、停业，这是行政主体对从事生产经营者所实施的违法行为而给予的行政处罚措施。它直接剥夺生产经营者进行生产经营活动的权利，只适用于违法行为严重的行政相对方。暂扣或者吊销许可证和营业执照，这是指行政主体依法收回或暂时扣留违法者已经获得的从事某种活动的权利或资格的证书，目的在于取消或暂时中止被处罚人的一定资格、剥夺或限制某种特许的权利。

财产罚是指行政主体依法对违法行为人给予的剥夺财产权的处罚形式。它是运用最广泛的一种行政处罚。罚款，这是指行政主体强制违法者承担一定金钱给付义务，要求违法者在一定期限内交纳一定数量货币的处罚。没收财物，没收财物具体包括没收违法所得和没收非法财物。没收违法所得，指行政主体依法没收违法行为人的部分或全部违法所得。没收非法财物，属于将违禁品或实施违法行为的工具收归国有的处罚方式。

申诫罚又称精神罚、声誉罚，是指行政主体对违反行政法律规范的公民、法人或其他组织的谴责和警戒。它是对违法者的名誉、荣誉、信誉或精神上的利益造成一定损害的处罚方式。

（2）行政处罚的实施。国务院或者经国务院授权的省、自治区、直辖市人民政府可以决定一个行政机关行使有关行政机关的行政处罚权，但限制人身自由的行政处罚权只能由公安机关行使。法律、法规授权的具有管理公共事务职能的组织可以在法定授权范围内实施行政处罚。行政机关依照法律、法规或者规章的规定，可以在其法定权限内委托符合法定条件的组织实施行政处罚。行政机关不得委托其他组织或者个人实施行政处罚。

行政处罚由违法行为发生地的县级以上地方人民政府具有行政处罚权的行政机关管辖。法律、行政法规另有规定的除外。行政机关实施行政处罚时，应当责令当事人改正或者限期改正违法行为。对当事人的同一个违法行为，不得给予两次以上罚款的行政处罚。

（3）处罚程序。①简易程序。行政处罚的简易程序又称当场处罚程序，指行政处罚主体对于事实清楚、情节简单、后果轻微的行政违法行为，当场作出行政处罚决定的程序。适用简易程序的行政处罚必须符合以下条件：违法事实确凿；对该违法行为处以行政处罚有明确、具体的法定依据；处罚较为轻微，即对个人处以50元以下的罚款或者警告，对法人或者组织处以1000元以下的罚款或者警告。②一般程序。一般程序是行政机关进行行政处罚的基本程序。一般程序适用于处罚较重或情节复杂的案件以及当事人对执法人员给予当场处罚的事实认定有分歧而无法作出行政处罚决定的案件。根据行政处罚法的规定，行政机关作出责令停产停业、吊销许可证或者执照、较大数额罚款等行政处罚决定之前，应当告知当事人有要求举行听证的权利。当事人要求听证的，行政机关应当组织听证。

（4）执行。行政处罚决定一旦作出，就具有法律效力，处罚决定中所确定的义务必须得到履行。处罚执行程序有三项重要内容：第一，实行处罚机关与收缴罚款机构相分离。行政处罚决定作出后，除数额在20元以下、事后难以执行或者交通偏远的以外，作出罚款决定的行政机关及其工作人员不能自行收缴罚款，由当事人15日内到指定的银行缴纳罚款，银行将收缴的罚款直接上缴国库。第二，严格实行收支两条线，罚款必须全部上交财政。行政机关实施罚款、没收非法所得等处罚所收缴的款项，必须全部上交国库，财政部门不得以任何形式向作出行政处罚的机关返还这些款项的全部或部分。第三，行政处罚的强制执行。行政处罚决定作出之后，当事人应当在法定期限内自觉履行义务，如果当事人没有正当理由逾期不履行，则可能导致被强制执行。

3. 行政强制

2011年6月30日，十一届全国人大常委会二十一次会议表决通过了行政强制法，自2012年1月1日起施行。该法规范的行政强制包括两个类型：一类是行政强制措施，一类是行政强制执行。

行政强制的原则包括：法定原则、适当原则、教育与强制相结合原则、不得滥用原则、相对人有权要求赔偿原则等。

（1）行政强制措施。行政强制措施，是指行政机关在行政管理过程中，为制止违法行为、防止证据损毁、避免危害发生、控制危险扩大等情形，依法对公民的人身自由实施暂时性限制，或者对公民、法人或者其他组织的财物实施暂时性控制的行为。

行政强制措施的种类包括：限制公民人身自由；查封场所、设施或者财物；扣押财物；冻结存款、汇款；其他行政强制措施。

行政强制措施由法律设定。尚未制定法律，且属于国务院行政管理职权事项的，行政法规可以设定除限制公民人身自由、冻结存款汇款和应当由法律规定的行政强制措施以外的其他行政强制措施。尚未制定法律、行政法规，且属于地方性事务的，地方性法规可以设定查封场所、设施或者财物，扣押财物的行政强制措施。

法律、法规以外的其他规范性文件不得设定行政强制措施。

行政强制措施的基本规则：一是实施行政强制措施的主体为法律、法规规定的行政机关；二是行政强制措施由行政机关在法定职权范围内实施，行政强制措施权不得委托；三是行政强制措施由行政机关具备资格的行政执法人员实施，其他人员不得实施；四是违法行为情节显著轻微或者没有明显社会危害的，可以不采取行政强制措施。

（2）行政强制执行。行政强制执行，是指行政机关或者行政机关申请人民法院，对不履行行政决定的公民、法人或者其他组织，依法强制履行义务的行为。

行政强制执行的方式包括：加处罚款或者滞纳金；划拨存款、汇款；拍卖或者依法处理查封、扣押的场所、设施或者财物；排除妨碍、恢复原状；代履行；其他强制执行方式。

行政强制执行由法律设定。起草法律草案、法规草案，拟设定行政强制的，起草单位应当采取听证会、论证会等形式听取意见，并向制定机关说明设定该行政强制的必要性、可能产生的影响以及听取和采纳意见的情况。行政强制的设定机关应当定期对其设定的行政强制进行评价，并对不适当的行政强制及时予以修改或者废止。

行政强制执行程序分为行政机关强制执行和申请人民法院强制执行两种。法律没有规定行政机关强制执行的，由作出行政决定的行政机关申请人民法院强制执行。

行政机关依法作出行政决定后，当事人在行政机关决定的期限内不履行义务的，具有行政强制执行权的行政机关可以依法强制执行。行政机关作出强制执行决定前，应当事先催告当事人履行义务。催告应该以书面方式作出。当事人收到催告书后有权进行陈述和申辩。行政机关应当充分听取当事人的意见，对当事人提出的事实、理由和证据，应当进行记录、复核。当事人提出的事实、理由或者证据成立的，行政机关应当采纳。经催告，当事人逾期仍不履行行政决定，且无正当理由的，行政机关可以作出强制执行决定。在催告期间，对有证据证明有转移或者隐匿财物迹象的，行政机关可以作出立即强制执行决定。在执行中或者执行完毕后，据以执行的行政决定被撤销、变更，或者执行错误的，应当恢复原状或者退还财物；不能恢复原状或者退还财物的，依法给予赔偿。实施行政强制执行，行政机关可以在不损害公共利益和他人合法权益的情况下，与当事人达成执行协议。执行协议应当履行。当事人不履行执行协议的，行政机关应当恢复强制执行。

当事人在法定期限内不申请行政复议或者提起行政诉讼，又不履行行政决定的，没有行政强制执行权的行政机关可以自期限届满之日起3个月内，依照行政强制的规定申请人民法院强制执行。执行的程序如下：行政机关申请人民法院强制执行前，应当催告当事人履行义务；催告书送达10日后当事人仍未履行义务的，行政机关可以向有管辖权的人民法院申请强制执行；人民法院接到行政机关强制执行的申请，应当在5日内受理；人民法院对行政机关强制执行的申请进行书面审查，对材料齐全，且行政决定具备法定执行效力的，应当自受理之日起7日内作出执行裁定。

　　4.行政复议

　　行政复议是行政系统内部的一种自我纠错机制，是指公民、法人或其他组织认为行政机关的行政行为侵犯其合法权益，按照法定的程序和条件向法定的行政机关提出复议申请，受理申请的行政机关对该行政行为进行复查，并作出复议决定的活动。

　　（1）原则。行政复议的一般原则主要有合法原则、公正原则、公开原则、及时原则、便民原则等，但最能体现行政复议特殊性的是有错必纠原则。有错必纠原则是指行政复议机关对被申请复议的行政行为进行全面的审查，不论是违法，还是不当，也不论申请人有否请求，只要有错误一概予以纠正，这是行政复议不同于行政诉讼的重要之处。

　　（2）内容。根据行政复议法第六条规定，有下列情形之一的，公民、法人或者其他组织可以依照本法申请行政复议：对行政机关作出的警告、罚款、没收违法所得、没收非法财物、责令停产停业、暂扣或者吊销许可证、暂扣或者吊销执照、行政拘留等行政处罚决定不服的；对行政机关作出的限制人身自由或者查封、扣押、冻结财产等行政强制措施决定不服的；对行政机关作出的有关许可证、执照、资质证、资格证等证书变更、中止、撤销的决定不服的；对行政机关作出的关于确认土地、矿藏、水流、森林、山岭、草原、荒地、滩涂、海域等自然资源的所有权或者使用权的决定不服的；认为行政机关侵犯合法的经营自主权的；认为行政机关变更或者废止农业承包合同，侵犯其合法权益的；认为行政机关违法集资、征收财物、摊派费用或者违法要求履行其他义务的；认为符合法定条件，申请行政机关颁发许可证、执照、资质证、资格证等证书，或者申请行政机关审批、登记有关事项，行政机关没有依法办理的；申请行政机关履行保护人身权利、财产权利、受教育权利的法定职责，行政机关没有依法履行的；申请行政机关依法发放抚恤金、社会保险金或者最低生活保障费，行政机关没有依法发放的；认为行政机关的其他行政行为侵犯其合法权益的。

　　根据行政复议法第七条规定，公民、法人或者其他组织认为行政机关的行政行为所依据的下列规定不合法，在对行政行为申请行政复议时，可以一并向行政复议机关提出对该规定的审查申请：国务院部门的规定；县级以上地方各级人民政府及其工作部门的规定；乡、镇人民政府的规定。前款所列规定不含国务院部、委员会规章和地方人民政府规章。规章的审查依照法律、行政法规办理。

对县级以上地方各级人民政府工作部门的行政行为不服的，由申请人选择，可以向该部门的本级人民政府申请行政复议，也可以向上一级主管部门申请行政复议。对海关、金融、国税、外汇管理等实行垂直领导的行政机关和国家安全机关的行政行为不服的，向上一级主管部门申请行政复议。

对地方各级人民政府的行政行为不服的，向上一级地方人民政府申请行政复议。对省、自治区人民政府依法设立的派出机关所属的县级地方人民政府的行政行为不服的，向该派出机关申请行政复议。

对国务院部门或者省、自治区、直辖市人民政府的行政行为不服的，向作出该行政行为的国务院部门或者省、自治区、直辖市人民政府申请行政复议。对行政复议决定不服的，可以向人民法院提起行政诉讼；也可以向国务院申请裁决，国务院依照本法的规定作出最终裁决。

（3）复议程序。①申请。申请人申请行政复议，应当在知道被申请人行政行为作出之日起六十日内提出，法律另有规定的除外。申请人是认为行政行为侵犯其合法权益的相对人；有明确的被申请人；有具体的复议请求和事实根据；属于依法可申请行政复议的范围；相应行政复议申请属于受理行政复议机关管辖；符合法律法规规定的其他条件。②受理。行政复议机关收到行政复议申请后，应当在五日内进行审查，对不符合行政复议法规定的行政复议申请，决定不予受理，并书面告知申请人；对符合行政复议法规定，但是不属于本机关受理的行政复议申请，应当告知申请人向有关行政复议机关提出。除上述规定外，行政复议申请自行政复议负责法制工作的机构收到之日起即为受理。③审理。行政复议实行书面复议制度，但申请人提出要求或复议机关认为有必要时，可以向有关组织和人员调查情况，听取申请人、被申请人和第三人的意见。实行书面审查为原则，口头审查为例外，主要是为了保障行政效率，是行政复议区别于行政诉讼的一个重要方面。行政复议案件的审理中，实行被申请人对行政行为负担举证责任的举证规则。行政复议法规定了查阅被申请人提供资料的制度，享有资料查阅权的主体，是申请人和第三人；资料查阅的内容，是被申请人提出的书面答复和其他有关材料；查阅资料的例外，是涉及国家秘密、商业秘密或者个人隐私的材料。在复议过程中，被申请人不得自行向申请人和其他有关组织或个人收集证据，即行政复议中的证据限于行政行为作出以前收集到的证据。在复议申请受理之后、行政复议决定作出之前，申请人基于某种考虑主动要求撤回复议申请的，经向行政复议机关说明理由，可以撤回。撤回行政复议申请的，行政复议终止。④决定。行政复议机关应当自受理行政复议申请之日起六十日内作出行政复议决定；但是法律另有规定的除外。决定维持行政行为；决定撤销、变更或者确认原行政行为违法；决定被申请人在一定期限内履行法定职责；决定被申请人在一定期

（以案释法版）

限内重新作出行政行为；决定赔偿；决定返还财产或者解除对财产的强制措施。

5.行政赔偿

行政赔偿是指行政机关及其工作人员在行使行政职权时，违法侵犯公民、法人和其他组织的合法权益造成损害的，国家依法向受害人赔偿的制度。

国家赔偿法规定，国家机关和国家机关工作人员行使职权侵犯公民、法人和其他组织的合法权益造成损害的，受害人有权依法取得国家赔偿的权利。

（1）范围。受害人对国家行政机关及其工作人员侵犯人身权及财产权的行为，有权要求赔偿。①侵犯人身权的行为。第一，违法拘留或者违法采取限制公民人身自由的行政强制措施的；第二，非法拘禁或者以其他方法非法剥夺公民人身自由的；第三，以殴打等暴力行为或者唆使他人以殴打等暴力行为造成公民身体伤害或者死亡的；第四，违法使用武器、警械造成公民身体伤害或者死亡的；第五，造成公民身体伤害或者死亡的其他违法行为。②侵犯财产权的行为。第一，违法实施罚款、吊销许可证和执照、责令停产停业、没收财物等行政处罚的；第二，违法对财产采取查封、扣押、冻结等行政强制措施的；第三，违反国家规定征收财物、摊派费用的；第四，造成财产损害的其他违法行为。③不承担赔偿责任的情形。第一，行政机关工作人员与行使职权无关的个人行为；第二，因公民、法人和其他组织自己的行为致使损害发生的；第三，法律规定的其他情形。

（2）赔偿请求人。行政赔偿请求人包括受害的公民、法人或者其他组织。受害的公民死亡，其继承人和其他有扶养关系的亲属有权要求赔偿。受害的法人或者其他组织终止，承受其权利的法人或者其他组织有权要求赔偿。

（3）行政赔偿义务机关。其一，行政机关及其工作人员行使行政职权侵犯公民、法人和其他组织的合法权益造成损害的，该行政机关为赔偿义务机关。其二，两个以上行政机关共同行使行政职权时侵犯公民、法人和其他组织的合法权益造成损害的，共同行使行政职权的行政机关为共同赔偿义务机关。其三，法律、法规授权的组织在行使授予的行政权力时侵犯公民、法人和其他组织的合法权益造成损害的，被授权的组织为赔偿义务机关。其四，受行政机关委托的组织或者个人在行使受委托的行政权力时侵犯公民、法人和其他组织的合法权益造成损害的，委托的行政机关为赔偿义务机关。其五，赔偿义务机关被撤销的，继续行使其职权的行政机关为赔偿义务机关；没有继续行使其职权的行政机关的，撤销该赔偿义务机关的行政机关为赔偿义务机关。

（4）行政赔偿的程序。赔偿请求人要求赔偿，应当先向赔偿义务机关提出，也可以在申请行政复议或者提起行政诉讼时一并提出。①单独提出赔偿请求的程序。受害人单独提出赔偿请求的，应当首先向赔偿义务机关提出，赔偿义务机关应当自收到申请之日起两个月内，作出是否赔偿的决定。赔偿义务机关拒绝受理赔偿请求，或者在法定期限内不作出决定的，受害人可以提起行政诉讼。②一并提出赔偿请求的程序。申请人在行政复议中一并提出赔偿请求的受理和审理适用行政复议程序。行政复议机关对符合国家赔偿法的有关规定应当给予赔偿的，在决定撤销、变更行政行为或者确认行政行为违法时，应当同时决定被申请人依法给予赔偿。

6.行政给付

行政给付是指行政主体在特定情况下，依法向符合条件的申请人提供物质利益或赋予其与物质利益有关的权益的行为。其中，"物质权益"主要表现为给付相对人一定数量的金钱或实物，如让相对人免费入学接受教育、给予相对人享受公费医疗待遇等。

（1）行政给付具有以下特征：第一，行政给付以行政相对人的申请为条件。也就是说，行政相对人要获得相关的物质帮助，必须事先向有权实施一定给付行为的行政机关提出申请。第二，行政给付是一种行政行为。行政给付的主体一般是行政机关，但是也包括法律、法规授权的社会组织。第三，行政给付的内容是赋予行政相对人以一定的物质帮助权益。行政给付作为一种行政行为，它的内容主要是赋予行政相对人一定的物质帮助权益。第四，行政给付的对象是处于某种特殊状态之下的行政相对人。行政给付的对象是因为某种原因而生活陷入困境的公民与对国家、社会曾经作出过特殊贡献的公民，如灾民、残疾人、鳏寡孤独的老人与儿童，革命军人及其家属、革命烈士家属等。

（2）类型。根据我国有关行政给付的法律、法规，我国行政给付主要包括以下几类：①抚恤金。发放对象主要是烈士和因公殉职、负伤、病故、残废的军人、警察或者其家属，其主要形式包括革命军人牺牲病故抚恤金、革命残疾军人抚恤金、护理费、治疗费等。②生活补助费。发放对象主要是烈军属、复员退伍军人，以及因工伤事故致残的公民，其主要形式包括复员退伍军人与烈军属定期定量生活补助费、临时补助费、因公伤残补助费等。③安置费。安置的形式主要有发放安置费与提供一定的住所等。安置费的发放对象主要是复员、转业、退伍军人，如复员军人建房补助费。④救济。救济的形式包括发放救济金与发放救济物资等，其对象主要是因为某种情况而生活陷入困境的公民，如农村的五保户、贫困户，城镇的贫困户，自然灾害地区的灾民等。⑤优待。优待的对象是生活上

处于某种困境的公民或者法律、法规规定应该予以优待的特定社会成员，如贫困学生、独生子女等。⑥社会福利。社会福利的对象既包括一般的公民，又包括某些特殊身份的社会成员，其基本方式是举办社会福利事业或者发放社会福利金。社会福利事业一般由政府采取资金扶助及政策优惠的方式扶植某些社会福利机构的发展，如社会福利院、敬老院，以及安置机构、社会残疾人团体、福利生产单位与科研机构（如假肢科研机构与生产企业）等。

以案释法 03

行政不作为被判败诉

【案情介绍】2013年10月16日，张某向河南省某市国土资源局书面提出申请，请求该局依法查处其所在村的耕地被有关工程项目违法强行占用的行为，并向该局寄送了申请书。市国土局于2013年10月17日收到申请后，没有受理、立案、处理，也未告知张某，张某遂以市国土局不履行法定职责为由诉至法院，请求确认被告不履行法定职责的具体行政行为违法，并要求被告对土地违法行为进行查处。

该市某区人民法院一审认为，土地管理部门对上级交办、其他部门移送和群众举报的土地违法案件，应当受理。土地管理部门受理土地违法案件后，应当进行审查，凡符合立案条件的，应当及时立案查处；不符合立案条件的，应当告知交办、移送案件的单位或者举报人。本案原告张某向被告市国土局提出查处违法占地申请后，被告应当受理却没有受理，也没有告知原告是否立案，故原告要求确认被告不履行法定职责违法，并限期履行法定职责的请求，有事实根据和法律依据，本院予以支持。遂判决：一、确认被告对原告要求查处违法占地申请未予受理的行为违法。二、限被告于本判决生效之日起按《土地违法案件查处办法》的规定履行法定职责。

市国土局不服，提出上诉，市中级人民法院二审认为，根据《土地违法案件查处办法》规定，县级以上地方人民政府土地行政主管部门对违反土地管理法律、法规的行为进行监督检查。上诉人市国土局上诉称2013年10月17日收到对土地违法行为监督的申请后，已进行了受理核查，但上诉人未及时将审查结果告知申请人，上诉人的行为未完全履行工作职责，违反了《土地违法案件查处办法》的规定。二审判决驳回上诉，维持原判。

【以案释法】及时处理群众举报、切实履行查处违法占地相关法定职责，回应群众关切问题、保障土地资源的合法利用是有关土地管理部门的应尽职责。土地资源稀缺、人多地少的现状决定了我国必须实行最严格的土地管理制度，但长期以来土地资源浪费严重，违法违规用地现象普遍，这其中既有土地管理保护不力的原因，也有人民群众难以有效参与与保护的因素。公众参与是及时发现和纠正土地违法行为的重要渠道，也是确保落实最严格的土地管理制度的有效手段。依法受理并及时查处人民群众对违法用地行为的举报，是土地管理部门的权力更是义务。

🔍 以案释法 ④

行政机关对不属于本机关办理职责的事项应依法移送有关机关

【案情介绍】2013年12月27日，北京市某工商分局接到钟某的申诉（举报）信，称其在通州某超市购买的"北大荒富硒米"不符合《预包装食品营养标签通则》的规定，属不符合食品安全标准的违法产品，要求工商分局责令超市退还其货款，进行赔偿，并依法作出行政处罚。同年12月30日，工商分局作出答复，称依据该局调查，钟某反映的食品安全问题目前不属于其职能范围。钟某于2014年1月8日向上级工商管理局提出复议申请，该机关于同年4月2日作出复议决定书，维持答复。钟某不服，以工商分局为被告提起行政诉讼，请求确认工商局处理举报案件程序违法并责令其履行移送职责。

人民法院一审认为，依据国务院食品安全办、国家工商总局、国家质检总局、国家食品药品监管总局的食安办（2013）13号《关于进一步做好机构改革期间食品和化妆品监管工作的通知》《北京市人民政府办公厅关于印发北京市食品药品监督管理局主要职责内设机构和人员编制规定的通知》等文件规定，目前北京市流通环节的食品安全监管职责由北京市食品药品监督管理局承担，故被告工商分局已无职责对流通环节的食品安全进行监管，且其在接到原告钟某举报时应能够确定该案件的主管机关。依照《工商行政管理机关行政处罚程序规定》第十五条规定，工商行政管理机关发现所查处的案件属于其他行政机关管辖的，应当依法移送其他有关机关。本案中当被告认为原告所举报事项不属其管辖时，应当移送至有关主管机关，故判决被告在十五个工作日内就原告举报事项履行移送职责，驳回原告其他诉讼请求。工商分局不服，提出上诉。北京市中级人民法院二审以相同理由判决驳回上诉、维持原判。

【以案释法】在我国，各行政机关的职责既有分工也有交叉，法定职责主要来源于法律、法规、规章和规范性文件，也有的来源于行政管理需要和行政惯例。有关食品生产、流通环节的监督管理职责由工商机关改由食品药品监督管理部门承担。但职责调整的初始阶段，人民群众未必都很清楚，工商机关发现群众对于食品安全问题的举报事项属于其他行政机关管辖的，应当移送相关主管机关，不能一推了之。积极移送也是一种法定职责。本案通过裁判方式进一步明确，行政机关对不属于本机关办理职责事项，如果按照有关规范性文件规定应移送有权机关办理的，应当及时移送。

第三节 "七五"普法规划的主要内容

一、"七五"规划的出台

1985年11月，中共中央、国务院批转中宣部、司法部《关于向全体公民基本普及法律常识的五年规划》，1985年11月22日，六届全国人大常委会十三次会议作出了《关于在公民中基本普及法律常识的决议》，提出从1986年起，争取用五年左右时间，有计划、有步骤地在一切有接受教育能力的公民中，普遍进行一次普及法律常识的教育，并且逐步做到制度化、经常化。自此，全国"一五"普法的帷幕正式拉开。三十年来，全国共开展了六个五年一轮的法制宣传教育活动，分别为"一五"普法（1986—1990年）、"二五"普法（1991—1995年）、"三五"普法(1996—2000年)、"四五"普法（2001—2005年）、"五五"普法（2006—2010年）、"六五"普法（2011—2015年），2016年进入"七五"普法时期。2016年3月25日，中共中央 国务院转发《中央宣传部、司法部关于在公民中开展法治宣传教育的第七个五年规划（2016—2020年）》的通知，全国法治宣传教育第七个五年规划正式开始实施。

"七五"普法规划是在党中央作出全面推进依法治国战略布局，明确提出了依法治国的具体目标和要求的时代背景下出台的。它的实施周期正处于我国实现全面建成小康社会奋斗目标的关键时期，具有更为突出的政治意义和实践意义。党中央关于"坚持依法治国、依法执政、依法行政共同推进，坚持法治国家、法治政府、法治社会一体建设，实现科学立法、严格执法、公正司法、全民守法，促进国家治理体系和治理能力现代化"的提出，对进一步做好"七五"普法工作，既指明了方向，也明确了新的更高要求。

二、"七五"普法工作的指导思想、主要目标和工作原则

"七五"普法工作的指导思想：高举中国特色社会主义伟大旗帜，全面贯彻党的十八大和十八届三中、四中、五中全会精神，以马克思列宁主义、毛泽东思想、邓小平理论、"三个代表"重要思想、科学发展观为指导，深入贯彻习近平总书记系列重要讲话精神，坚持"四个全面"战略布局，坚持创新、协调、绿色、开放、共享的发展理念，按照全面依法治国新要求，深入开展法治宣传教育，扎实推进依法治理和法治创建，弘扬社会主义法治精神，建设社会主义法治文化，推进法治宣传教育与法治实践相结合，健全普法宣传教育机制，推动工作创新，充分发挥法治宣传教育在全面依法治国中的基础作用，推动全社会树立法治意识，为"十三五"时期经济社会发展营造良好法治环境，为实现"两个一百年"奋斗目标和中华民族伟大复兴的中国梦作出新的贡献。

"七五"普法工作的主要目标：普法宣传教育机制进一步健全，法治宣传教育实效性进一步增强，依法治理进一步深化，全民法治观念和全体党员党章党规意识明显增强，全社会厉行法治的积极性和主动性明显提高，形成守法光荣、违法可耻的社会氛围。

　　"七五"普法工作应遵循的原则：坚持围绕中心服务大局。围绕党和国家中心工作开展法治宣传教育，更好地服务协调推进"四个全面"战略布局，为全面实施国民经济和社会发展"十三五"规划营造良好法治环境；坚持依靠群众，服务群众。以满足群众不断增长的法治需求为出发点和落脚点，以群众喜闻乐见、易于接受的方式开展法治宣传教育，增强全社会尊法学法守法用法意识，使国家法律和党内法规为党员群众所掌握、所遵守、所运用；坚持学用结合，普治并举。坚持法治宣传教育与依法治理有机结合，把法治宣传教育融入立法、执法、司法、法律服务和党内法规建设活动中，引导党员群众在法治实践中自觉学习、运用国家法律和党内法规，提升法治素养；坚持分类指导，突出重点。根据不同地区、部门、行业及不同对象的实际和特点，分类实施法治宣传教育。突出抓好重点对象，带动和促进全民普法；坚持创新发展，注重实效。总结经验，把握规律，推动法治宣传教育工作理念、机制、载体和方式方法创新，不断提高法治宣传教育的针对性和实效性，力戒形式主义。

三、"七五"普法工作的主要任务

　　"七五"普法规划明确了七项主要任务：

（一）深入学习宣传习近平总书记关于全面依法治国的重要论述

　　党的十八大以来，习近平总书记站在坚持和发展中国特色社会主义全局的高度，对全面依法治国作了重要论述，提出了一系列新思想、新观点、新论断、新要求，深刻回答了建设社会主义法治国家的重大理论和实践问题，为全面依法治国提供了科学理论指导和行动指南。要深入学习宣传习近平总书记关于全面依法治国的重要论述，增强走中国特色社会主义道路的自觉性和坚定性，增强全社会厉行法治的积极性和主动性。深入学习宣传以习近平同志为总书记的党中央关于全面依法治国的重要部署，宣传科学立法、严格执法、公正司法、全民守法和党内法规建设的生动实践，使全社会了解和掌握全面依法治国的重大意义和总体要求，更好地发挥法治的引领和规范作用。

（二）突出学习宣传宪法

　　坚持把学习宣传宪法摆在首要位置，在全社会普遍开展宪法教育，弘扬宪法精神，树立宪法权威。深入宣传依宪治国、依宪执政等理念，宣传党的领导是宪法实施的最根本保证，宣传宪法确立的国家根

本制度、根本任务和我国的国体、政体，宣传公民的基本权利和义务等宪法基本内容，宣传宪法的实施，实行宪法宣誓制度，认真组织好"12·4"国家宪法日集中宣传活动，推动宪法家喻户晓、深入人心，提高全体公民特别是各级领导干部和国家机关工作人员的宪法意识，教育引导一切组织和个人都必须以宪法为根本活动准则，增强宪法观念，维护宪法尊严。

（三）深入宣传中国特色社会主义法律体系

坚持把宣传以宪法为核心的中国特色社会主义法律体系作为法治宣传教育的基本任务，大力宣传宪法相关法、民法商法、行政法、经济法、社会法、刑法、诉讼与非诉讼程序法等多个法律部门的法律法规。大力宣传社会主义民主政治建设的法律法规，提高人民有序参与民主政治的意识和水平。大力宣传保障公民基本权利的法律法规，推动全社会树立尊重和保障人权意识，促进公民权利保障法治化。大力宣传依法行政领域的法律法规，推动各级行政机关树立"法定职责必须为、法无授权不可为"的意识，促进法治政府建设。大力宣传市场经济领域的法律法规，推动全社会树立保护产权、平等交换、公平竞争等意识，促进大众创业、万众创新，促进经济在新常态下平稳健康运行。大力宣传有利于激发文化创造活力、保障人民基本文化权益的相关法律法规，促进社会主义精神文明建设。大力宣传教育、就业、收入分配、社会保障、医疗卫生、食品安全、扶贫、慈善、社会救助和妇女儿童、老年人、残疾人合法权益保护等方面法律法规，促进保障和改善民生。大力宣传国家安全和公共安全领域的法律法规，提高全民安全意识、风险意识和预防能力。大力宣传国防法律法规，提高全民国防观念，促进国防建设。大力宣传党的民族、宗教政策和相关法律法规，维护民族地区繁荣稳定；促进民族关系、宗教关系和谐，大力宣传环境保护、资源能源节约利用等方面的法律法规，推动美丽中国建设。大力宣传互联网领域的法律法规，教育引导网民依法规范网络行为，促进形成网络空间良好秩序。大力宣传诉讼、行政复议、仲裁、调解、信访等方面的法律法规，引导群众依法表达诉求、维护权利，促进社会和谐稳定。在传播法律知识的同时，更加注重弘扬法治精神、培育法治理念、树立法治意识。大力宣传宪法法律至上、法律面前人人平等、权由法定、权依法行使等基本法治理念，破除"法不责众""人情大于国法"等错误认识，引导全民自觉守法、遇事找法、解决问题靠法。

（四）深入学习宣传党内法规

适应全面从严治党、依规治党新形势新要求，切实加大党内法规宣传力度。突出宣传党章，教育引导广大党员尊崇党章，以党章为根本遵循，坚决维护党章权威。大力宣传《中国共产党廉洁自律准则》《中国共产党纪律处分条例》等各项党内法规，注重党内法规宣传与国家法律宣传的衔接和协调，坚持纪在法前、纪严于法，把纪律和规矩挺在前面，教育引导广大党员做党章党规党纪和国家法律的自觉尊崇者、模范遵守者、坚定捍卫者。

（五）推进社会主义法治文化建设

以宣传法律知识、弘扬法治精神、推动法治实践为主旨，积极推进社会主义法治文化建设，充分发挥法治文化的引领、熏陶作用，使人民内心拥护和真诚信仰法律。把法治文化建设纳入现代公共文化服务体系，推动法治文化与地方文化、行业文化、企业文化融合发展。繁荣法治文化作品创作推广，把法治文化作品纳入各级文化作品评奖内容，纳入艺术、出版扶持和奖励基金内容，培育法治文化精品。利用重大纪念日、民族传统节日等契机开展法治文化活动，组织开展法治文艺展演展播、法治文艺演出下基层等活动，满足人民群众日益增长的法治文化需求。把法治元素纳入城乡建设规划设计，加强基层法治文化公共设施建设。

（六）推进多层次多领域依法治理

坚持法治宣传教育与法治实践相结合，把法律条文变成引导、保障经济社会发展的基本规则，深化基层组织和部门、行业依法治理，深化法治城市、法治县（市、区）等法治创建活动，提高社会治理法治化水平。深入开展民主法治示范村（社区）创建，进一步探索乡村（社区）法律顾问制度，教育引导基层群众自我约束、自我管理。发挥市民公约、乡规民约、行业规章、团体章程等社会规范在社会治理中的积极作用，支持行业协会商会类社会组织发挥行业自律和专业服务功能，发挥社会组织对其成员的行为导引、规则约束、权益维护作用。

（七）推进法治教育与道德教育相结合

坚持依法治国和以德治国相结合的基本原则，以法治体现道德理念，以道德滋养法治精神，促进实现法律和道德相辅相成、法治和德治相得益彰。大力弘扬社会主义核心价值观，弘扬中华传统美德，培育社会公德、职业道德、家庭美德、个人品德，提高全民族思想道德水平，为全面依法治国创造良好人文环境。强化规则意识，倡导契约精神，弘扬公序良俗，引导人们自觉履行法定义务、社会责任、家庭责任。发挥法治在解决道德领域突出问题中的作用，健全公民和组织守法信用记录，完善守法诚信褒奖机制和违法失信行为惩戒机制。

四、"七五"普法规划的实施

（一）对象和要求

"七五"普法规划明确提出，法治宣传教育的对象是一切有接受教育能力的公民，重点是领导干部和青少年。要坚持把领导干部带头学法、模范守法作为树立法治意识的关键。完善国家工作人员学法用法制度，把宪法法律和党内法规列入党委

（党组）中心组学习内容，列为党校、行政学院、干部学院、社会主义学院必修课；把法治教育纳入干部教育培训总体规划，纳入国家工作人员初任培训、任职培训的必训内容，在其他各类培训课程中融入法治教育内容，保证法治培训课时数量和培训质量，切实提高领导干部运用法治思维和法治方式深化改革、推动发展、化解矛盾、维护稳定的能力，切实增强国家工作人员自觉守法、依法办事的意识和能力。加强党章和党内法规学习教育，引导党员领导干部增强党章党规党纪意识，严守政治纪律和政治规矩，在廉洁自律上追求高标准，自觉远离违纪红线。健全日常学法制度，创新学法形式，拓宽学法渠道。健全完善重大决策合法性审查机制，积极推行法律顾问制度，各级党政机关和人民团体普遍设立公职律师，企业可设立公司律师。把尊法学法守法用法情况列入作为领导班子和领导干部年度考核的重要内容。把法治观念强不强、法治素养好不好作为衡量干部德才的重要标准，把能不能遵守法律、依法办事作为考察干部的重要内容；要坚持从青少年抓起。切实把法治教育纳入国民教育体系，制定和实施全国青少年法治教育大纲，在中小学设立法治知识课程，确保在校学生都能得到基本法治知识教育。完善中小学法治课教材体系，编写法治教育教材、读本，地方可将其纳入地方课程义务教育免费教科书范围，在小学普及宪法基本常识，在中、高考中增加法治知识内容，使青少年从小树立宪法意识和国家意识。将法治教育纳入"中小学幼儿园教师国家级培训计划"，加强法治课教师、分管法治教育副校长、法治辅导员培训。充分利用第二课堂和社会实践活动开展青少年法治教育，在开学第一课、毕业仪式中有机融入法治教育内容。加强对高等院校学生的法治教育，增强其法治观念和参与法治实践的能力。强化学校、家庭、社会"三位一体"的青少年法治教育格局，加强青少年法治教育基地建设和网络建设；各地区各部门要根据实际需要，从不同群体的特点出发，因地制宜开展有特色的法治宣传教育。突出加强对企业经营管理人员的法治宣传教育，引导他们树立诚信守法、爱国敬业意识，提高依法经营、依法管理能力。加强对农民工等群体的法治宣传教育，帮助、引导他们依法维权，自觉运用法律手段解决矛盾纠纷。

（二）工作措施

第七个法治宣传教育五年规划从2016年开始实施，至2020年结束。各地区各部门要根据本规划，认真制定本地区本部门规划，深入宣传发动，全面组织实施，确保第七个五年法治宣传教育规划各项目标任务落到实处。

1.健全普法宣传教育机制

各级党委和政府要加强对普法工作的领导，宣传、文化、教育部门和人民团体要在普法教育中发挥职能作用。把法治教育纳入精神文明创建内容，开展群众性法治文化活动。人民团体、社会组织要在法治宣传教育中发挥积极作用，健全完善普法协调协作机制，根据各自特点和实际需要，有针对性地组织开展法治宣传教育活动。积极动员社会力量开展法治宣传教育，加强各级普法讲师团建设，选聘优秀法律和党内法规人才充实普法讲师团队伍，组织开展专题法治宣讲活动，充分发挥讲师团在普法工作中的重要作用。鼓励引导司法和行政执法人员、法律服务人员、大专院校法律专业师生加入普法志愿者队伍，畅通志愿者服务渠道，健全完善管理制度，培育一批普法志愿者优秀团队和品牌活动，提高志愿者普法宣传水平。加强工作考核评估，建立健全法治宣传教育工作考评指导标准和指标体系，完善考核办法和机制，注重考核结果的运用。健全激励机制，认真开展"七五"普法中期检查和总结验收，加强法治宣传教育先进集体、先进个人表彰工作。围绕贯彻中央关于法治宣传教育的总体部署，健全法治宣传教育工作基础制度，加强地方法治宣传教育条例制定和修订工作，制定国家法治宣传教育法。

2. 健全普法责任制

实行国家机关"谁执法谁普法"的普法责任制，建立普法责任清单制度。建立法官、检察官、行政执法人员、律师等以案释法制度，在执法司法实践中广泛开展以案释法和警示教育，使案件审判、行政执法、纠纷调解和法律服务的过程成为向群众弘扬法治精神的过程。加强司法、行政执法案例整理编辑工作，推动相关部门面向社会公众建立司法、行政执法典型案例发布制度。落实"谁主管谁负责，谁执法谁普法"的普法责任，各行业、各单位要在管理、服务过程中，结合行业特点和特定群体的法律需求，开展法治宣传教育。健全媒体公益普法制度，广播电视、报纸期刊、互联网和手机媒体等大众传媒要自觉履行普法责任，在重要版面、重要时段制作刊播普法公益广告，开设法治讲堂，针对社会热点和典型案（事）例开展及时权威的法律解读，积极引导社会法治风尚。各级党组织要坚持全面从严治党、依规治党，切实履行学习宣传党内法规的职责，把党内法规作为学习型党组织建设的重要内容，充分发挥正面典型倡导和反面案例警示作用，为党内法规的贯彻实施营造良好氛围。

3. 推进法治宣传教育工作创新

要创新工作理念，坚持服务党和国家工作大局、服务人民群众生产生活，努力培育全社会法治信仰，增强法治宣传教育工作实效。针对受众心理，创新方式方法，坚持集中法治宣传教育与经常性法治宣传教育相结合，深化法律进机关、进乡村、进社区、进学校、进企业、进单位的"法律六进"主题活动，完善工作标准，建立长效机制。创新载体阵地，充分利用广场、公园等公共场所开展法治宣传教育，有条件的地方建设宪法法律教育中心。在政府机关、社会服务机构的服务大厅和服务窗口增加法治宣传教育功能。积极运用公共活动场所电子显示屏、服务窗口触摸屏、公交移动电视屏、手机屏等，推送法治宣传教育内容。充分运用互联网传播平台，加强新媒体新技术在普法中的运用，推进"互联网＋法治宣传"行动。开展新媒体普法益民服务，组织新闻网络开展普法宣传，更好地运用微信、微博、微电影、客户端开展普法活动。加强普法网站和普法网络集群建设，建设法治宣传教育云平台，实现法治宣传教育公共数据资源开放和共享。适应我国对外开放新格局，加强对外法治宣传工作。

五、组织领导

（一）切实加强领导

各级党委和政府要把法治宣传教育纳入当地经济社会发展规划，定期听取法治宣传教育工作情况汇报，及时研究解决工作中的重大问题，把法治宣传教育纳入综合绩效考核、综治考核和文明创建考核内容。各级人大要加强对法治宣传教育工作的日常监督和专项检查。健全完善党委领导、人大监督、政府实施的法治宣传教育工作领导体制，加强各级法治宣传教育工作组织机构建设。高度重视基层法治宣传教育队伍建设，切实解决人员配备、基本待遇、工作条件等方面的实际问题。

（二）加强工作指导

各级法治宣传教育领导小组每年要将法治宣传教育工作情况向党委（党组）报告，并报上级法治宣传教育工作领导小组。加强沟通协调，充分调动各相关部门的积极性，发挥各自优势，形成推进法治宣传教育工作创新发展的合力。结合各地区各部门工作实际，分析不同地区、不同对象的法律需求，区别对待、分类指导，不断增强法治宣传教育的针对性。坚持问题导向，深入基层、深入群众调查研究，积极解决问题，努力推进工作。认真总结推广各地区各部门开展法治宣传教育的好经验、好做法，充分发挥先进典型的示范和带动作用，推进法治宣传教育不断深入。

（三）加强经费保障

各地区各部门要把法治宣传教育相关工作经费纳入本级财政预算，切实予以保障，并建立动态调整机制。把法治宣传教育列入政府购买服务指导性目录。积极利用社会资金开展法治宣传教育。

 思考题

1. 全面推进依法治国的重大意义是什么？

2. 全面推进依法治国必须坚持的基本原则有哪些？

3. 宪法的根本性体现在哪些方面？

4. 我国公民的基本权利和基本义务分别有哪些？

5. 行政法有哪些基本原则？

6. "七五"普法规划的主要内容是什么？

第二章 大众创业、万众创新政策概述

本 章 要 点

★大众创业、万众创新政策的提出是顺应国际国内经济发展形式的必然结果，需要通过大众创业、万众创新来增强全面深化改革的动力和活力。

★创业创新是人类文明进步的不熄引擎。推动发展，不仅要解放社会生产力，更要解放社会创造力。

★大众创业、万众创新政策立足全局，突出改革，强化创新，注重遵循创业创新规律，力求推动实现资金链引导创业创新链、创业创新链支持产业链、产业链带动就业链，从而形成大众创业、万众创新蓬勃发展的生动局面。

★大众创业、万众创新，是发展的动力之源，也是富民之道、公平之计、强国之策。

第一节 大众创业、万众创新的提出背景

一、大众创业、万众创新概念的提出

在2014年夏季达沃斯论坛开幕式上，中国国务院总理李克强发表重要致辞指出，

只要大力破除对个体和企业创新的种种束缚，形成人人创新、万众创新的新局面，中国发展就能再上新水平。继而在2015年全国人大会议政府报告中，李克强总理再次提到要把亿万人民的聪明才智调动起来，就一定能够迎来万众创新的新浪潮。由此，大众创业、万众创新的新浪潮开始引发公众关注，成为新常态下经济发展的"双引擎"之一。

各地区、各部门认真贯彻党中央、国务院决策部署，结合本地区、本部门实际陆续出台了大量鼓励创业创新的政策措施，为推动创业创新蓬勃发展、促进经济结构调整、保持经济中高速增长等发挥了积极作用。统计数据表明，截至2015年6月，各部门、各省（区、市）已陆续出台支持创业、创新、就业的政策措施共计1990多条。其中，十八大以来以部门名义出台的有110多条，对于一些创新创业相对活跃的北上广深等7个城市出台的相关创新政策就有120多条。以寻找新型动能，增强发展的韧性与活力，积攒力量蓄势待发为初衷的大众创业、万众创新至此便应运而生、顺势而起。

二、大众创业、万众创新提出的背景

从国际上看，一方面是国际经济形势不稳定，国际市场需求减弱，传统产品国际竞争压力进一步增大，客观上要求我们必须增加国内市场需求来促进经济稳定发展，由此通过大众创业、万众创新来激发国内市场需求就成为了必然的选择；另一方面是国际市场需求增高，对产品本身的质量、技术含量和使用效能要求增加，对创新技术和创新产品的需求增加，因此，这也要求我们必须通过大众创业、万众创新来创造出新的技术、新的产品和新的服务，从而稳定和增加我国产品在国际市场的需求及份额。

从国内来看，一方面是经济下行压力还在加大，国内市场需求有待进一步开发，经济发展环境"硬约束"进一步加强，客观上要求我们必须走集约发展、高科技含量发展、高附加值发展的道路，通过大众创业、万众创新来推动经济的转型发展；另一方面是全面深化改革要全面深入的推进，就必然要通过增强经济内生动力来支撑和促动体制和机制改革，因此，必然要通过大众创业、万众创新来增强全面深化改革的动力和活力。

三、大众创业、万众创新提出的动因

创业创新是人类文明进步的不熄引擎。推动发展，不仅要解放社会生产力，更要解放社会创造力。我国是世界上人口最多的国家，13亿勤劳智慧的中国人民蕴藏着无穷的创造力，如果广大人民群众的创新创造潜能充分释放出来，那将会给经济社会发展带来巨大的变化。

从自然禀赋看，创新是中华民族的固有气质，中华文明五千多年生生不息，源于中国人民自强不息、敢于创新的禀性。从历史经验看，新中国开启了自力更生、自主创新的大门，改革开放更是点燃了社会创业创新的火种。从农村家庭联产承包责任制开始，到城市国有企业改革，放开集体经济，发展私营经济等，都是着眼于调动千千万万人的积极性、创造性。从发展阶段看，我国正处于经济发展新常态，传统增长动力在减弱，资源环境约束在加剧，要素成本越来越高，必须走转变发展方式、提质增效升级之路。中国要在世界新技术革命和产业变革的新格局中占据主动，必须靠创新。世界上资源有限，而人的潜力无穷，这就是更大范围、更高水平的大众创业、万众创新。从哲学意义看，大众创业、万众创新既是解放生产力，更是解放人自身的创造力，实现人人自由而全面的发展。从时代趋势看，中华大地正在兴起新的创业创新热潮，出现了以大学生等90后年轻创业者、大企业高管及连续创业者、科技人员创业者、留学归国创业者为代表的创业"新四军"，草根创新、蓝领创新、创客、众创空间等新的形式层出不穷。创业创新正在成为一种价值导向、一种生活方式、一种时代气息。从客观条件看，人们消费需求多层次、多样化，需要更多地解决日常生产生活难题、形成新产业新业态的产品和服务。从制度环境看，我国社会主义市场经济体制不断完善，引导和鼓励市场主体加快创新，促进创新要素在更广范围内加快流动。

第二节　大众创业、万众创新的政策解读

当前，大众创业、万众创新的理念正日益深入人心。随着各地各部门认真贯彻落实，业界学界纷纷响应，各种新产业、新模式、新业态不断涌现，有效激发了社会活力，释放了巨大创造力，成为经济发展的一大亮点。

一、大众创业、万众创新具体情况

《关于大力推进大众创业万众创新若干政策措施的意见》（以下简称意见）立足全局，突出改革，强化创新，注重遵循创业创新规律，力求推动实现资金链引导创业创新链、创业创新链支持产业链、产业链带动就业链，从而形成大众创业、万众创新蓬勃发展的生动局面。意见的定位可以概括为"一条主线""两个统筹"和"四个立足"。

"一条主线"就是以加快政策执行传导进程为主线，确保政策措施具有系统性、可操作性和落地性。

"两个统筹"就是要统筹做好已出台与新出台政策措施的衔接协同，统筹推进高端人才创业与"草根"创业。

"四个立足"就是立足改革创新，体现"放"与"扶"相结合。立足加强协同联动，形成政策合力。立足创业需求导向，推动创业、创新与就业协调互动发展。立足加强执行督导，确保政策落地生根。

二、大众创业、万众创新政策的主要内容

（一）推进大众创业、万众创新的总体思路

大众创业、万众创新的总体思路就是要按照"四个全面"战略布局要求，充分

发挥市场配置资源的决定性作用和更好地发挥政府作用，着力抓好"三放""四坚持"，建立健全有利于大众创业、万众创新蓬勃发展的政策环境、制度环境和公共服务体系。

"三放"就是要"放宽政策、放开市场、放活主体"，放宽约束性政策，实行普惠性政策；放开市场准入，取消行业限制；破除体制机制障碍，促进创业创新人才自由流动，让千千万万个创业者活跃起来，汇聚成为推动经济社会发展的巨大动能。

"四坚持"就是要"坚持深化改革、营造创业环境；坚持需求导向、释放创业活力；坚持政策协同、实现落地生根；坚持开放合作、推动模式创新"。

（二）大众创业、万众创新的具体政策措施

意见主要是从创新体制机制、优化财税政策、搞活金融市场、扩大创业投资、发展创业服务、建设创业创新平台、激发创造活力、拓展城乡创业渠道等8个领域提出了具体政策措施。

1. 创新体制机制

创新体制机制提出了完善公平竞争市场环境、深化商事制度改革、加强创业知识产权保护、健全创业人才培养与流动机制等4个方面的举措，促进创业便利化。

2. 优化财税政策

优化财税政策提出了加大财政资金支持和统筹力度、完善普惠性税收措施、发挥政府采购支持作用等3个方面的举措，强化创业政策扶持。

3. 搞活金融市场

搞活金融市场提出了优化资本市场、创新银行支持方式、丰富创业融资新模式等3个方面的举措，加快实现便捷融资。

4. 扩大创业投资

扩大创业投资提出了建立和完善创业投资引导机制、拓宽创业投资资金供给渠道、发展国有资本创业投资、实施创业投资"引进来"与"走出去"等4个方面的举措，助力创业起步成长。

5. 发展创业服务

发展创业服务提出了加快发展创业孵化服务、大力发展第三方专业服务、发展"互联网+"创业服务、研究探索创业券和创新券等公共服务新模式4个方面的举措，提升创业服务能力。

6. 建设双创平台

建设双创平台提出了打造创业创新公共平台、用好创业创新技术平台、发展创业创新区域平台等3个方面的举措，为创业创新增强支撑和保障作用。

7. 激发创造活力

激发创造活力提出了支持科研人员创业、支持大学生创业、支持境外人才来华创业等3个方面的举措，支持高端人才创业。

8.拓展创业渠道

拓展创业渠道提出了支持电子商务向基层延伸、支持返乡创业集聚发展、完善基层创业支撑服务等3个方面的举措，支持基层和返乡务工人员创业。

（三）大众创业、万众创新的保障措施

意见提出了三个方面的保障措施，即加强组织领导、加强政策协调联动、加强政策执行督导。通过建立部际联席会议制度、政策协调联动机制和政策执行情况督查督导机制，推动部门之间、部门与地方之间政策协调联动，形成合力。

第三节　大众创业、万众创新的重要意义

一、推进大众创业、万众创新意义重大

大众创业、万众创新，是发展的动力之源，也是富民之道、公平之计、强国之策。2015年中央经济工作会议明确提出，坚持深入实施创新驱动发展战略，推进大众创业、万众创新，依靠改革创新加快新动能成长和传统动能改造提升。

党的十八大明确提出实施创新驱动发展战略，将其作为关系国民经济全局紧迫而重大的战略任务。党的十八届五中全会将创新作为五大发展理念之首，进一步指出，坚持创新发展，必须把创新摆在国家发展全局的核心位置，不断推进理论创新、制度创新、科技创新、文化创新等各方面创新，让创新贯穿党和国家一切工作，让创新在全社会蔚然成风。李克强总理在2015年政府工作报告中提出，要推动大众创业、万众创新，培育和催生经济社会发展新动力。2015年6月，国务院发布了《关于大力推进大众创业万众创新若干措施的意见》，明确指出推进大众创业、万众创新，是培育和催生经济社会发展新动力的必然选择，是扩大就业、实现富民之道的根本举措，是激发全社会创新潜能和创业活力的有效途径。这是认真总结国内外发展实践经验和理论认识的结果，符合当今世界发展实际和创新潮流，具有重要的理论意义和现实意义。

（一）推进大众创业、万众创新，是培育和催生经济社会发展新动力的必然选择

随着我国资源环境约束日益强化，要素的规模驱动力逐步减弱，传统的高投入、高消耗、粗放式发展方式难以为继，经济发展进入新常态，需要从要素驱动、投资

驱动转向创新驱动。推进大众创业、万众创新，就是要通过结构性改革、体制机制创新，消除不利于创业创新发展的各种制度束缚和桎梏，支持各类市场主体不断开办新企业、开发新产品、开拓新市场，培育新兴产业，形成小企业"铺天盖地"、大企业"顶天立地"的发展格局，实现创新驱动发展，打造新引擎、形成新动力。

（二）推进大众创业、万众创新，是扩大就业、实现富民之道的根本举措

我国有13亿多人口、9亿多劳动力，每年高校毕业生、农村转移劳动力、城镇困难人员、退役军人数量较大，人力资源转化为人力资本的潜力巨大，但就业总量压力较大，结构性矛盾凸显。推进大众创业、万众创新，就是要通过转变政府职能、建设服务型政府，营造公平竞争的创业环境，使有梦想、有意愿、有能力的科技人员、高校毕业生、农民工、退役军人、失业人员等各类市场创业主体"如鱼得水"，通过创业增加收入，让更多的人富起来，促进收入分配结构调整，实现创新支持创业、创业带动就业的良性互动发展。

（三）推进大众创业、万众创新，是激发全社会创新潜能和创业活力的有效途径

目前，我国创业创新理念还有待进一步深入人心，创业教育培训体系还有待进一步建立健全，善于创造、勇于创业的能力还有待进一步充实提高，鼓励创新、宽容失败的良好环境还有待进一步形成巩固。推进大众创业、万众创新，就是要通过加强全社会以创新为核心的创业教育，弘扬"敢为人先、追求创新、百折不挠"的创业精神，厚植创新文化，不断增强创业创新意识，使创业创新成为全社会共同的价值追求和行为习惯。

二、激发大众创业、万众创新活力的主要途径

如果说大众创业、万众创新的潮流推动中国经济这艘大船行稳致远，那么打开创业创新大潮的闸门，就要靠改革这把"金钥匙"。创新与改革是孪生兄弟。现阶段的改革，不仅仅是利益格局的调整，更重要的是通过体制变革，破除一切束缚创业创新的桎梏，激发起全体人民的创造潜力，增强发展的新动能。

（一）以政府自我革命为创业创新腾出空间

本届政府把简政放权作为改革的当头炮，为企业松绑减负，激发了创业活力。但这只是万里长征的第一步，下一步还将继续深化行政审批制度和商事制度改革，继续取消和下放行政审批事项，全部取消非行政许可审批。同时，中央政府还在全面部署，规范审批制度，让权力在阳光下运行。包括全面制定和实施负面清单、权力清单、责任清单，先行公布省级政府权力清单、责任清单。强调各级政府都要建立简政放权、转变职能的有力推进机制，明确政府和市场的边界。强调政府要在减少和纠正行政手段直接干预的同时，做好服务质量的加法和工作效能的乘法，把主要精力放在强监管、造环境上，走好简政放权、放管结合、依法行政"三步棋"，推进政府自身权责调整和行政流程再造，建设法治政府和服务型政府。

（二）以产权制度改革调动创业创新主体积极性

依靠产权改革进一步盘活土地、资本等要素，尤其是科技和人力资本，是调动创业创新主体积极性的重要途径。近年来我国科技成果丰硕，发明专利申请量连续几年居世界第一，但科技成果转化为现实生产力的潜在空间还很大。这中间尤其要注意防范两大障碍：一是科技成果产权制度的合理性问题。我国中高端科技资源70%集中在科研院所和大学里，转化率却不到10%。中关村等地开展了将成果处置权和收益权赋予承担单位、股权激励等改革，取得了明显成效，将很快推广到全国。这些制度设计体现了"谁创新、谁受益"的原则，进一步明晰了科技成果作为技术类无形资产的产权归属，目的是让创新者获得与其成果价值相应的收益，有利于成果权能实现，有利于价值最大化。另一是转化渠道畅通问题。如果技术和产权市场不完善，缺乏知识和技术资本可交易、可标准化评价体系的话，就会使成果在上游形成"堰塞湖"。破解这一难题，必须加快建立市场转化机制，同时，还要加强知识产权立法，深入实施知识产权战略行动，形成知识产权市场产业化的完整机制，推进知识产权证券化，让成果转化有法可依、依法保护；此外，要加大财产权等物权的保护力度，只有在让人们看到创业创新的财产得到有效保护后，才能更好地解除后顾之忧。

（三）以需求引领市场主体创业创新活动

放手让市场选择和配置创新要素，让市场主体面向需求开发新产品，是增强创业创新动能的又一重要渠道。实践表明，模仿型引进式创新已碰到瓶颈，技术上的"天花板"越来越多，各行业各领域迫切需要更多的原创性、基础性创新。市场呼唤新思维、新发现、新原理引领的新创意、新产品、新技术。一些传统的主导产业面对举步维艰的尴尬境地，如果能够由单纯提供产品向供应链服务、全方位解决方案转型，插上创新创意的"翅膀"，就会实现附加值的倍增。因此，必须把创新的主导权交给市场，建立企业牵头、市场导向的协同创新机制。

（四）营造公平诚信的法治和市场环境

公平的环境对创业创新至关重要。要加大公平有效保护知识产权、商业秘密等的力度，让违法者付出难以承受的代价。要加强社会诚信体系建设，建立失信惩戒机制，让失信者寸步难行，守信者一路畅通。要大力反对行业垄断、技术垄断、行政垄断等限制竞争、打压创新的行为，从而保护好创业创新的火种，形成全社会的正向激励机制。

（五）构建开放式人才体系

人才是创业创新的内生动力。要激发大众创业、万众创新活力，必须破除一切禁锢人才发展的藩篱，用改革红利释放人才红利，让更多的"千里马"奔腾驰骋。自由创造的空间、自主发展的权利和自我价值实现的环境，是人才生存与发展的必要条件，要切实改革科研项目经费管理体制，在项目经费使用等方面给他们更大的自主支配权，把更多资源投到"人"身上而不是"物"上面。要实施更加积极全面的人才开放政策，降低外国人才引进门槛，简化投资兴业、出入境等手续，营造良好环境，吸引全世界人才来华创业创新。

（六）完善创业创新政策和资金支持方式

中小企业占全社会就业的80%以上和创新成果的70%以上，是创业创新的主力军，并具有打破既有格局的"鲶鱼效应"，但总体上处于弱势地位，应当成为政策支持的重点。首先，要降低门槛，对中小微企业和个人创业者，在放宽市场准入、注册和经营便利化、简化创新产品审批等方面加大力度，扩大创业创新空间。其次，要继续加大面向中小微企业的税费减免力度。创新支持政策应向普惠式、引领式转变。目前，国家层面已设立400亿元的新兴产业创业投资引导基金，启动了国家科技成果转化引导基金，还有中小企业专项资金等。各级政府也将会相应设立。这方面，还可酌情考虑设立面向高校毕业生创业、科研人员创业、农民工返乡创业等相关基金。此外，还应完善社会投融资机制，大力发展风险投资、天使投资，发展科技中介服务业，为创业创新融资搭建起四通八达的通道。

（七）健全创业创新公共服务和社会保障

搭建创业创新公共平台，不仅要发展科技园区、高新技术开发区等"传统孵化器"，更要对创新工厂、车库咖啡、众创空间、网络空间等"新型孵化器"给予大力支持，发展一批创业特色小镇、社区等，鼓励发展创客实验基地、创业者加速器等多形式平台。企业也要由传统的管控型组织转变为新型创业平台，让员工成为平台上的创业者，从而形成市场主导、风投参与、企业孵化的创业生态系统。政府可以购买服务等方式鼓励社会举办公益性或非公益性的平台、中介机构等，重点帮助缺乏经验的创业者和中小企业进行市场分析、制定计划、法律服务等。根据统一安排，国家将建立公开统一的科技管理平台，重大科研设施和大型科研仪器将向社会全面开放。与此同时，还将完善"一站式"行政服务，甚至网上服务、上门服务，而且，针对创业创新者的社会保障也要跟上，以解除其后顾之忧。

思考题

1. 大众创业、万众创新政策的提出背景是什么？
2. 大众创业、万众创新政策主要包含哪些内容？
3. 推进大众创业、万众创新政策的重大意义是什么？

第三章　从依法创业创新开始

本　章　要　点

★创业创新过程中，创业者、创业企业要和方方面面打交道，包括政府部门、其他创业者和企业、消费者等，在这些错综复杂的关系中，矛盾和纠纷是难免的，一旦纠纷产生，我们需要了解我们的合法权益到底是什么，我们可以据理力争的法律依据到底是什么，可以通过哪些合法的途径解决问题等，这些显然都需要我们创业者学习法律知识，学会使用法律武器和法律手段。

★本章具体内容有：学习与创业创新密切相关的法律政策规定；正确应对并防范法律风险；提高法律素养。

第一节　创业创新者学法、懂法的重要意义

一、创业创新者学法的目的

普通群众学法是为了懂法，用法律来指导日常的活动，运用法律来维护自身的合法权益。创业创新者学法和普通群众的学法目的大体一致，但目标更明确，即用法律来指导创业创新，使创业活动不触犯法律。如果创业者不懂法，就难免会触犯法律，甚至导致犯罪。我国宪法规定，法律面前人人平等，一旦触犯了法律，就得承担法律责任。为此，创业者有必要学习、了解和掌握法律，防范法律风险。

二、创业者学法、懂法的重要意义

做遵纪守法的好公民，这是法治社会的基本要求，法律必须被信仰和遵守，否则它就会形同虚设。因此，我们要学法、懂法、守法、用法。

（一）要学法

因为学法是懂法、守法和用法的重要前提，如果说一个人连法律都不去学，则更谈不上懂法、守法和用法。

（二）要懂法

懂法就是要求我们在学法的时候要去思考"为什么这样做是违法，那样做是犯罪"，通过思考我们就会慢慢地懂得法律。

（三）要守法

遵纪守法是每一个公民的基本义务，是对别人、对社会，也是对自己负责的表现。

（四）要用法

在现实的生活中，面对突如其来的不法侵害，我们就要运用法律知识来维护自身的合法权益，而不是忍气吞声或采取不正当的手段予以报复。

法治是治国理政的基本方式，依法治国是社会主义民主政治的基本要求。它通过法治建设来维护和保障公民的根本利益，为实现自由平等、公平正义提供制度保障。

当前，我国正逐步走向法治社会，法律体系日趋完善。作为创业者，从事经济活动必须掌握必要的法律知识，以此来维护自己的合法权益。创业者如果不懂法，就很难避免违法，甚至有可能会导致犯罪。一旦犯了法，就得承担法律责任，想要以自己不懂法为由求得网开一面是行不通的。

不懂法还有一个严重的后果就是在经济活动中吃亏，不能很好地保护自己的利益。创业者必须记住，只有合法的创业活动才能受到法律的保护。

在创业过程中，创业者、创业企业要和方方面面打交道，包括政府部门、其他创业者和企业、消费者等，在这些错综复杂的关系中，矛盾和纠纷是难免的，一旦纠纷产生，我们需要了解我们的合法权益到底是什么，我们可以据理力争的法律依据到底是什么，可以通过哪些合法的途径解决问题等，这些显然都需要我们创业者学习法律知识，学会用法律武器和法律手段。

第二节　与创业创新密切相关的法律政策规定

一、与创业密切相关的法律

作为一个创业者，仅仅有好的创业思路，好的创业项目是不够的，还必须了解以下与创业密切相关的法律、法规，这些法律规定可以为创业者的创业之路保驾护航。

（一）规定企业如何设立、组织、解散的法律法规

主要有公司法、合伙企业法、个人独资企业法、公司登记管理条例、企业破产法等。

创业者在设立企业之前，就必须了解这些法律法规的有关规定，包括设立企业要符合哪些条件、企业的组织机构应如何设置、企业的规章制度应如何制定等。

（二）规范企业劳动关系的法律法规

主要有劳动法、劳动合同法、就业促进法、社会保险费征缴暂行条例、社会保险登记管理暂行办法、工伤保险条例、最低工资规定等。

要处理好企业与劳动者之间的关系，使得劳动者充分发挥其积极性，为企业、为社会创造效益，就必须严格按照这些法律法规的规定办理。

（三）与知识产权相关的法律法规

主要有专利法及其实施细则、商标法及其实施条例、信息网络传播权保护条例、计算机软件保护条例等。

知识产权的重要性毋庸置疑，对于今天的中国企业来说，再怎么强调都不过分。通过学习掌握这些法律法规，就能更好地懂得如何保护自己的知识产权，也能更好地把握如何避免侵犯他人的知识产权。

（四）规范企业市场交易活动的法律法规

主要有合同法、担保法、产品质量法、反不正当竞争法、反垄断法、广告法、消费者权益保护法等。这部分法律法规主要解决的是合法经营、公平交易等问题。

（五）规范国家宏观调控行为的法律法规

主要有环境保护法、对外贸易法、税法、金融法、投资法等。在这里，政府是管理者，企业是被管理的对象，但是企业如果对政府行为有异议的，也可以通过行政复议、行政诉讼等途径解决。

（六）与创业纠纷解决相关法律法规

主要有民事诉讼法、行政诉讼法、仲裁法、劳动争议调解仲裁法等。

二、支持和鼓励新办企业、高新技术企业及第三产业的优惠政策

国务院批准的高新产业开发区内的企业，以及有关部门认定为高新技术企业的，可按15%的生产率征收所得税；国务院批准的高新技术主业内新办的高新技术企业，自投产年度起免征所得税2年。

对新办的独立核算的从事咨询业、信息业、技术服务业的企业或经营单位，自开业之日起，第一年免征所得税，第二年

减半征收所得税。

对新办的从事交通运输业、邮电通讯业的企业，自开业之日起，第一年免征所得税，第二年减半征收所得税。

对新办的独立核算的从事公用事业、商业、物资业、对外贸易业、旅游业、仓储业、居民服务业，报经主管税务机关批准，可减征或者免征所得税1年。

企事业单位进行技术转让以及在技术转让过程中发生的与技术转让有关的技术咨询、技术服务、技术培训的所得，年净收入在30万元以下的，暂免征收所得税。

农村及城镇为农业生产产前、产中、产后服务的企业，对其提供的技术服务或实物所取得的收入，暂免征收所得税。

对科研单位和大专院校服务于各行业的技术成果转让、技术培训、技术咨询、技术服务、技术承包所得的技术性服务收入暂免征收所得税。

三、国家出台的大学生创业的扶持性政策

从2002年开始，上至中央下至各级地方政府，纷纷出台各项扶持政策支持、鼓励大学生创业。这些政策主要包括如下几个方面：

（一）行政事业性收费减免

大学生从事个体经营，可以免交工商登记费等行政事业性费用。

2007年4月22日，国务院办公厅发出《关于切实做好2007年普通高等学校毕业生就业工作的通知》（国办发〔2007〕26号），指出："对从事个体经营的高校毕业生，除国家限制的行业外，自工商行政管理部门登记注册之日起3年内免交登记类、管理类和证照类的各项行政事业性收费。"免交的收费项目具体包括以下几种：工商部门收取的个体工商户注册登记费（包括开业登记、变更登记、补换营业执照及营业执照副本）、个体工商户管理费、集贸市场管理费、经济合同鉴证费、经济合同示范文本工本费；税务部门收取的税务登记证工本费；卫生部门收取的行政执法卫生监测费、卫生质量检验费、预防性体检费、卫生许可证工本费；民政部门收取的民办非企业单位登记费（含证书费）；劳动保障部门收取的劳动合同鉴证费、职业资格证书工本费；国务院以及财政部、国家发展改革委员会批准设立的涉及个体经营的其他登记类、证照类和管理类收费项目；各省、自治区、直辖市人民政府及其财政、价格主管部门按照管理权限批准设立的涉及个体经营的登记类、证照类和管理类收费项目。

（二）提供政策性贷款支持

支持创业大学生申请小额担保贷款，贷款利息可获财政贴息。

各国有商业银行、股份制银行、城市商业银行和有条件的城市信用社要为自主创业的毕业生提供小额贷款，并简化程序，提供开户和结算便利，贷款额度在2万元左右。贷款期限最长为两年，到期确定需延长的，可申请延期一次。贷款利息按照

中国人民银行公布的贷款利率确定，担保最高限额为担保基金的5倍，期限与贷款期限相同。

（三）提供创业培训等创业服务

包括创业培训、创业项目推介、创业政策咨询、专家评析、创业孵化、融资服务、开业指导和后续服务等创业服务。创业培训形式很多，目前不少地方开始建立创业见习（实训）基地，实行创业见习（实训）补贴政策。

（四）落户政策

符合条件的创业大学生可以在创业当地落户。

（五）资助政策

如北京市教育委员会发布《关于实施北京市大学生科学研究与创业行动计划的通知》（京教高〔2008〕6号），决定正式启动大学生科学研究与创业行动计划，创业大学生最高可获得政府10000元的资助。

苏州市出台苏州市财政局《关于印发〈苏州市区创业补贴实施办法〉的通知》（苏劳社就〔2008〕27号），对"经创业培训初次创业大学生"等10类困难人群给予一次性创业补贴2000元。

（六）税收优惠

大学毕业生新办咨询业、信息业、技术服务业的企业或经营单位，经税务部门批准，免征企业所得税两年；新办从事交通运输、邮电通讯的企业或经营单位，经税务部门批准，第一年免征企业所得税，第二年减半征收企业所得税；新办从事公用事业、商业、物资业、对外贸易业、旅游业、物流业、仓储业、居民服务业、饮食业、教育文化事业、卫生事业的企业或经营单位，经税务部门批准，免征企业所得税一年。

鉴于扶持性政策各地有所不同，具体可以咨询当地人事、税务、工商等政府部门。

四、国家出台的鼓励小微企业发展的扶持性政策

小微企业是小型微型企业的简称，是人员规模、资产规模与经营规模都比较小的经济单位。如对于工业企业来说，从业人员20~300人，且营业收入300万~2000万元的为小型企业；从业人员20人以下或营业收入300万元以下的为微型企业。

初创企业一般都是小微企业，可以享受小微企业的扶持政策。近些年来，国家出台了许多扶持小微企业发展的政策，主要有以下几种：

（一）税收优惠和财政支持

如国家对小微企业给予减按20%的税率征收企业所得税；在对年应纳税所得额低于20万元（含20万元）的小微企业减按20%的税率缴纳企业所得税的基础上，其所得减按50%计入应纳税所得额；在全面实施增值税转型改革的基础上，降低增值税小规模纳税人的征收率（自6%和4%统一降至3%）；统一并提高了增值税和营业

税的起征点（提高至3万元）；免征金融机构对小微企业贷款印花税等。

同时还给予小微企业政府财政资金支持、政府采购支持，政府采购项目预算不低于18%的份额专门面向小微企业采购；减免部分涉企收费并清理、取消各种不合规收费等。

（二）金融政策

融资难历来是小微企业最头疼的一个问题，为此，国务院明确要求商业银行对符合国家产业政策和信贷政策的小微企业给予信贷支持，适当提高对小微企业贷款不良率的容忍度。同时通过加快发展小金融机构，拓宽融资渠道，加强对小微企业的信用担保服务等，缓解小微企业融资难问题。规范对小微企业的融资服务，禁止金融机构对小微企业贷款收取承诺费、资金管理费，严格限制收取财务顾问费、咨询费等费用。

（三）技术创新政策

从2009年开始，每年中央预算内技术改造专项投资中安排30亿元资金，专门支持中小企业的技术改造，接下来将扩大安排用于中小企业技术进步和技术改造资金规模，重点支持小型企业开发和应用新技术、新工艺、新材料、新装备，提升自主创新能力，促进节能减排，提高产品和服务质量，改善安全生产与经营条件等。完善企业研究开发费用所得税前加计扣除政策。鼓励小型微型企业发展现代服务业、战略性新兴产业、现代农业和文化产业，走"专精特新"和与大企业协作配套发展的道路。鼓励科技人员利用科技成果创办小型微型企业，促进科技成果转化。

（四）市场开拓政策

鼓励小型微型企业运用电子商务、信用销售和信用保险，大力拓展经营领域。改善通关服务，简化加工贸易内销手续，开展集成电路产业链保税监管模式试点。

（五）企业管理提升政策

实施中小企业管理提升计划，重点帮助和引导小微企业加强财务、安全、节能、环保、用工等管理。加强品牌建设指导，引导小型微型企业创建自主品牌。加强对小型微型企业劳动用工的指导与服务，拓宽企业用工渠道。以小微企业为重点，每年培训50万名经营管理人员和创业者。制定和完善鼓励高校毕业生到小型微型企业就业的政策。

（六）小微企业集聚发展政策

规划建设发展小企业创业基地、科技孵化器、商贸企业集聚区等，积极为小型微型企业提供生产经营场地。对创办三年内租用经营场地和店铺的小型微型企业，符合条件的，给予一定比例的租金补贴。改善小型微型企业集聚发展环境。

（七）公共服务政策

到2015年，支持建立和完善4000个为小型微型企业服务的公共服务平台，重点培育认定500个国家中小企业公共服务示范平台，发挥示范带动作用。实施中小企业公共服务平台网络建设工程，增强政策咨询、创业创新、知识产权、投资融资、管理诊断、检验检测、人才培训、市场开拓、财务指导、信息化服务等各类服务功能，重点为小型微型企业提供质优价惠的服务。

🔍 以案释法 ⑤

创业中要消除"法盲"

【案情介绍】创业者魏某，现做"红豆"服装代理。他有一个上海客户，拿了3000元钱的货，只是草草签了个合同就走了，之后再无音信。他追到上海，要求当地派出所帮助查找这个人被拒绝，派出所说他出示的合同基本信息违反国家强制性规定，不能作为法律凭证，还要再拿一个正式的律师函来才行。

【以案释法】在创业过程中有些创业者认为，只要签了合同，就什么保障都有了，对方使什么坏都不怕。其实，这种认识是错误的。

首先，只有内容合法的合同，才能在双方发生纠纷时起到保护当事人利益的作用。否则合同内容不规范或不合法，合同条款不严谨，一旦发生纠纷，麻烦会更大。

其次，创业者签合同前要弄清对方有无签合同的合法授权，如果对方连签合同的权利都没有，签出来的合同也等于废纸一张。

再次，合同有固定格式，但没有固定文本可模仿，不管什么合同都是自由缔约的，缔约的内容主要由缔约双方协商决定。所以，签合同前如一点法律常识都没有，给别人钻空子的可能性就很大。

第三节 创业创新者面临的法律风险防范

一、企业设立中的法律风险及防范

（一）公司章程法律风险防范

章程作为公司的自治规则，对公司、股东、董事、监事、高级管理人员具有约束力，有着"公司宪章"之称。实践中，公司章程一般容易存在以下问题：

第一，章程可操作性弱。没有根据自身的特点和实际情况制定切实可行的章程条款，对许多重要事项未进行详细的规定，制定出来后也往往容易被束之高阁。

公司章程

第二，章程中一些条款的内容不符合公司法精神。对董事、监事和经理的诚信义务强调不够，对公司管理层的权力边界界定不够清晰，实施中往往会给公司的正常运作带来许多不利影响。在面对公司与股东之间、股东之间、股东与高级管理人员之间的争议时，公司章程很难发挥应有的作用。

化解公司章程中潜在的法律风险，关键在于做好以下四个方面的防范：

一是确定公司组织和活动的基本准则。公司章程应明确规定股东会议的议事方式和表决程序，董事长、副董事长的产生办法，董事会的议事方式和表决程序等，避免无章可循而使公司运作陷入被动。

二是明确股权的转让操作方式。有限责任公司股东能否自由地向股东之外的人转让股权，章程对此应规定详尽的操作程序，避免引起股东间纠纷。

三是明确股东会的决议事项。对发行公司债券是否需股东会作出特别决议、解除任中董事职务条件等事项应作出详细规定，避免章程内出现模糊字样。

四是明确股东会和董事会的关系。明确董事会和股东会各自的具体工作职责，明确何谓经营方针，何谓经营计划，何谓投资计划，何谓投资方案。

（二）虚假出资法律风险

有投资者选择虚假验资、虚报注册资本等方式，由此引发法律风险。投资者投资资金不足，除了补足资金差额外，给其他投资者或第三方造成损失的，要承担相应的民事赔偿责任。根据刑法的规定，虚报注册资本取得公司设立登记，情节严重的，最高可被判处三年有期徒刑，同时可以并处注册资本金百分之五的罚金。

（三）设置公司成立文件中存在的法律风险

公司设立协议，是指发起人为规范公司设立过程中各发起人的权利和义务而签署的协议。在公司的设立协议问题上，通常存在以下法律风险：

1. 缺少书面设立协议或约定不当

公司设立协议起到明确股东之间权利义务的作用，一旦出现问题，一方面在发起人之间的责任划分上存有一定的难度，同时也可能引发发起人之间的纠纷。除此之外，实践中，公司设立协议约定事项违法导致条款无效，可能会影响到公司的成立。而且，这种法律风险的影响，常常具有连锁性，甚至是在很长一段时间以后才会显现出来。因此，公司设立协议必要时应借助专业的法律机构或者法务人员的帮助，进行专业设计，防范法律风险。

2. 设立协议中保密条款缺失

对于一些具有特定专利技术、技术秘密、或者具有特殊经营方式或者服务理念的公司，保密问题更显重要，这些信息一旦被他人恶意利用，对公司的损害可能将是难以估量的。同时，公司成立以后，一方面要避免公司股东利用股东身份损害成立后的公司利益，另一方面也要避免股东利用该公司的信息资源"另起炉灶"，与公司形成直接的竞争关系，在设立协议当中设置恰当的保密条款，有助于降低公司可能面临的法律风险。

3. 股东之间约束机制条款缺失

当股东利用掌握的经营信息获得的收益远超出其出资获得的收益时，约束股东对经营信息的滥用就显得十分必要。实践中，最常见的为股东的竞业禁止义务，即公司股东另外投资从事与公司相同的行业，形成与公司直接或间接的竞争关系，对于不参与经营的小股东，这种法律风险更为突出。对于股东竞业禁止行为的限定，只能在设立协议中明确设定股东约束机制条款，通过股东之间的相互约束实现。

二、企业交易中的法律风险及防范

（一）合同签订过程中的法律风险及防范

1. 邀约过程中的法律风险及防范

（1）将要约误认为要约邀请。要约邀请只是希望他人向自己发出要约的意思表示，其本身不具有法律效力。而要约的内容则决定了合同的主要内容，一旦对方同意要约的内容，合同即成立。但很多企业在业务拓展和宣传的过程中长期反复使用内容相同的报价单、宣传资料或其他书面材料，同时这些

材料上的内容并不符合企业的初衷，如果这些材料上包括了确定的、完整的合同意向，一旦对方的承诺到达时，企业就必须按照这些内容来履行合同，否则构成违约。所以，企业在对外发出要约或要约邀请时就必须认真审查文件的内容。

（2）要约内容不当。要约的内容很可能成为合同的主要内容，如果存在错误或歧义，将直接影响要约人的权益。

（3）要约的撤回和撤销不当。要约作出后，因为一些特殊原因可能会取消，法律上对要约的撤回和撤销作出了明确具体的规定，一旦企业不能按照法定的方式在法定期间取消要约，给企业带来的可能是巨大损失。

2. 承诺过程的法律风险及防范

（1）承诺方式不当。如果要约中明确了承诺的方式与时间，一旦企业作出承诺的方式不当或错过时限，就会失去商业机会。另外一种情况就是企业用自己的行为作出了承诺，当对方不愿意再进行交易时，企业证明自己作出承诺的难度会加大。所以，要想把握住商机，最好作出书面的、明确的承诺并保留往来函件作为证明合同已经成立的证据。

（2）将新要约当成承诺。法律规定承诺的内容应当与要约的内容一致，合同才能成立。如果受要约人对要约的内容作出了实质性改变则为新要约。如果

企业忽视这些改变而认为合同已经成立并开始履行合同，就会给自己带来不必要的损失。

3. 交错要约的法律风险及防范

交错要约指双方同时向对方发出了内容一致的要约。这时候大多数企业会不再作出承诺而履行合同。但是在这种特殊的情况下合同是否成立，法律界存在争议。为了避免法官认知上的对己方不利的风险，企业应当按照正常程序向对方作出承诺。

（二）交易主体法律风险及防范

1. 代理人签约存在的法律风险及防范

（1）代理人无权代理。一旦代理人被认定为无权代理，则合同的另一方就不能要求被代理企业承担责任，所签订的合同就处于效力待定的状态。如果被代理企业不对合同进行追认，则将有可能会给合同另一方造成巨大的损失。

（2）代理人超越代理权限。很多企业要签约时只审查代理人是否有代理权，对代理权限往往会忽略或不重视，结果当被代理企业以代理人超越代理权限为由拒绝履行合同时才发现事情的严重性。

无论是代理人无权代理还是超越代理权限都会导致合同处于效力不确定状态，从而引发不确定的法律风险。针对以上风险，企事业单位应当严格审查授权委托书。

2. 代表人签约存在的法律风险及防范

企业代表人一般为法定代表人与员工代表人。

（1）法定代表人。虽然民法通则规定法定代表人的行为应由企业来承担，但是在民事行为中，一般遵循"约定"大于"法定"的原则。如果在公司章程里对法定代表人的权限进行制约，当法定代表人超越公司章程赋予的权限时，他签署的合同就处于可能被认定无效的境地。

（2）员工代表人。员工代表人是指除去法定代表人以外的代表人，一般以企业的业务员为多。员工代表人对外签约，必须有所在企业的授权书。实务中，经常有已辞职的员工为了私利仍作为原企业代表签约，而对方因长时间合作也不再对其授权进行审查，从而导致所签合同可能无效。

🔍 以案释法 ⑤

因无权代理所签订的合同效力的确定

【案情介绍】李某原为甲公司的业务员，2014年7月被公司解聘。2015年8月，李某利用其自己配有的钥匙盗取公司盖有公章的空白合同书2份。同月，李某使用该空白合同书以甲公司的名义与乙公司订立买卖合同。合同约定，甲公司向乙公司购买价值300万元的货物一批，货到付款。该合同订立后，乙公司积极组织货源并向甲公司发货。甲公司以不知情为由拒收货并不承担相关费用。乙公司认为其与甲公司的合同有效，甲公司拒收且拒绝承担任何违约损失。乙公司遂诉至法院，要求甲公司履行合同，支付货款。

【以案释法】在本案中，李某已被甲公司解聘，并且没有得到甲公司的授权，其无代理权是显然的。因此，李某以甲公司的名义与乙公司订立合同的行为为无权代理行为。根据合同法规定，该合同如果不能得到被代理人（甲公司）的追认，对被代理人不发生效力。但这仅是对一般的无权代理而言。在本案中，在李某使用其盗取的合同书与乙公司订立合同的时候，由于合同书上已盖有甲公司的公章，乙公司有理由相信（善意）李某是经过甲公司的授权，代理甲公司订立合同。因此，王某行为构成表见代理，由此所订立的合同有效，甲公司应按照合同的约定履行义务、承担相应责任。甲公司以其不知情、李某无代理权为由而拒绝履行合同，是违约行为，乙公司可以请求继续履行，并要求甲公司承担违约责任。

三、企业人力资源管理法律风险及防范

（一）劳动合同法律风险及防范

1. 劳动合同期限法律风险及防范

劳动合同期限是指劳动合同有效的期间。劳动合同的期限分为有固定期限、无固定期限和以完成一定工作为期限。在法律风险评估中，三种不同的合同期限约定对应的其他合同条款也应当

具有差异，如固定期限合同可以没有退休年龄的约定，而在无固定期限合同中则应当约定；期限较长的合同及无固定期限合同应当有培训条款，完成一定工作为期限的合同主要依赖劳动者以及具备的技能等。如果合同期限与其他条款不相适应，将产生法律风险。

2. 劳动报酬及法律风险

劳动报酬包括劳动者应享有的工资、奖金、津贴等待遇，不得低于国家规定标准。该条款是劳动合同非常重要的条款，然而不少企业担心一旦明确写入合同，则难以调整员工劳动报酬，而有意将该条款删除。多数情况下，这种删除确实也不至于给企业带来法律风险。但企业工资在一段时间内变动较大的情况下，如果采取根据员工业绩计算方式支付工资的，则存在发生争议时将个别高收入月份的报酬支付额作为工资计算标准的法律风险。

3. 劳动合同终止的条件及法律风险

多数企业认为，对于劳动合同终止有法律规定的事项，在劳动合同中没有约定的必要，或者仅仅简单重复法律规定内容即可。这种约定方式在一些情况下会给企业造成严重的法律风险。如聘用超过退休年龄的人员的劳动合同，则可能因为不会

出现法定的终止条件而陷入困境。另外，根据法定情形，劳动合同应当约定更为明确的终止后续事项处理，否则由此造成合同终止的其他事项难以达成一致同样构成法律风险。

防范这种法律风险，应当考虑劳动合同关于合同期限的约定，当合同约定有确定的期限时，合同需在期限届满时终止。因此合同期限条款能够有效避免终止条件约定不明的法律风险。

4. 违约责任及法律风险

违约责任约定明确是合同争议的第一次救济途径，能够有效降低企业诉讼成本，降低各种法律风险的损害程度。因此劳动合同违约责任约定不明确，各种法律风险的损害程度都将增大，直接影响整个合同的法律风险评估值。

（二）社会保险及法律风险

社会保险，是指具有一定劳动关系的劳动者在暂时或永久性地丧失劳动能力或者在失业期间，为保障其基本生活需求，由国家和社会提供物质帮助的一种社会保障制度。劳动法规定，国家发展社会保障事业，建立社会保险制度，设立社会保险基金，使劳动者在年老、患病、工伤、失业、生育等情况下获得帮助和补偿。我国的社会保险项目有养老保险、失业保险、工伤保险、医疗保险和生育保险等。

公司已为大家办理了社会保险，请大家安心工作吧

养老保险是指劳动者因年老或者病残失去劳动能力而退出劳动岗位后，定期领取一定数额生活费用的一种社会保险制度。

失业保险是指劳动者在暂时失去职业，等待再次就业期间，由国家和社会给予一定物质帮助以保障其基本生活需要并促进再就业的一种社会保险制度。

工伤保险是指国家和社会为在生产、工作中遭受事故伤害和患职业性疾病的劳动者及其亲属提供医疗救治、生活保障、经济补偿、医疗和职业康复等物质帮助的一种社会保障制度。

医疗保险是指劳动者及其供养亲属非因工伤病后在医疗和生活上获得物质帮助的一种社会保险制度。

由于企业未按照规定缴纳社会保险的法律风险具有一定的普遍性，而且该法律风险往往不受时效限制，社会保险部门根据监管要求责令企业补交，企业还将损失巨额的滞纳金。再者，企业未交纳相应的工伤保险，将产生工伤赔偿的巨额伤残金只能由企业自行承担。

公司未给缴员工社保费被起诉

【案情介绍】2013年2月19日，农民工康某进入某装饰材料有限公司做保洁工作，双方签订书面劳动合同，期限至2016年2月18日。2014年2月5日，康某以家中有事为由提出辞职，双方正式解除劳动关系。在劳动关系存续期间公司未缴纳社会养老保险金。

2015年2月14日康某对该装饰材料有限公司未缴纳社保金向劳动监察部门提出举报，劳动监察部门于2015年3月23日发出限期改正指令书，要求该装饰材料有限公司为员工补缴社会养老保险金。由于该装饰材料有限公司违背指令不予整改，康某申请仲裁，但劳动仲裁委员会以康某超过一年仲裁时效为由，驳回康某的仲裁请求。为此康某起诉，请求判令该装饰材料有限公司补缴其在劳动关系存续期间的社会保险费。

【以案释法】根据人力资源和社会保障部发布的《社会保险费申报缴纳管理规定》，用人单位应当自用工之日起30日内为其职工申请办理社会保险登记并申报缴纳社会保险费。未办理社会保险登记的，由社会保险经办机构核定其应缴社会保险费。本案中，用人单位和劳动者向社会保险经办机构缴纳社会保险费属法律的强制性规定，被告作为用人单位应依法为原告缴纳工作期间的社会保险费。

四、企业知识产权法律风险及防范

（一）专利权法律风险及防范

1.专利说明书及权利要求书撰写不当带来的法律风险及防范

专利说明书是指经过专利性审查、授予专利权的专利说明书。专利说明书确定了专利保护范围。专利说明书描述不同，法律确认的保护范围就不同。权利要求书是专利申请文件最重要的文件之一，是确定国家对某项发明创造划定保护范围的文件。

你们要立即停止使用我们的专利。

专利说明书及权利要求书的重要性如此显著，撰写这些法律文书就应特别谨慎、字斟句酌。否则，由于撰写不当带来的法律风险可能使企业的发明创造无法获得适当的法律保护，一般后果是导致法律对该项发明创造的保护范围变窄。

2.专利侵权法律风险及防范

权利人获得专利权后，最大的法律风险就是专利侵权。一方面，专利权人有遭到他人侵权的可能；另一方面，也有企业侵犯其他人的专利权利的可能。

企业获得专利权之后，应在该专业领域内进行侵权产品或者侵权行为的跟踪，及时发现被侵权的事实，保留相关证据以便及时制止侵权、索赔；企业在某项产品生产、投放市场前，应检索有关专利文献，了解自己的产品是否侵犯了他人的专利。

（二）商标权法律风险与防范

1.商标被抢注的法律风险及防范

商标从申请到核准注册，一般需要较长时间。我国一个商标从申请注册起算到正式审批下来，一般需要几年的时间。于是不少中小企业往往采取先投放市场、然后再根据实际市场效果决定是否注册商标的策略。

这种策略最大的法律风险在于，当产品热销、品牌知名度上升的时候，被他人抢注商标的法律风险很大。许多企业的商标被抢注后，企业不得不花高价从抢注者手里回购，从而给公司的经营造成巨大损失。

防范该类法律风险的方法是，不要先行使用商标、等到商标已经培养成熟后才申请注册，应在产品投入市场前先申请商标。

2.商标许可使用的法律风险及防范

商标权人有权许可他人使用其注册商标。我国商标法第四十三条规定："商标注册人可以通过签订商标使用许可合同，许可他人使用其注册商标。许可人应当监督被许可人使用其注册商标的商品质量。被许可人应当保证使用该注册商标的商品质量。经许可使用他人注册

商标的，必须在使用该注册商标的商品上标明被许可人的名称和商品产地。许可他人使用其注册商标的，许可人应当将其商标使用许可报商标局备案，由商标局公告。商标使用许可未经备案不得对抗善意第三人。"

商标使用许可合同存在的法律风险主要有：

（1）超出商标使用权范围的法律风险。被许可人使用许可商标的商品或服务，应当与商标注册的使用范围一致，不得超出商标局核准使用的商品或服务的范围。否则有可能侵犯他人的商标权；许可方则也面临合同无效的法律风险。

（2）有些企业故意隐瞒实际的生产人名称和产地。未标明许可人的名称和商品产地是法律明确禁止的。商标法第四十三条第二款规定："经许可使用他人注册商标的，必须在使用该注册商标的商品上标明被许可人的名称和商品产地。"

（3）未将许可使用合同备案。商标法第四十三条第三款规定："许可他人使用其注册商标的，许可人应当将其商标使用许可报商标局备案，由商标局公告。"

使用未经注册的商标有风险

【案情介绍】A 玩具厂为其产品设计了产品商标，但是没有注册。为了便于宣传，便继续使用该商标，并对玩具厂进行大规模的宣传，以求树立自己的品牌。很快，该商标便在各地流行开来。有人告诉 A 玩具厂厂长说要及时申请商标注册，但是等到其去进行商标注册时，却发现该商标已经被 B 玩具厂抢注，而且很快 B 玩具厂便警告 A 玩具厂不可以继续使用这一商标。A 玩具厂的厂长很生气，明明是自己厂设计的商标，现在反而是别人能用自己不能用，真是让人不可理解。

【以案释法】商标具有表明商品来源，标明商品质量和宣传商品的作用。未注册商标是指商标使用者未向国家商标主管机关提出注册申请，自行在商品或服务上使用的文字、图形或其组合标记。

我国实行商标注册自愿原则，商标法确认使用未注册商标是合法的，这是未注册商标使用的法律前提。商标法第四条第一款规定："自然人、法人或者其他组织在生产经营活动中，对其商品或者服务需要取得商标专用权的，应当向商标局申请商标注册。"

实践中，企业可能出于各种原因使用未注册商标，比如将未注册商标使用在季节性产品、区域性产品、未定型产品或试销性产品上等。使用未注册商标的风险在于，在我国现有商标法律致力于保护注册商标专用权的背景下，未注册商标的使用始终处于不稳定、不安全的状态，随时可能卷入商标抢注、商标侵权等法律纠纷。

商标法第五十二条指出，将未注册商标冒充注册商标使用的，或者使用未注册商标违反本法第十条规定的，由地方工商行政管理部门予以制止，限期改正，并可以予以通报，违法经营额五万元以上的，可以处违法经营额百分之二十以下的罚款，没有违法经营额或者违法经营额不足五万元的，可以处一万元以下的罚款。

综上所述，A 玩具厂虽然设计了商标，但是由于其并没有对该商标加以注册，所以无法取得商标的专用权。而在 B 玩具厂抢注了该商标后，A 玩具厂将不能继续使用该商标，否则将会引起商标的侵权。

第四节　创业创新者法律素质培养

一、法律的重要性

法律是维护社会秩序的重要途径，与道德相比，法律的调整范围较窄，并且是以强制手段来发挥作用的。当维护社会秩序的道德力量不够的时候，就需要用法律手段来解决。

在公共生活中，法律具有指引作用、强制作用、预测作用和评价作用。所以每个公民都应知法守法，这样社会才能更稳定，经济才能更好更快地发展。创业创新者要依法创新创业，更离不开法律法规的指引。

二、创业创新者如何学习法律知识、提高依法创业创新能力

创业、创新者要提高自己的法律意识，学习必要的与创业、创新相关的法律知识，以便在创业、创新过程中能够作出明智、正确的法律决定。

创业、创新者除了需要学习一些法律基础知识外，还需特别注重与创业相关的法律信息，因为充分的信息是正确决策的前提。法律是公开信息，对创业创新者而言，主要工作之一就是经常关注法律的更新，搜集尽可能多的资料。

创业、创新者可以通过网络查询，从比较权威的网站获取法律知识和相关政策信息，如中央人民政府网站、国务院部委网站、地方政府网站、中国普法网等。

此外，还应多关心法律新闻及法律类专题节目，如今日说法、庭审现场、现在开庭等。这些节目中有最新的动态信息，生动的案例以及专业的法律分析，对于提升创业创新者对法律的理解会大有帮助。

最后，还可以向有经验的创业者或者律师等专业人士咨询，在做重要决策之前听取正确的意见和建议。这些都有助于帮助创业、创新者减少决策失误，提高依法创业、创新的能力。

三、创业创新者法律知识教育不可缺

（一）创业创新需要法律知识辅佐

创业创新者在创业创新的进程中，能否具有法治意识和法治思维，能否了解和掌握与其创业创新相关的法律法规，是能否依法创业创新的关键。因此，培养创业创新者的法律素养就显得尤为重要。学校的创业创新法律教育不只可以指点创业创新者在校时期规避风险，也可以对学生真正走入社会后的独立创业创新起到很好的指点作用。

（二）创业创新法律教育需要创新革新

创业教育中法律课程的设置应该更好地表现创新型人才培育的特点，对大学生的详细创业方案给予针对性的法律知识培训，无论从教学内容、教学手段、教学方

法以及教学装备上，都应该添加更多的尝试，以便极大地提升教学培训效能，更好地为创业创新服务。

创业者选择商标需谨慎

【案情介绍】A 创业公司主营美国进口商品，为了体现其经营特色，他们在设计图形商标时加入了美国国旗的星条元素，向商标局提出了商标注册申请。随后 A 公司开始使用该商标并进行了大量的广告推广。未想一年后，公司收到了商标局的《商标驳回通知书》，他们申请的商标没能注册。公司向律师咨询，律师告知该商标违反了商标法有关规定，复审也很难通过。最终，A 公司只能接受商标无法注册的现实，前期付出的推广努力和已经建立起来的品牌效益都付之东流。

【以案释法】这则案例就提示创业者要了解与创业有关的法律法规，不断提高自身的法律素养，才能引导企业合法合理经营，规避法律风险。

商标法中专门规定了不得作为商标使用或者不得作为商标注册的情形，比如我国的国旗、国徽、军旗、勋章等，还包括外国的国家名称、国旗、国徽、政府间国际组织的名称、标记等，一些带有欺骗性、容易引起误认及有害于社会主义道德风尚或有其他不良影响的标志都不能作为商标使用。还有些商标因为缺乏显著性不能注册。除此之外，申请注册商标也不能与他人在先取得的合法权利相冲突，如在先的近似商标、外观专利、企业商号、著作权、姓名权都可能成为商标注册的障碍。

创业企业对这些规定应该有一定了解，选择确定商标的时候最好向专业律师咨询，进行全方位的检索。很多企业前期更重视品牌的构思设计、营销推广，而忽视了商标法律层面的问题，认为把商标设计好交给代理公司申请就好了。商标从申请到正式注册需要一年多的时间，如果因为商标违反了商标法有关规定而不能注册，企业前期对商标的推广投入就白白损失了，而且很可能会因此丧失良好的发展时机。

「大众创业 万众创新」法律知识读本

72

（以案释法版）

思考题

1. 创业创新者需要了解哪些与创业创新相关的法律政策规定？
2. 创业者在创业过程中可能会遇到哪些法律风险？
3. 创业创新者应如果防范法律风险？
4. 创业创新者可以通过哪些途径提高法律素养？

第四章 大众创业常见法律问题处理

本 章 要 点

★创业者在创业过程中会遇到很多法律问题，创业者对于经常会遇到的法律问题需要有一个清醒的认识，了解相关规定，做到规范合法创业，为创业企业能够良好稳定地发展奠定坚实的法律基础。

★本章中针对创业过程中的常见法律问题，如：如何开办企业，开办企业中需要注意的问题；创业企业进行融资过程中该如何依法融资；创业企业的合法用工问题；如何签订与管理合同问题；创业企业该如何依法纳税；创业企业如何依法经营与开展正当竞争；如何避免知识产权侵权；如何办理企业结算与清算；常见的创业法律纠纷处理等一系列问题进行了深入浅出的讲解。

第一节 如何开办企业

一、企业的组织形式

根据市场经济的要求，现代企业的组织形式，是按照财产的组织形式和所承担的法律责任来划分的。企业是一个实行自主经营、独立核算、依法设立的营利性的经济组织，这种经济组织可以用不同的形式来呈现。比较典型的企业组织形式有个人独资企业、合伙企业以及公司制企业。

（一）个人独资企业

个人独资企业是指由一个自然人投资，全部资产为投资人所有的营利性经济组织。个人独资企业不具有法人资格，也无独立承担民事责任的能力。但个人独资企业是独立的民事主体，可以以自己的名义从事民事活动。同时，个人独资企业的分支机

这是我自己的企业。

构其民事责任由设立该分支机构的个人独资企业承担。

（二）合伙企业

1. 合伙企业的概述

合伙企业是由两个或两个以上的自然人通过订立合伙协议，共同出资经营、共负盈亏、共担风险的企业组织形式。合伙企业分为普通合伙企业（其中包括特殊普通合伙企业）和有限合伙企业。

合伙企业是由几个人、几十人，甚至几百人联合起来共同出资创办的企业。它不同于所有权和管理权分离的公司企业。它通常是依合同或协议组织起来的，结构较不稳定。合伙人对整个合伙企业所欠的债务负有无限的责任。合伙企业不如独资企业自由，决策通常要合伙人集体作出，但它具有一定的企业规模优势。

合伙企业和个人独资企业均属自然人企业，出资者对企业承担无限责任。

2. 合伙企业的特点

合伙企业法规定每个合伙人对企业债务须承担无限连带责任（如果一个合伙人没有能力偿还其应分担的债务，其他合伙人须承担连带责任）。法律还规定合伙人转让其所有权时需要取得其他合伙人的同意，有时甚至还需要修改合伙协议，因此其所有权的转让比较困难。

（三）公司制企业

公司（或称公司制企业）是指由两个以上投资人（自然人或法人）依法出资组建，有独立法人财产，自主经营，自负盈亏的法人企业。出资者按出资额对公司承担有限责任。其主要形式分为有限责任公司和股份有限公司两种。

1. 一人有限责任公司

一人有限责任公司简称一人公司或独资公司或独股公司，它是由一名股东（自然人或法人）持有公司的全部出资的有限责任公司。

一人有限责任公司法律特征：（1）从投资主体来看，一人有限责任公司是由一个自然人或一个法人投资的企业；（2）从财产来看，一人有限责任公司的财产为投资者一人所有，投资者对一人有限责任公司的财产享有完全的所有权；（3）从责任形态来看，一人有限责任公司的股东不能证明公司财产独立于股东自己的财产的，应当对公司债务承担连带责任。

2. 有限责任公司与股份有限公司

（1）有限责任公司。有限责任公司指不通过发行股票，而由为数不多的股东集资组建的公司（一般由2人以上50人以下股东共同出资设立），其资本无需划分为等额股份，股东在出让股权时受到一定的限制。在有限责任公司中，董事和高层经理人员往往具有股东身份，使所有权和管理权的分离程度不如股份有限公司那样高。有限责任公司的财务状况不必向社会披露，公司的设立和解散程序比较简单，管理机构也比较简单，比较适合中小型企业。

（2）股份有限公司。股份有限公司全部注册资本由等额股份构成并通过发行股票（或股权证）筹集资本，公司以其全部资产对公司债务承担有限责任（应当有2人以上200人以下为发起人，其中须有半数以上的发起人在中国境内有住所；有符合公司章程规定的全体发起人认购的股本总额或者募集的实收股本总额）。其主要特征是：公司的资本总额平分为金额相

等的股份；股东以其所认购股份对公司承担有限责任，公司以其全部资产对公司债务承担责任；股东以其持有的股份，享受权利，承担义务。

（3）有限责任公司和股份有限公司的区别：①公司设立时对股东人数要求不同，设立有限责任公司必须有2个以上股东，最多不得超过50个，设立股份有限公司应当有2人以上200以下发起人；②股东的股权表现形式不同，有限责任公司的权益总额不作等额划分，股东的股权是通过投资人所拥有的比例来表示的，股份有限公司的权益总额平均划分为相等的股份，股东的股权是用持有多少股份来表示的；③股份转让限制不同，有限责任公司不发行股票，对股东只发放一张出资证明书，股东转让出资需要由股东会或董事会讨论通过，股份有限公司可以发行股票，股票可以自由转让和交易。

（4）公司制企业的优点：①容易转让所有权；②有限债务责任；③公司制企业可以无限存续，一个公司在最初的所有者和经营者退出后仍然可以继续存在；④公司制企业融资渠道较多，更容易筹集所需资金。

（5）公司制企业的缺点：①组建公司的成本高；②存在代理问题，所有者成为委托人，经营者成为代理人，代理人可能为了自身利益而伤害委托人利益；③双重课税，公司作为独立的法人，其利润需缴纳企业所得税，企业利润分配给股东后，股东还需缴纳个人所得税。

二、企业的设立

企业的设立，是指为使企业取得企业经营资格，依照法定程序进行创办企业的一系列法律行为的总称。

（一）企业设立须具备的条件

企业设立必须具备基本条件，对某些特定企业法律还规定了特别条件。根据我国的法律规定，设立企业的基本条件是：产品及经营活动为社会所需要；有自己的名称和经营场所；有符合法律规定的资本；建立符合法律规定的组织制度；有符合法律规定的经营范围；有符合法律法规规范的内部管理制度。

不同形式的企业、特定行业的企业的设立法律还规定了一些特殊条件，这些特别条件分别在各有关的不同企业立法中作了特殊规定。

（二）企业设立的审批程序

审批程序并非所有企业设立的必经程序。在我国，有些企业主体资格的取得仍贯彻许可设立原则，即企业设立须经过申请并经审批方能成立，如国有企业、外商投资企业和股份有限公司等。法律对某些企业的设立程序贯彻的是准则主义原则，即该企业的设立经过登记程序即可取得企业主体资格，无需经过审批程序，如独资企业、合伙企业和一般的有限责任公司。

（三）企业登记程序

企业登记，是指企业依照法定程序在企业登记主管部门注册登记取得法律资格的行为。企业一经注册登记即告成立。法人企业取得法人资格，非法人企业取得营业资格。企业的营业执照签发之日为企业的成立之日。

三、创业创新企业的设立

（一）个人独资企业的设立

1. 个人独资企业设立的条件

设立个人独资企业应当具备下列条件：

投资人为一个自然人；有合法的企业名称；有投资人申报的出资；有固定的生产经营场所和必要的生产经营条件；有必要的从业人员。

2. 设立程序

申请设立个人独资企业由投资人或者其委托的代理人向企业所在地工商登记机关提交设立申请书、投资人身份证明、生产经营场所使用证明等文件。登记机关自收到申请文件之日起15日内对符合法定条件的予以登记，发给营业执照。营业执照签发日期为个人独资企业成立之日。

（二）合伙企业的设立

1. 合伙企业设立的条件

设立合伙企业应当具备下列条件：有二个以上合伙人；有书面合伙协议；有各合伙人实际缴付的出资；有合伙企业的名称；有经营场所和从事合伙经营的必要条件。

2.设立程序

申请合伙企业设立，应当向企业登记机关提交登记申请书、合伙协议书、合伙人身份证明等文件。法律、行政法规规定需报经有关部门审批的，应当在申请设立登记时提交批准文件。企业登记机关应当自收到申请文件之日起30日内，作出是否登记的决定。企业营业执照签发日期为合伙企业成立日期。合伙企业设立分支机构，应当向分支机构所在地的企业登记机关申请登记，领取营业执照。

（三）公司制企业的设立

1.有限责任公司的设立

设立有限责任公司需要具备以下条件：股东符合法定人数；有符合公司章程规定的全体股东认缴的出资额；股东共同制定公司章程；有公司名称，建立符合有限责任公司要求的组织机构；有公司住所。

有限责任公司的设立流程：

（1）股东缴纳出资。股东按照公司章程记载的出资额、出资时间、出资方式及时缴纳出资。未按照约定交付出资，按时出资的股东和公司可以追究该股东的责任。

（2）验资。所有股东缴纳出资后，必须经依法设立的验资机构验资并出具证明。

（3）设立登记。股东的首次出资经依法设立的验资机构验资后，由全体股东指定的代表或者共同委托的代理人向公司登记机构报送登记申请书、公司章程、验资证明等文件，申请设立登记。登记机关对符合条件的，予以登记，发给营业执照。自执照签发之日起公司成立。

（4）签发出资证明书。有限责任公司成立后，应向股东签发出资证明书。出资证明书也称股单，是证明股东已缴纳出资额的法律文件。

2.股份有限公司的设立

设立股份有限公司，应当具备下列条件：发起人符合法定人数；有符合公司章程规定的全体发起人认购的股本总额或者募集的实收股本总额；股份发行、筹办事项符合法律规定；发起人制定公司章程，采用募集方式设立的经创立大会通过；有公司名称，建立符合股份有限公司要求的组织机构；有公司住所。

股份有限公司的设立方式主要有：发起设立，即所有股份均由发起人认购，不得向社会公开招募；募集设立，即发起人只认购股份的一部分，其余部分向社会公开招募。在不同的国家，股份有限公司的设立规定有所不同。有的国家规定，只有在全部股份均被认足时，公司才得以成立。有的国家规定，股份有限公司实行法定资本制的，以认足全部股份为成立的条件；股份有限公司实行授权资本制的，可以不认足全部股份。

🔍以案释法 ⑩

合伙协议一方能否只经营不出资

【案情介绍】王先生与李先生协商后，决定设立一家合伙企业。合伙企业协议中规定，王先生（资金实力雄厚）向合伙企业投资30万元。李先生（经营管理能力较强）只负责经营管理，合伙企业盈利后平均分配财产。随后双方共同向登记机关申请合伙企业登记。此种情况下登记机关可否向其颁发营业执照？

【以案释法】设立合伙企业，应当具备下列条件：有二个以上合伙人；有书面合伙协议；有各合伙人实际缴付的出资；有合伙企业的名称；有经营场所和从事合伙经营的必要条件。本案例中，只有王先生出资但李先生没有出资，不符合各合伙人缴付实际出资的情况。因而，此种情况不符合合伙企业的设立条件，登记机关不可向其颁发营业执照。

第二节　如何依法融资

一、企业融资概述

企业融资是指以企业为主体融通资金，使企业及其内部各环节之间资金供求由不平衡到平衡的运动过程。当资金短缺时，以最小的代价筹措到适当期限、适当额度的资金；当资金盈余时，以最低的风险、适当的期限投放出去，以取得最大的收益，从而实现资金供求的平衡。

企业融资按照有无金融中介分为两种方式：直接融资和间接融资。直接融资是指不经过任何金融中介机构，而由资金短缺的单位直接与资金盈余的单位协商进行借贷，或通过有价证券及合资等方式进行的资金融通，如企业债券、股票、合资合作经营、企业内部融资等。间接融资是指通过金融机构为媒介进行的融资活动，如银行信贷、非银行金融机构信贷、委托贷款、融资租赁、项目融资贷款等。直接融资方式的优点是资金流动比较迅速，成本低，受法律限制少；缺点是对交易双方筹资与投资技能要求高，而且有的要求双方会面才能成交。相对于直接融资，间接融资则通过金融中介机构，可以充分利用规模经济，降低成本，分散风险，实现多元化负债。但直接融资又是发展现代化大企业、筹措资金必不可少的手段，故两种融资方式不能偏废。

二、企业快速融资渠道

（一）企业快速融资渠道含义

企业快速融资渠道是指从企业内部开辟资金来源。从企业内部开辟资金来源有三个方面：企业自有快速融资渠道资金、企业应付税利和利息、企业未使用或未分配的快速融资渠道专项基金。一般在企业并购中，企业都尽可能选择快速融资这一渠道，因为这种方式保密性好，快速融资渠道企业不必向外支付借款成本，因而风险很小，但资金来源数额与企业利润有关。

（二）投融资申请方式和办理流程

1.申请方式

根据投融资行为的介入程度，申请方式有直接投资和间接投资。

根据投融资申请投入领域，申请方式有生产性投融资申请和非生产性投融资申请。

根据投融资申请方式，申请方式有对内投融资申请和对外投融资申请。

根据投融资办理内容，申请方式有固定资产投融资申请、无形资产投融资办理、流动资产投融资申请、房地产投融资申请、保险投融资办理、信托投融资办理等。

2.办理流程

（1）投融资办理企业向审批机关提交董事会决议和董事长签署的申请书等文件；（2）审批机关在接到投融资办理申请文件后，以书面形式作出是否同意的答复；（3）审批机关进行投融资申请审核；（4）经审批机关审核同意后，投融资办理企业按照变更登记的有关规定，向工商行政机关申请变更登记；（5）投融资办理完成。

三、创业融资渠道

（一）国家资金

国家财政资金具有无偿、无息的特点，对于民营中小企业而言，国家运用财政资金支持民营中小企业的发展，主要采取设立专项基金的方式，可分为两类：一类是鼓励科技创新和劳动人口的就业方面基金，例如财政对专项科技成果的采购资金、教育和科研基金、失业人口和小企业的创业基金；另一类是帮助降低市场风险方面的基金，例如农业风险补偿基金、特殊行业的再保险基金等。这些基金有的可以循环使用，大部分属于一次性补贴。专项基金要求有严格的管理，在资金数量、用途、对象、支付方式和补贴方式，拨付对象和拨付项目的资格标准、审批、监督和管理机构的职责方面都有严格的规定。针对不同类型的企业，选择政府采购、担保和再担保、再保险、退税、免税、利息补贴等多种方式扶持企业的发展。

（二）银行信贷资金

银行是我国金融机构的最主要的主体，企业可以通过多种形式从银行取得贷款，它是企业最主要的外部资金来源。目前，我国的银行有中央银行、政策性银行和商业银行，其中与企业融资最为密切的是商业银行。

（三）非银行金融机构资金

非银行金融机构主要包括信托投资公司、科技投资公司、保险公司、融资租赁公司、证券公司、企业集团财务公司和其他金融企业。这些金融机构的资金实力没有银行雄厚，但是资金供应灵活、方便，为企业融通资金、融通物资、发行和承销证券等提供了通道。

（四）其他企业资金

其他企业资金来源主要体现在两个方面：一是其他企业通过联营、入股、合资、合作等形式对企业进行投资；二是企业在购销业务中因债权债务关系而形成的债务人对债权人的短期资金占用，如应付账款。

（五）企业内部资金

企业内部资金是指企业从事生产经营活动产生的净利润，按协议、合同、公司章程或有关规定，要留用一部分用于扩大再生产和集体福利，留用的部分利润是企业内部资金的来源渠道，具体包括法定盈余公积金、公益金、任意盈余公积金和未分配利润。

（六）民间资金

企业内部职工和城乡居民对企业的投资，属于个人资金渠道。民间融资一直是个人投资创办企业的主要融资方式，也是民营中小企业最基本的原始资本和创业资本来源。

（七）境外资金

境外资金是指外国投资者及我国香港、澳门和台湾地区企业、政府及其他投资者投资的资金。包括向国外银行或国际金融机构借款，向境外发行股票、债券、租赁、信贷、补偿贸易，与外商合资经营和合作经营等形式。

四、创业融资方式

（一）银行贷款

银行是企业最主要的融资渠道。按资金性质，分为流动资金贷款、固定资产贷款和专项贷款三类。专项贷款通常有特定的用途，其贷款利率一般比较优惠，贷款分为信用贷款、担保贷款和票据贴现。

银行贷款是最为常见的融资渠道之一，但是，由于其对企业资质要求较高，手续相对繁琐，对急需资金的中小企业来说往往远水难解近渴。

（二）股票筹资

股票具有永久性，无到期日，不需归还，没有还本付息的压力等特点，因而筹资风险较小。股票市场可促进企业转换经营机制，真正成为自主经营、自负盈亏、自我发展、自我约束的法人实体和市场竞争主体。同时，股票市场为资产重组提供了广阔的舞台，优化企业组织结构，提高企业的整合能力。

（三）债券融资

企业债券，也称公司债券，是企业依照法定程序发行、约定在一定期限内还本付息的有价证券，表示发债企业和投资人之间是一种债权债务关系。债券持有人不参与企业的经营管理，但有权按期收回约定的本息。在企业破产清算时，债权人优先于股东享有对企业剩余财产的索取权。企业债券与股票一样，同属有价证券，可以自由转让。

（四）融资租赁

融资租赁，是通过融资与融物的结合，兼具金融与贸易的双重职能，对提高企业的筹资融资效益，推动与促进企业的技术进步，有着十分明显的作用。融资租赁有直接购买租赁、售出后回租以及杠杆租赁。此外，还有租赁与补偿贸易相结合、租赁与加工装配相结合、租赁与包销相结合等多种租赁形式。融资租赁业务为企业技术改造开辟了一条新的融资渠道，采取融资融物相结合的新形式，提高了生产设备和技术的引进速度，还可以节约资金使用，提高资金利用率。

（五）海外融资

企业可供利用的海外融资方式包括国际商业银行贷款、国际金融机构贷款和企业在海外各主要资本市场上的债券、股票融资业务。但是，对一般的中小企业来说，海外融资由于可控性等因素，适用性并不高。

（六）P2P融资模式运营

P2P金融在国内发展初具雏形，但目前并无明确的立法，国内小额信贷主要靠"中国小额信贷联盟"主持工作。可参考的合法性依据，主要是"全国互联网贷款纠纷第一案，结果阿里小贷胜出"。随着网络的发展，社会的进步，此种金融服务的正规性与合法性会逐步加强，在有效的监管下发挥网络技术优势，实现普惠金融的理想。

以案释法 ⑪

企业虚构融资用途非法吸收公众存款案

【案情介绍】2011年4月13日，某商贸有限责任公司董事长金某自焚身亡，其身后高达12.37亿元的巨额民间债务浮出水面。经过市公安局专案组的调查和会计师事务所的审计，从2004年6月至2011年4月13日，该公司共陆续非法吸收公众存款22.25亿元，向国有金融机构贷款2.17亿元，两项合计融资贷款24.42亿元。2012年1月17日，该案经人民法院审理后宣判：被告单位某商贸有限责任公司犯非法吸收公众存款罪、判处罚金人民币50万元；被告人王某等12人犯非法吸收公众存款罪，并判处相应的刑罚。一审宣判后有9名被告提出上诉，该案经市中级人民法院二审裁定，维持原判。

【以案释法】企业实施非法吸收公众存款行为的目的往往在于获得他人资金的

使用权，供自己投资或者发放贷款，主观上具有返还的意图，不具有非法占有的目的。如果企业主观上有非法占有他人资金的目的，那么就会引发集资诈骗罪的法律风险。另外，是否实施诈骗手段并非非法吸收公众存款罪的必要构成要件，但却是集资诈骗罪的必要构成要件。企业虚构融资用途，以高回报率或高利息为诱饵向不特定对象吸收资金，但如果不具有非法占有资金的目的，那么仅构成非法吸收公众存款罪。

通过上述分析，我们可以发现，非法吸收公众存款罪的追诉标准和量刑标准都要比集资诈骗罪低很多。这与两种罪的社会危害性也是相匹配的。

依据《最高人民法院关于审理非法集资刑事案件具体应用法律若干问题的解释》之规定，未向社会公开宣传，在亲友或者单位内部针对特定对象吸收资金的，不属于非法吸收或者变相吸收公众存款。另外，非法吸收或者变相吸收公众存款，主要用于正常的生产经营活动，能够及时清退所吸资金，可以免于刑事处罚；情节显著轻微的，不作为犯罪处理。

第三节　如何合法用工

一、劳动合同制度

（一）书面劳动合同的订立

建立劳动关系，应当订立书面劳动合同。已建立劳动关系，未同时订立书面劳动合同的，应当自用工之日起一个月内订立书面劳动合同。用人单位与劳动者在用工前订立劳动合同的，劳动关系自用工之日起建立。用人单位自用工之日起超过一个月不满一年未与劳动者订立书面劳动合

同的，应当向劳动者每月支付二倍的工资。用人单位自用工之日起满一年不与劳动者订立书面劳动合同的，视为用人单位与劳动者已订立无固定期限劳动合同。

（二）劳动合同的种类

劳动合同分为固定期限劳动合同、无固定期限劳动合同和以完成一定工作任务为期限的劳动合同。

固定期限劳动合同，是指用人单位与劳动者约定合同终止时间的劳动合同。用人单位与劳动者协商一致，可以订立固定期限劳动合同。

无固定期限劳动合同，是指用人单位与劳动者约定无确定终止时间的劳动合同。

用人单位与劳动者协商一致，可以订立无固定期限劳动合同。

以完成一定工作任务为期限的劳动合同，是指用人单位与劳动者约定以某项工作的完成为合同期限的劳动合同。

（三）劳动合同的内容

1.必备条款

劳动合同应当具备以下条款：（1）用人单位的名称、住所和法定代表人或者主要负责人；（2）劳动者的姓名、住址和居民身份证或者其他有效身份证件号码；（3）劳动合同期限；（4）工作内容和工作地点；（5）工作时间和休息休假；（6）劳动报酬；（7）社会保险；（8）劳动保护、劳动条件和职业危害防护；（9）法律、法规规定应当纳入劳动合同的其他事项。

2.可备条款

（1）试用期条款。双方为了增进了解可以选择约定的考察期。劳动合同期限三个月以上不满一年的，试用期不得超过一个月；劳动合同期限一年以上不满三年的，试用期不得超过二个月；三年以上固定期限和无固定期限的劳动合同，试用期不得超过六个月。另外劳动者在试用期的工资不得低于本单位相同岗位最低

档工资或者劳动合同约定工资的百分之八十，并不得低于用人单位所在地的最低工资标准。

（2）违约金条款。除下列两种情形外，用人单位不得与劳动者约定由劳动者承担违约金。一是用人单位为劳动者提供专项培训费用，对其进行专业技术培训的，可以与该劳动者订立协议，约定服务期。劳动者违反服务期约定的，应当按照约定向用人单位支付违约金。二是对负有保密义务的劳动者，用人单位可以在劳动合同或者保密协议中与劳动者约定竞业限制条款，并约定在解除或者终止劳动合同后，在竞业限制期限内（不得超过二年）按月给予劳动者经济补偿。劳动者违反竞业限制约定的，应当按照约定向用人单位支付违约金。

（四）劳动合同的解除

1.劳动者预告解除

劳动者提前三十日以书面形式通知用人单位，可以解除劳动合同。劳动者在试用期内提前三日通知用人单位，可以解除劳动合同。

2.劳动者随时解除

用人单位有下列情形之一的，劳动者可以解除劳动合同：（1）未按照劳动合同约定提供劳动保护或者劳动条件的；（2）未及时足额支付劳动报酬的；（3）未依法

为劳动者缴纳社会保险费的；（4）用人单位的规章制度违反法律、法规的规定，损害劳动者权益的；（5）劳动合同无效的。

3.劳动者立即解除

用人单位以暴力、威胁或者非法限制人身自由的手段强迫劳动者劳动的，或者用人单位违章指挥、强令冒险作业危及劳动者人身安全的，劳动者可以立即解除劳动合同，不需事先告知用人单位。

4.用人单位随时解除

劳动者有下列情形之一的，用人单位可以解除劳动合同：（1）在试用期间被证明不符合录用条件的；（2）严重违反用人单位的规章制度的；（3）严重失职，循私舞弊，给用人单位造成重大损害的；（4）劳动者同时与其他用人单位建立劳动关系，对完成本单位的工作任务造成严重影响，或者经用人单位提出，拒不改正的；

你不能完成单位的工作量，下周和你解除劳动合同。

（5）因以欺诈、胁迫的手段或者乘人之危，使对方在违背真实意思的情况下订立或者变更劳动合同致使劳动合同无效的；（6）被依法追究刑事责任的。

5.用人单位预告解除

有下列情形之一的，用人单位提前三十日以书面形式通知劳动者本人或者额外支付劳动者一个月工资后，可以解除劳动合同：（1）劳动者患病或者非因工负伤，在规定的医疗期满后不能从事原工作，也不能从事由用人单位另行安排的工作的；（2）劳动者不能胜任工作，经过培训或者调整工作岗位，仍不能胜任工作的；（3）劳动合同订立时所依据的客观情况发生重大变化，致使劳动合同无法履行，经用人单位与劳动者协商，未能就变更劳动合同内容达成协议的。

6.用人单位经济性裁员

有下列情形之一，需要裁减人员二十人以上或者裁减不足二十人但占企业职工总数百分之十以上的，用人单位提前三十日向工会或者全体职工说明情况，听取工会或者职工的意见后，裁减人员方案经向劳动行政部门报告，可以裁减人员：（1）依照企业破产法规定进行重整的；（2）生产经营发生严重困难的；（3）企业转产、重大技术革新或者经营方式调整，经变更劳动合同后，仍需裁减人员的；（4）其他因劳动合同订立时所依据的客观经济情况发生重大变化，致使劳动合同无法履行的。

7.限制用人单位解除劳动合同

劳动者有下列情形之一的，用人单位不得依照预告解除和经济性裁员的规定解除劳动合同：（1）从事接触职业病危害作业的劳动者未进行离岗前职业健康检查，或者疑似职业病病人在诊断或者医学观察期间的；
（2）在本单位患职业病或者因工负伤并被确认
丧失或者部分丧失劳动能力的；（3）患病或者
非因工负伤，在规定的医疗期内的；（4）女职
工在孕期、产期、哺乳期的；（5）在本单位连
续工作满十五年，且距法定退休年龄不足五年
的；（6）法律、行政法规规定的其他情形。

（五）劳动合同的终止

劳动合同法定终止的情形，除劳动合同期满外，还包括：劳动者开始依法享受
基本养老保险待遇的；劳动者死亡，或者被人民法院宣告死亡或者宣告失踪的；用
人单位被依法宣告破产的；用人单位被吊销营业执照、责令关闭、撤销或者用人
单位决定提前解散的等。以上情况终止劳动合同，用人单位需要向劳动者支付补
偿金。用人单位与劳动者不得在劳动合同法上述终止情形之外约定其他的劳动合
同终止条件。

二、工作时间和休息休假制度

（一）工作时间及休假

我国的标准工时为劳动者每日工作八小时，每周工作四十小时，在一周内工作
五天。公休假日，又称周休息日，是劳动者在一周内享有的休息日，公休假日一般
为每周二日，一般安排在周六和周日休息。不能实行国家标准工时制度的企业，可
根据实际情况灵活安排周休息日，应当保证劳动者每周至少休息一日。

休假的种类：

1. 法定节假日

这是指法律规定用于开展纪念、庆祝活动的休息时间。我国劳动法规定的法定
节假日有：元旦；春节；国际劳动节；国庆节；法律、法规规定的其他休假节日。

2. 探亲假

这是指劳动者享有保留工资、工作岗位而同分居两地的父母或配偶团聚的假
期。探亲假适用于在国家机关、人民团体、全民所有制企业事业单位工作满一年
的固定职工。

3. 年休假

劳动者连续工作一年以上的，享受带薪年休假。

（二）加班加点的主要法律规定

1. 一般情况下加班加点的规定

用人单位由于生产经营需要，经与工会和劳动者协商后可以延长工作时间，一
般每日不得超过一小时；因特殊原因需要延长工作时间的，在保障劳动者身体健康

的条件下延长工作时间每日不得超过三小时，但是每月不得超过三十六小时。

2.特殊情况下，延长工作时间不受第一条的时间限制

（1）发生自然灾害、事故或者因其他原因，威胁劳动者生命健康和财产安全，或使人民的安全健康和国家资产遭到严重威胁，需要紧急处理的；（2）生产设备、交通运输线路、公共设施发生故障，影响生产和公共利益，必须及时抢修的；（3）在法定节日和公休假日内工作不能间断，必须连续生产、运输或营业的；（4）必须利用法定节日或公休假日的停产期间进行设备检修、保养的；（5）为了完成国防紧急生产任务，或者完成上级在国家计划外安排的其他紧急生产任务，以及商业、供销在旺季完成收购、运输、加工农副产品紧急任务的；（6）法律、行政法规规定的其他情形。

3.加班加点的工资标准

劳动法规定：（1）安排劳动者延长工作时间的，支付不低于工资的150%的工资报酬；（2）休息日安排劳动者工作又不能安排补休的，支付不低于工资的200%的工资报酬；（3）法定休假日安排劳动者工作的，支付不低于工资的300%的工资报酬。

又到了发薪水的日子啦！

🔍以案释法 ⑫

法定节假日的工资标准

【案情介绍】英某于2015年9月进入某大酒店工作，工资为8000元。2015年国庆节、2016年2月份春节期间，该酒店正常营业，但英某2015年10月份、2016年2月份的工资除去法定休假日加班工资报酬外实领300元。英某认为，牺牲法定休假日不休息就是为了多赚点加班费，结果实领的工资竟低于最低工资标准，于是到当地劳动监察部门投诉。

【以案释法】根据劳动法的规定，用人单位在法定休假日安排劳动者工作的，支付不低于工资的300%的工资报酬。用人单位支付劳动者的工资不得低于当地最低工资标准。"最低工资"是指劳动者在法定工作时间内履行了正常劳动义务的前提下，由其所在单位支付的最低劳动报酬。最低工资包括基本工资和奖金、津贴、补贴，但不包括加班加点工资、特殊劳动条件下的津贴等。本案中，该酒店认为法定休假日加班工资报酬应包含在法定最低工资标准范围内是错误的，该酒店的行为违反了国家法律法规的规定，侵害了劳动者的合法权益。

第四节　如何签订与管理合同

一、合同的概念、特征

（一）合同的概念

合同是指平等主体的自然人、法人、其他组织之间设立、变更、终止民事权利义务关系的协议。其中法人是指依法成立，能够独立享有民事权利和承担民事义务的组织，包括机关、团体、企业、事业单位、公司等。其他组织是指不具备法人资格的合伙组织以及分支机构等。民事权利义务关系是指财产关系。

（二）合同的特征

合同的特征如下：合同是一种民事法律行为；合同是平等主体的自然人、法人和其他组织之间的协议；合同以设立、变更或终止民事权利义务关系为目的，民事主体订立合同，是为了追求预期的目的，即在当事人之间引起民事权利和民事义务关系的产生、变更或消灭；合同是当事人意思表示一致的协议。

一会儿就回去，我们公司还有两份合同要审查。

二、合同的订立

（一）合同订立的形式

合同的订立，是指两个或两个以上的当事人，依法就合同的主要条款经过协商一致，达成协议的法律行为。合同当事人可以是自然人，也可以是法人或者其他组织，但都应当具有与订立合同相应的民事权利能力和民事行为能力。当事人也可以依法委托代理人订立合同。

我国合同法规定，当事人订立合同，有书面形式、口头形式和其他形式。法律、行政法规规定采用书面形式的，应当采用书面形式。当事人约定采用书面形式的，应当采用书面形式。

1.书面形式

书面形式是指合同书、信件和数据电文（包括电报、电传、传真、电子数据交换和电子邮件）等可以有形地表现所载内容的形式。书面形式明确肯定，有据可查，对于防止争议和解决纠纷，有积极意义。实践中，书面形式是当事人最为普遍采用的一种合同约定形式。

2.口头形式

口头形式是指当事人双方就合同内容面对面或以通讯设备交谈达成协议。口头形式直接、简便、迅速，但发生纠纷时难以取证，不易分清责任。所以对于不即时结算的和较重要的合同不宜采用口头形式。

3.其他形式

除了书面形式和口头形式,合同还可以其他形式成立。法律没有列举具体的"其他形式",但可以根据当事人的行为或者特定情形推定合同成立。这种形式的合同可以称为默示合同,指当事人未用语言明确表示成立,也未用书面形式签订,而是根据当事人的行为或在特定的情形下推定成立的合同。

(二)合同的主要条款

合同的条款是合同中经双方当事人协商一致,规定双方当事人权利义务的具体条文。合同当事人的权利义务,除法律规定的以外,主要由合同的条款确定。合同的条款是否齐备、准确,决定了合同能否成立、生效以及能否顺利地履行、实现。由于合同的类型和性质不同,合同的主要条款可能有所不同。根据合同法的规定,合同的内容由当事人约定,一般应当包括以下条款:当事人的名称或者姓名和住所;标的;数量;质量;价款或者报酬;履行期限、地点和方式;违约责任;解决争议的方法。

(三)合同订立的程序

根据合同法的规定,当事人采取要约、承诺的方式订立合同。

1.要约

要约是希望和他人订立合同的意思表示。当一方当事人向对方提出合同条件作出签订合同的意思表示时,称为"要约"。发出要约的当事人称为要约人,要约所指向的对方当事人则称为受要约人。要约在不同情况下还可以称之为发盘、出盘、发价、出价或报价等。

要约邀请是希望他人向自己发出要约的意思表示。要约邀请与要约不同,要约是一个一经承诺就成立合同的意思表示;而要约邀请的目的则是邀请他人向自己发出要约,自己如果承诺才成立合同。要约邀请处于合同的准备阶段,没有法律约束力。实践中要约与要约邀请往往很难区别,合同法规定,寄送的价目表、拍卖公告、招标公告、招股说明书等都属于要约邀请,商业广告的内容符合要约规定的,视为要约。

2.承诺

承诺是受要约人同意要约的意思表示。承诺应当具备以下条件:

第一,承诺必须由受要约人作出。如由代理人作出承诺,则代理人须有合法的委托手续。

第二,承诺必须向要约人作出。

第三，承诺的内容必须与要约的内容一致。

第四，承诺必须在有效期限内作出。承诺生效时间以到达要约人时确定。所谓到达，指承诺的通知到达要约人支配的范围内，如要约人的信箱、营业场所等。至于要约人是否实际阅读和了解承诺通知则不影响承诺的效力。承诺通知一旦到达要约人，合同即宣告成立。

🔍以案释法 ⑬

承诺须与要约一致并在有效期内作出

【案情介绍】2015年5月10日，某机床厂向某贸易公司发出要约："出售A型机床5台，单价45万元，同意请于5月底前回复。"贸易公司5月20日回复："电悉，型号、数量合适，价格40万元即可接受。"半月后，机床价格暴涨，贸易公司又于6月15日去电："接受你5月10日电，可即时发货。"机床厂对此电文不予理会，却将5台机床以单价50万元卖给了另一家公司。贸易公司遂将机床厂诉至法院，要求其承担违约责任。法院审理后，认为合同尚不成立，驳回了贸易公司的请求。

【以案释法】本案中，机床厂向贸易公司发出要约后，贸易公司的两次回复都不构成承诺。第一次回复的价格与要约不同，是对要约的实质性变更。第二次回复超出了有效期，要约已经失效。两次回复的实质都是向机床厂发出新的要约，只有机床厂承诺，合同才能成立。

三、合同的效力

合同的效力即合同的法律效力，是指已经成立的合同在当事人之间产生的一定的法律约束力。有效合同对当事人具有法律约束力，国家法律予以保护，无效合同不具有法律约束力。合同法就合同的效力问题规定了有效合同、无效合同、可撤销合同、效力待定合同四种情况。

（一）合同的生效

合同的生效，是指已经成立的合同开始发生以国家强制力保障的法律约束力，即合同发生法律效力。合同的效力主要体现在对当事人的约束力上。合同对当事人的约束力具体体现为权利和义务两方面。从权利方面来说，合同当事人依据法律和合同的规定所产生的权利依法受到法律保护。从义务方面来说，合同对当事人的约束力表现在两个方面：一方面，当事人根据合同所产生的义务具有法律的强制性；另一方面，如果当事人违反合同义务则应当承担违约责任。也就是说，如果当事人不履行其应负的义务，将要借助国家的强制力强制义务人履行义务。

（二）无效合同

无效合同，是相对于有效合同而言的，它是指合同虽然已经成立，但因其在内容和形式上违反了法律、行政法规的强制性规定和社会公共利益，因此应确认为无效。根据合同法的规定，有下列情形之一的合同无效：一方以欺诈、胁迫的手段订立合同，损害国家利益；恶意串通，损害国家、集体或者第三人利益；以合法形式掩盖非法目的，即行为人为达到非法目的以迂回的方法避开了法律或行政法规的强制性规定；违反法律、行政法规的强制性规定。

（三）可撤销合同

可撤销合同，又称为可撤销、可变更的合同，它是指当事人在订立合同时，因意思表示不真实，法律允许撤销权人通过行使撤销权而使已经生效的合同归于无效。例如，因重大误解而订立的合同，误解的一方有权请求法院撤销该合同。合同法规定了三种可撤销的合同：因重大误解订立的合同；显失公平的合同；一方以欺诈、胁迫的手段或者乘人之危，使对方在违背真实意思的情况下订立的合同。

（四）效力待定合同

效力待定的合同，是指合同虽然已经成立，但因其不完全符合有关生效要件的规定，因此其效力能否发生尚未确定，一般须经有权人表示承认才能生效。效力待定的合同主要包括以下三种类型：

第一，限制民事行为能力人订立的合同，经法定代理人追认后，该合同有效。但如果是纯获利益的合同或者是与其年龄、智力、精神健康状况相适应而订立的合同，不必经法定代理人追认，合同当然有效。

第二，行为人没有代理权、超越代理权或者代理权终止后以被代理人名义订立的合同，未经被代理人追认，对被代理人不发生法律效力，由行为人承担责任。

第三，无处分权的人处分他人财产，经权利人追认或者无处分权的人订立合同后取得处分权的，该合同有效。

四、合同的履行

合同的履行是指合同生效后，双方当事人按照合同规定的各项条款，完成各自承担的义务和实现各自享有的权利，使双方当事人的合同目的得以实现的行为。

（一）合同内容约定不明确时的履行规则

合同生效后，当事人就质量、价款或者报酬、履行地点等内容没有约定或者约定不明确的，可以协议补充，不能达成补充协议的，按照合同有关条款或者交易习惯确定，仍不能确定的，适用下列规定：质量要求不明确的，按照国家标准、行业标准履行，没有国家标准、行业标准的，按照通常标准或者符合合同目的的特定标准履行；价款或者报酬不明确的，按照订立合同时履行地的市场价格履行，依法应当执行政府定价或者政府指导价的，按照规定履行；履行地点不明确，给付货币的，在接受货币一方所在地履行，交付不动产的，在不动产所在地履行；其他标的，在履行义务一方所在地履行；履行期限不明确的，债务人可以随时履行，债权人也可以随时要求履行，但应当给对方必要的准备时间；履行方式不明确的，按照有利于实现合同目的的方式履行；履行费用的负担不明确的，由履行义务一方负担。

（二）双务合同中的抗辩权

双务合同履行中的抗辩权，是指在符合法定条件时，当事人一方对抗对方当事人的履行请求权，暂时拒绝履行其债务的权利，它包括同时履行抗辩权、先履行抗辩权和不安抗辩权。

同时履行抗辩权，是指双务合同的当事人没有先后履行顺序的，一方在对方未为对待给付以前，可拒绝履行自己的债务的权利。

先履行抗辩权，是指当事人互负债务，有先后履行顺序的，先履行一方未履行之前，后履行一方有权拒绝其履行请求，先履行一方履行债务不符合债的本旨，后履行一方有权拒绝其相应的履行请求。

不安抗辩权，是指先给付义务人在有证据证明后给付义务人的经营状况严重恶化，或者转移财产、抽逃资金以逃避债务，或者丧失商业信誉，以及其他丧失或者可能丧失履行债务能力的情况时，可中止自己的履行；后给付义务人接收到中止履行通知后在合理的期限内提供了适当担保的，先给付义务人应当履行其债务；在合理的期限内未恢复履行能力并且未提供适当担保的，先给付义务人可以解除合同。

（三）合同的保全

合同的保全，是指法律为防止因债务人的财产不当减少或不增加而给债权人的债权带来损害，允许债权人行使撤销权或代位权，以保护其债权。合同的保全措施包括代位权和撤销权两种。

债权人的代位权，是指因债务人怠于行使其到期债权，对债权人造成损害的，债权人可以向人民法院请求以自己的名义代位行使债务人的债权。

债权人的撤销权，是指因债务人放弃其到期债权或者无偿转让财产，对债权人造成损害的，债权人可以请求人民法院撤销债务人的行为。

🔍 以案释法 ⑭

合同履行过程中变更合同的协议应采用书面形式

【案情介绍】某市贸易公司与市内一家皮革加工厂签订了一份来料加工协议。协议约定：加工厂在6个月内负责加工各种鞋类等各2.3万双，加工费用共计10.4万元，产品经验收合格后付款，制作的式样由贸易公司提供。合同履行进程中，贸易公司与加工厂口头商定，加工厂可以根据贸易公司提供的原材料，适当增加加工数量。从3月份起，加工厂陆续交付贸易公司各种鞋类共计2.7万双，贸易公司发现此时的鞋类市场萎靡，于是拒收多余的0.4万双鞋。为此，加工厂诉至法院。

【以案释法】双方当事人在合同履行期间，达成了"可以适当增加定作物数量"的口头协议。这一变更合同的协议未采用书面形式，缺乏证据效力，且双方当事人并没有实际履行。作为定作方的贸易公司对于承揽方多交付的定价物，以拒收表示了自身的异议。因此该无确切证据证明的口头协议不被法院所认定。法院因此判决驳回原告诉讼请求。

五、合同的变更和转让

（一）合同的变更

合同的变更是指合同成立后，当事人双方根据客观情况的变化，依照法律规定的条件和程序，对原合同进行修改或者补充。合同的变更是在合同的主体不改变的前提下对合同内容或标的的变更，合同性质和标的性质并不改变。当事人在变更合同时，也应本着协商的原则进行。当事人可以依据有关法律规定，就变更合同事项达成协议。合同变更后，变更后的内容就取代了原合同的内容，当事人就应当按照变更后的内容履行合同。为了减少在合同变更时可能发生的纠纷，当事人对合同变更的内容约定不明确的，推定为未变更。

（二）合同的转让

合同的转让，是指合同当事人一方将其合同的权利和义务全部或部分转让给第三人。合同的转让有三种情况：合同权利转让、合同义务转移、合同权利和义务一并转让。

1.合同权利转让

合同权利转让是指不改变合同权利的内容，由债权人将合同权利的全部或者部分转让给第三人。

2.合同义务转移

合同义务转移是指经债权人同意，债务人将合同的义务全部或者部分转移给第三人。

3.合同权利义务一并转让

合同权利义务一并转让是指当事人一方经对方同意，将自己在合同中的权利和义务一并转让给第三人。

六、合同权利义务的终止

合同权利义务的终止，简称合同的终止，又称合同的消灭，是指合同关系在客观上不复存在，合同权利和合同义务归于消灭。

根据合同法规定，有下列情形之一的，合同的权利义务终止：

第一，清偿，即债务得以清偿，债权得到满足，合同目的得以实现。

第二，合同解除，即在合同有效成立以后，当解除的条件具备时，因当事人一方或双方的意思表示，使合同自始或仅向将来消灭的行为，它也是一种法律制度。

第三，提存，即由于债权人的原因，债务人无法向其交付合同标的物而将该标的物交给提存机关，从而消灭合同的制度。

第四，抵消，即当事人互负到期债务，又互享债权，以自己的债权充抵对方的债权，使自己的债务与对方的债务在等额内消灭。当事人主张抵消的，应当通知对方。通知自到达对方时生效。抵消不得附条件或者附期限。

第五，免除，即债权人自愿放弃了债权，债务人的债务即被解除。债权人免除债务人部分或者全部债务的，合同的权利义务部分或者全部终止。

第六，混同，是指债权和债务同归一人，致使合同权利义务关系消灭的事实。

七、违约责任

违约责任，也称为违反合同的民事责任，是指合同当事人因不履行合同义务或者履行合同义务不符合约定，而向对方承担的民事责任。

（一）承担违约责任的形式

违约的当事人承担违约责任的主要形式有继续履行、采取补救措施、赔偿损失、约定违约金和定金等。具体适用哪种违约责任，由当事人根据自己的要求加以选择。继续履行合同，既是为了实现合同目的，又是一种违约责任。当事人一方未支付价款或者报酬的，对方可以要求其支付价款

或者报酬。采取补救措施，履行质量不符合约定的，应当按照当事人的约定承担违约责任。受损害方可以根据标的的性质以及损失的大小，合理选择要求对方采取修理、更换、重作、退货、减少价款或者报酬等补救措施。赔偿损失，当事人一方不履行合同义务或者履行合同义务不符合约定的，在履行义务或者采取补救措施后，对方还有其他损失的，应当赔偿损失。支付违约金，为了保证合同的履行，保护自己的利益不受损失，合同当事人可以约定一方违约时应当根据情况向对方支付一定数额的违约金，也可以约定因违约产生的损失赔偿额的计算方法。定金是合同当事人一方为了担保合同的履行而预先向对方支付的一定数额的金钱。当事人可以依照担保法约定一方向对方给付定金作为债权的担保。债务人履行债务后，定金应当抵作价款或者收回。给付定金的一方不履行约定的债务的，无权要求返还定金；收受定金的一方不履行约定的债务的，应当双倍返还定金。

（二）违约责任的免除

一般来说，在合同订立之后，如果一方当事人没有履行合同或者履行合同不符合约定，不论是自己的原因，还是第三人的原因，均应当向对方承担违约责任。但是，当事人一方违约是由于某些无法防止的客观原因造成的，则可以根据情况免除违约方的违约责任。合同法规定，因不可抗力不能履行合同的，根据不可抗力的影响，部分或者全部免除责任；当事人迟延履行后发生不可抗力的，不能免除责任。不可抗力造成违约的，违约方虽然没有过错，但法律规定因不可抗力造成的违约也要承担违约责任的，违约方也要承担无过错的违约责任。当事人一方因不可抗力不能履行合同的，应当及时通知对方，以减轻可能给对方造成的损失，并应当在合理期限内提供证明。

🔍 以案释法 ⑮

合同中的违约责任

【案情介绍】2014年2月，甲公司就废旧钢材、物资的出售发出公开招标邀请，投标保证金为30000元，付款方式为付款提货。提货要求为：到甲公司提货必须服从公司管理，按公司专职人员指定的货物装车，并由司磅员过磅，检查人员检查核实确认无误签字后到分管领导签字，而后去财务部交款，凭财务发票提货联方可出门。违反上述规定的，投标保证金概不退还。乙公司于2015年2月22日交纳30000元投标保证金，并于当日中标后与甲公司订立了工矿产品购销合同，合同总金额为138200元，结算方式为货物装车过磅后，由司磅员、检查员、保管员、分管领导签字后到财务部付款，付款后凭发票出门联出公司大门，招标文件和合同一并生效，具有同等法律效力。合同订立后，乙公司去提货，货物装车后因甲公司的地磅出现问题，双方协商到附近煤厂磅秤上进行称重。甲公司的车辆跟在乙公司车辆的后面出门，当甲公司的车到煤厂时，乙公司却将车开到煤厂对面的地铁公司的磅秤上去称重，甲公司对称重结果不认可，要求到煤厂重新称重，但乙公司以货物已称重为由，将货车开回乙公司所在地。甲公司立即与乙公司领导联系，乙公司领导在货车回到所在地后指示驾驶员将车开回甲公司门口，甲公司以货物明显减少为由，没有接收，并依法向当地公安机关报案。

此后，乙公司因索要投标保证金未果，依法向人民法院起诉，要求甲公司退还30000元投标保证金。

【以案释法】《最高人民法院关于适用〈中华人民共和国担保法〉若干问题的解释》第一百二十一条规定，当事人约定的定金数额超过主合同标的额20%，超过的部分，人民法院不予支持。旨在避免适用定金罚则主张违约责任时的惩罚过于严厉。

对当事人在合同中将支付定金作为对方履行义务前提的，人民法院则不予干涉，尊重当事人的意思自治。

本案经二审法院审后认为：根据合同违约责任条款的约定，按招标文件执行，招标文件中已规定提货必须服从甲公司管理、装车、过磅、检查核实确认、签字等，违反该规定，保证金概不退还。且该保证金已实际交付甲公司。从以上的约定和实际情况看，该30000元保证金符合合同法有关定金的规定，系违约定金，应适用定金罚则。同时，根据合同标的，违约定金超过20%部分无效。乙公司请求退还30000元违约保证金的主张不能成立，只能退还超过规定部分2360元。

第五节　如何依法纳税

税法就是国家权力机关及其授权的行政机关制定的调整税收关系的法律规范的总称。税法的调整对象就是税收关系，是指税法主体在各种税收活动过程中形成的社会关系的总和。

根据"一税一法"原则，按照各个税种相应制定的税种法是构成我国现行税法体系主体部分的税收实体法。我国的税收实体法具体包括流转税、所得税、财产税和行为税。

一、流转税

流转税法是调整因流转税的征纳而发生的各种社会关系的法律规范的总称。我国目前开征的流转税包括增值税、消费税、营业税和关税等。

（一）增值税

增值税是指以商品生产与流通过程中的增值额为计税依据而征收的一种税。增值税的纳税人是指在中华人民共和国境内销售货物或者提供加工、修理修配劳务以及进口货物的自然人、法人、非法人社会组织。

（二）消费税

消费税是以特定的消费品或消费行为的流转额为计税依据的一种税。其特征是征税范围具有选择性，实行差别税率，征税环节单一。主要目的是调节和引导消费并取得一定的财政收入。我国现行消费税是1994年开征的一个税种，征税依据是2008年修订的《中华人民共和国消费税暂行条例》。

（三）营业税

营业税是指以商品或者劳务的营业额为计税依据的一种税。营业税法规定，在中华人民共和国境内提供应税劳务、转让无形资产或者销售不动产的单位和个人，为营业税的纳税义务人。

营业税的征税范围是在中华人民共和国境内提供应税劳务、转让无形资产或销售不动产的行为。营业税的税率为比例税率，共分3%、5%、5%~20% 三档九种。

（四）关税

关税是指对进出境的货物或物品由海关负责征收的一种流转税。狭义的关税仅指在海关税法中规定的对进出境货品征收的税，不包括由海关代征的进口环节国内税，如我国海关代征的进口环节增值税、消费税等。

关税的纳税人，是指根据关税法的规定，负有缴纳关税义务的单位和个人。关税法规定，进口货物的收货人、出口货物的发货人是关税的纳税人，接受委托办理有关进出口货物手续的代理人负有代纳关税义务。

二、所得税

所得税亦称收益税，是指以各种所得额为课税对象的一类税。所得税也是我国税制结构中的主体税类，目前包括企业所得税、个人所得税等税种。

（一）企业所得税

企业所得税是针对内资企业的生产经营所得和其他所得征收的一种税。

企业所得税流转税种不考虑盈亏状况不同，以企业经营有成果为征税的前提条件。企业所得税以纳税人每一纳税年度的收入总额减去准予扣除项目后的余额为计税依据。准予扣除项目是指成本、费用、损失。企业所得税采用比例税率，税率为25%。

企业所得税的纳税人包括所有的内资企业，内资企业来自于中国境内、外的全部所得都要按照中国企业所得税法纳税。

（二）个人所得税

个人所得税是国家对本国公民、居住在本国境内的个人所得和境外个人来源于本国所得征收的一种所得税。

您好，我缴纳一下个人所得税。

个人所得税的纳税人分为居民和非居民。居民是指在中国境内有住所，或者无住所而在境内居住满1年的个人，居民纳税人应就其来源于境内、境外的全部所得纳税；非居民是指居民以外的人，非居民仅就来源于中国境内的所得纳税。

我国个人所得税法采用分类所得税制，明确列举了十一项应纳税的个人所得：工资、薪金所得；个体工商户的生产、经营所得；对企事业单位的承包经营、承租经营所得；劳务报酬所得；稿酬所得；特许权使用费所得；利息、股息、红利所得；财产租赁所得；财产转让所得；偶然所得；经国务院财政部门确定征税的其他所得。

三、财产税

财产税是以纳税人所拥有或支配的某些财产为征税对象的一类税。党的十一届三中全会以后，随着改革开放的不断深入，我国经济形势发生了巨大变化，社会财富的分配形成了新的格局：一是随着以公有制为主体、多种经济成分并存的多元化经济结构的确立，居民收入水平提高，非国有财产大量增加；二是伴随着"鼓励一部分人先富起来"的政策的推行，居民之间收入水平差距拉大，个人之间财产的占有量较为悬殊。针对这种情况，国家先后恢复开征了房产税、契税、城市房地产税、车船使用税等。1994年税制改革时，又提出了要征收遗产税，从而初步形成了以房产税、车船使用税、资源税等静态财产税和契税、遗产税等动态财产税为主要组成部分的较为完整的财产税法体系。

四、行为税

行为税亦称特定目的税，是指政府为实现一定目的，对某些特定行为所征收的税收。新中国成立后我国就开征了印花税、屠宰税、特种消费行为税、车船使用牌照税4种行为税。1958年税制改革时，印花税被并入工商统一税之中。1973年税制改革后，行为税体系中只剩下屠宰税和车船使用牌照税。党的十一届三中全会后，随着税制的调整和改革，行为税的税种不断增加。到1993年底，我国共开征了屠宰税、燃油特别税、固定资产投资方向调节税、车船使用税、印花税等13种行为税。1994年我国根据社会主义市场经济的客观要求，针对原有税制存在的问题，对税制进行了重大改革，行为税也因此得到了调整。

🔍 以案释法 ⑯

酒店偷税案

【案情介绍】某酒店已办理了营业执照和税务登记，由某市的地税局管征，税款征收方式为查账征收。2015年4月5日，区地税局在日常检查时发现，该酒店2014年2月份的纳税申报表申报的应纳营业税比会计账簿上计提的营业税额少9000元，经检查人员核实，系因近期该公司资金紧张，少申报了营业税。该酒店少申报营业税的行为是否属于偷税行为？

【以案释法】纳税人必须依照法律、行政法规的规定如实办理纳税申报，报送纳税申请表、财务会计报表以及税务机关根据实际需要要求纳税人报送的其他纳税资料。该酒店虽然在会计账簿上已计提税款，但因资金紧缺而未如实申报，具有主观故意，是虚假申报，属偷税行为。

第六节　如何依法经营与开展正当竞争

一、保证产品（服务）质量

（一）生产者的产品质量责任和义务

产品质量法对生产者的产品质量责任与义务作了如下规定：

产品应当符合下列三方面的要求：产品不存在危及人身、财产安全的不合理危险；具备产品应当具备的使用性能，但是，对产品存在使用性能上的瑕疵作出说明的除外；符合在产品或者包装上注明采用的产品标准，符合以产品说明、实物样品等方式表明的质量状况。

生产者所提供的产品或者其包装上的标识应当符合下列要求：有产品质量检验合格证明；有中文标明的产品名称、生产厂厂名和厂址；根据产品的特点和使用要求，需要标明产品规格、等级、所含主要成分的名称和含量的，用中文相应予以标明；需要事先让消费者知晓的，应当在外包装上标明，或者预先向消费者提供有关资料；限期使用的产品，应当在显著位置清晰地标明生产日期和安全使用期或者失效日期；使用不当，容易造成产品本身损坏或者有可能危及人身、财产安全的产品，应当有警示标志或者中文警示说明。另外，如果生产者生产的产品是裸装的食品和其他根据产品的特点难以附加标识的裸装产品的，可以不附加产品标识。

（二）销售者的产品质量责任和义务

销售者是产品流转过程中的重要主体，在保证产品质量方面具有重要地位。因此，法律规定销售者应承担以下产品质量义务：

1.执行进货验收制度

销售者应当建立并执行进货验收制度，验明产品合格证明和其他标识。通过产品质量验收，可以确定产品流转过程中产品质量状况，保证销售产品的质量，也能够分清生产者和销售者的责任。

2.保持销售产品的质量

销售者进货后在向用户、消费者出售产品之前的一段时间内，应当根据产品的性质、特点采取必要的措施，保持销售产品的质量。如果进货时产品质量符合要求，而销售时出现缺陷，销售者就要承担相应的责任。

3.销售符合质量要求的产品

销售者最重要的义务，是保证所销售的产品符合规定的质量要求。不销售假冒伪劣产品，对用户和消费者来说，销售者这一义务是最直接的。对此，产品质量法进行了相关规定：（1）销售给用户、消费者的产品不失效、不变质；（2）销售者所销售产品的标识应符合不得伪造产地，不得伪造或冒用他人厂名、厂址，不得伪造或冒用认证标志、名优标志等质量标志的要求；（3）销售产品不得掺杂、掺假，不得以假充真、以次充好，不得以不合格产品冒充合格产品。

（三）产品责任的归责原则

1.生产者的无过错责任

生产者的产品责任是无过错责任，即产品存在缺陷造成他人人身、财产损害的，不论生产者是不是有过错，生产者应当承担赔偿责任。

生产者的无过错责任并不是"绝对责任"，无过错责任仍然是有条件的责任。产品质量法规定了三种免责的情况：未将产品投入流通的；产品投入流通时，引起损害的缺陷尚不存在的；将产品投入流通时的科学技术水平尚不能发现缺陷的存在的。

2.销售者的过错责任

销售者的过错责任为推定过错，由销售者承担举证责任。由于销售者的过错使产品存在缺陷，造成人身、财产损害的，销售者应当承担赔偿责任。如果销售者不能指明缺陷产品是生产者或者是供货者的责任的，销售者应当承担赔偿责任。

（四）产品责任的损害赔偿

1.产品责任的求偿权主体

产品责任求偿权的主体不限于合同的相对方，而是扩大到受害人。即因产品存在缺陷造成他人人身、财产损害的，受害人可以向产品的生产者要求赔偿，也可以向产品的销售者要求赔偿。属于产品的生产者的责任，产品的销售者赔偿的，产品的销售者有权向产品的生产者追偿。属于产品的销售者的责任，产品的生产者赔偿的，产品的生产者有权向产品的销售者追偿。

2.产品责任的赔偿范围及诉讼时效

因产品存在缺陷造成受害人人身伤害的，侵害人应当赔偿医疗费、治疗期间的护理费、因误工减少的收入等费用；造成残疾的，还应当支付残疾者生活自助具费、生活补助费、残疾赔偿金以及由其扶养的人所必需的生活费等费用；造成受害人死亡的，还应当支付丧葬费、死亡赔偿金以及由死者生前扶养的人所必需的生活费等费用。

因产品存在缺陷造成受害人财产损失的，侵害人应当恢复原状或者折价赔偿。受害人因此遭受其他重大损失的，侵害人应当赔偿损失。

因产品存在缺陷造成损害要求赔偿的诉讼时效期间为二年，自当事人知道或者应当知道其权益受到损害时起计算。

因产品存在缺陷造成损害要求赔偿的请求权，在造成损害的缺陷产品交付消费者满十年后丧失；但是，尚未超过明示的安全使用期的除外。

（五）加强产品（服务）质量管理

不同企业生产的产品（提供的服务）不同，因为不存在毫无区别的产品（服务）质量管理的方式。各个企业需要从自身实际出发，从以下几点来提高产品（服务）质量。

1. 把好原材料质量控制关，防止质量问题的发生

原材料是产品质量控制的基础环节，只有把好原材料质量关，产品质量才有可靠的保证。要科学合理使用和管理好产品原材料，防止质量问题的发生。要根据产品特点，选择合适的材料进行生产，避免因为使用上的盲目性而引发产品质量问题的发生。要加强对产品的质量控制，科学合理掌握好库存时间和存放条件。一般情况来说，生产出来的产品时间过久，如超过二年则容易发生变色、变坏，故应根据生产实际情况合理保持库存量，并在使用中掌握好先进先用的原则。要加强对原材料的质量跟踪检验。检验部门在日常工作中，要对原材料的使用情况进行全面的质量跟踪管理，发现问题及时进行反馈处理，以避免盲目进货带来的质量隐患，切实把好生产质量源头关。

2. 实行市场准入制度，加强流通监管

要实行产品质量认证、认可制度，对符合质量安全标准的产品才予以上市流通；要建立监测制度，建立产品质量安全快速检测点，不符合质量安全标准的产品不准流通和销售；实行标识管理，推行产品分级包装上市制度，对包装上市的产品实行身份证制度，要求标明产地和生产者；要推行追溯和承诺制度，按照从生产到销售的每一个环节可相互追查的原则，建立产品生产、经营记录制度，实现产品质量安全的可追溯；要拓展信息传递渠道，在对制假售假行为加大查处力度的同时，通过信息通报，在全国范围内统一一加大执法查处力度，提高对劣质产品及其厂商的查处概率，并以此为基础形成信息共享，将违法行为进行全国性监控和通报，提高产品质量监管的有效性。

3. 加强审查力度，完善质量流程管理

设定一个质量标准，而不是模糊的概念，对质量进行统一管理。要求做到把不合格的产品消灭在它的形成过程中，做到防检结合，以防为主，并从全过程多个环节、多道工序致力于质量的提高。从单纯的成品检验，提高到生产过程中控制不合格品的产生方面来。在生产过程的多个环节，多道工序加强管理，消除产生不合格产品的种种隐患，切实做到"防患于未然"，形成一个能够稳定生产合格产品的生产流程工序。

高压锅爆炸引发侵权

【案情介绍】2013年，赵某一家人在为家中老人祝寿时，高压锅突然爆炸，赵某妻子被锅盖击中头部，抢救无效死亡。据负责高压锅质量检测的专家鉴定，高压锅爆炸的直接原因是高压锅的设计有问题，导致锅盖上的排气孔堵塞。由于高压锅的生产厂家距离遥远，赵某要求出售此高压锅的商场承担民事损害赔偿责任。但商场声称缺陷不是由自己造成的，故不承担赔偿责任。问：赵某可否要求该商场承担赔偿责任？

【以案释法】我国产品质量法规定，因产品存在缺陷造成他人人身、财产损害的，受害人可以向产品的生产者要求赔偿，也可以向产品的销售者要求赔偿。属于产品生产者的责任，产品的销售者赔偿的，有权向产品的生产者追偿。属于产品销售者的责任，产品的生产者赔偿的，有权向产品的销售者追偿。本案中，赵某可以向产品的生产者要求赔偿，也可以向产品的销售者要求赔偿。由于本案中产品缺陷的责任在生产厂家，产品销售者赔偿后可以向产品生产者追偿。

二、保护消费者权益

（一）消费者的权利

所谓消费者权利，是指消费者在消费领域中，即在购买、使用商品或者接受服务中所享有的权利。消费者的权利包括以下几个方面的内容：

1. 安全保障权

安全保障权是消费者最基本的权利。它是消费者在购买、使用商品和接受服务时所享有的保障其人身、财产安全不受损害的权利。消费者依法有权要求经营者提供的商品和服务必须符合保障人身、财产安全的条件。

2. 知悉真情权

知悉真情权，或称获取信息权、知情权、了解权，是消费者享有的知悉其购买、使用的商品或接受的服务的真实情况的权利。知情权是法律赋予消费者的一种基本权利，也是消费者购买、使用商品或接受服务的前提，应当得到经营者的尊重。

3. 自主选择权

自主选择权即消费者享有的自主选择商品或服务的权利，是民法中平等自愿原则在消费交易中的具体表现。其内容包括以下几个方面：（1）选择提供商品或服务的经营者的权利；（2）选择商品品种或服务方式的权利；（3）自主决定购买或不购买任何一种商品或服务的权利；（4）对商品或服务进行比较、鉴别和挑选的权利。

4. 公平交易权

消费者的公平交易权，是指消费者在与经营者之间进行的消费交易中享有的获得公平的交易条件的权利。公平交易的核心是消费者以一定数量的货币可换得同等价值的商品或服务，这是实际衡量消费者的利益是否得到保护的重要标志。

5. 依法求偿权

依法求偿权即消费者在因购买、使用商品或接受服务受到人身、财产损害时，依法享有的要求并获得赔偿的权利。依法求偿权是弥补消费者所受到损害的必不可少的救济性权利。

6. 依法结社权

消费者的依法结社权，是指消费者享有的依法成立维护自身合法权益的社会团体的权利。消费者结社权包括两大方面的内容：其一是有权要求国家或政府建立代表与保障消费者合法权益的职能部门；其二是消费者有权自己建立自己的组织。

7. 接受教育权

接受教育权也称获取知识权，是从知悉真情权中引申出来的一种消费者权利，它是消费者所享有的获得有关消费和消费者权益保护方面的知识的权利。

8. 获得尊重权

获得尊重权，是指消费者在购买、使用商品和接受服务时所享有的其人格尊严、民族风俗习惯得到尊重的权利，享有的其个人信息依法得到保护的权利。尊重消费者的人格尊严、民族习俗、个人信息，是社会文明进步的表现，也是尊重和保障人权的重要内容。

9. 监督批评权

消费者的监督批评权，是指消费者对于商品和服务以及消费者保护工作进行监察和督导的权利。依据我国消费者权益保护法的规定，消费者享有对商品和服务以及保护消费者权益工作进行监督的权利。

（二）经营者的义务

经营者的义务包括以下几个方面的内容：

1. 依法定或约定履行的义务

经营者向消费者提供商品或服务，应当依照我国的消费者权益保护法和其他有关法律法规的规定履行义务，即经营者必须依法履行其法定义务。此外，经营者和消费者有约定的，应当按照约定履行义务，但双方的约定不得违背法律法规的规定。可见，在不与强行法规定发生抵触的情况下，经营者应依约定履行义务。经营者向消费者提供商品或者服务，应当恪守社会公德，诚信经营，保障消费者的合法权益；不得设定不公平、不合理的交易条件，不得强制交易。

2. 听取意见和接受监督的义务

经营者听取消费者的意见，主要通过与消费者面对面的交流、书面征询消费者的意见、从新闻媒介了解消费者对商品和服务的看法与反映等方式来进行。经营者接受消费者监督，主要是通过设立意见箱、意见簿、投诉电话，及时处理消费者的投诉，自觉接受消费者的批评等方式进行。

3. 保障人身和财产安全的义务

消费者权益保护法第十八条和第十九条规定了经营者保障人身和财产安全的义务，主要内容包括：（1）确保商品或服务符合安全要求，对可能危及人身、财产安全的商品和服务，应当向消费者作出真实的说明和明确的警示，并说明和标明正确使用商品或者接受服务以及防止危害的方法；（2）宾馆、商场、餐馆、银行、机场、车站、港口、影剧院等经营场所的经营者，应当对消费者尽到安全保障义务；（3）经营者在发现其提供的商品或者服务存在缺陷，有危及人身、财产安全危险的，应当立即向有关行政部门报告和告知消费者，并采取停止销售、警示、召回等措施。

4. 提供真实信息的义务

我国消费者权益保护法第二十条规定了经营者的这一义务。其主要包括以下内容：（1）经营者向消费者提供有关商品或者服务的质量、性能、用途、有效期限等信息，应当真实、全面，不得作虚假或者引人误解的宣传；（2）经营者对消费者就其提供的商品或者服务的质量和使用方法等问题提出的询问，应当作出真实、明确的答复；（3）在价格标示方面，经营者提供商品或者服务应当明码标价。

5. 标明真实名称和标记的义务

经营者应当标明其真实名称和标记；租赁他人柜台或场地的经营者，应当标明其真实名称和标记。

6. 出具相应凭证和单据的义务

购货凭证和服务单据通常表现为发票、收据、保修单等形式，经营者负有出具购货凭证或服务单据的义务：（1）依照国家有关规定应当出具的，包括有关法律、法规、规章等的规定；（2）依照商业惯例应当出具的，主要指在一些商品交换领域，由于长期交易活动而成为习惯，并逐渐形成的为所有参与交易者公认并普遍遵行的习惯做法；（3）消费者索要购货凭证或者服务单据的。

7. 保证商品和服务质量的义务

经营者的质量义务包括以下含义：（1）经营者应当保证在正常使用商品或者接受服务的情况下其提供的商品或者服务应当具有的质量、性能、用途和有效期限，即商品或服务应当具有适用性，能满足消费者的消费需求；（2）消费者在购买该商品或者接受该服务前已经知道其存在瑕疵，且存在该瑕疵不违反法律强制性规定的，经营者不受上述质量义务的约束；（3）经营者以广告、产品说明、实物样品或其他方式表明商品或者服务的质量状况的，应当保证其提供的商品或服务的实际质量与表明的质量状况相符；（4）经营者提供的机动车、计算机等耐用商品或者装饰装修等服务，消费者自接受商品或者服务之日起六个月内发现瑕疵，发生争议的，由经营者承担有关瑕疵的举证责任。

8. 不得从事不公平、不合理的交易

我国消费者权益保护法第二十六条规定，经营者在经营活动中使用格式条款的，应当以显著方式提请消费者注意商品或者服务的数量和质量、价款或者费用、履行期限和方式、安全注意事项和风险警示、售后服务、民事责任等与消费者有重大利害关系的内容，并按照消费者的要求予以说明。

经营者不得以格式条款、通知、声明、店堂告示等方式，作出排除或者限制消费者权利、减轻或者免除经营者责任、加重消费者责任等对消费者不公平、不合理的规定，不得利用格式条款并借助技术手段强制交易。

9. 不得侵犯消费者的人格尊严和人身自由的义务

这项义务是与消费者的人格尊严受尊重权相对应的。消费者的人身权是其基本权利，保障消费者的人身自由、人格尊严不受侵犯。具体表现为：经营者不得对消费者进行侮辱、诽谤，不得搜查消费者的身体及其携带的物品，不得侵犯消费者的人身自由。

（三）侵犯消费者合法权益的法律责任

消费者权益保护法中的法律责任是经营者违反保护消费者的法律规定或经营者违反与消费者约定的义务而依法应当承担的法律后果，具体包括以下几个方面的内容：

1. 民事责任

（1）侵犯人身权的民事责任。我国消费者权益保护法对侵犯人身权的民事责任作了专门规定，其主要内容如下：①致人伤害的民事责任。经营者提供商品或者服务，造成消费者或者其他受害人人身伤害的，应当赔偿医疗费、护理费、交通费等为治疗和康复支出的合理费用，以及因误工减少的收入。造成残疾的，还应当赔偿残疾生活辅助具费和残疾赔偿金。②致人死亡的民事责任。经营者提供商品或者服务造成消费者或者其他受害人死亡的，应当赔偿丧葬费和死亡赔偿金。③侵害消费者的人格尊严、人身自由、个人信息的民事责任。经营者侵害消费者的人格尊严、侵犯消费者人身自由或者侵害消费者个人信息依法得到保护的权利的，应当停止侵害、恢复名誉、消除影响、赔礼道歉，并赔偿损失。

（2）侵犯财产权的民事责任。经营者提供商品或者服务，造成消费者财产损害的，应当依照法律规定或者当事人约定承担修理、重作、更换、退货、补足商品数量、退还货款和服务费用或者赔偿损失等民事责任。

2.行政责任

我国消费者权益保护法不仅规定了违法经营者的民事责任，还规定了违法经营者应承担的行政责任。

（1）经营者行政责任的承担方式。若有关法律法规对处罚机关和处罚方式有规定的，依照法律法规的规定执行；法律法规未作规定的，由工商行政管理部门或者其他有关行政部门责令改正，可以根据情节单处或者并处警告、没收违法所得、处以违法所得一倍以上十倍以下的罚款，没有违法所得的，处以五十万元以下的罚款；情节严重的，责令停业整顿、吊销营业执照。

（2）经营者不服行政处罚的法律救济。经营者对行政处罚决定不服的，可以依法申请行政复议或者提起行政诉讼。

3.刑事责任

依据消费者权益保护法的规定，追究刑事责任的情况主要包括以下几个方面：

（1）经营者违反本法规定提供商品或者服务，侵害消费者合法权益，构成犯罪的，依法追究刑事责任。

（2）以暴力、威胁等方法阻碍有关行政部门工作人员依法执行职务的，依法追究刑事责任；拒绝、阻碍有关行政部门工作人员依法执行职务，未使用暴力、威胁方法的，由公安机关依照治安管理处罚法的规定处罚。

（3）国家机关工作人员玩忽职守或者包庇经营者侵害消费者合法权益的行为的，由其所在单位或者上级机关给予行政处分；情节严重，构成犯罪的，依法追究刑事责任。

喝啤酒喝出铁丝

【案情介绍】某酒店为招揽顾客，推出了吃火锅免费喝啤酒的活动。程某与几个好友一同去吃火锅。程某喝完一瓶啤酒时，喉咙被一个硬物卡住。后经医院诊断证明，卡住程某喉咙的硬物是一段铁丝。程某要求酒店赔偿其损失，酒店则以酒水免费为由拒绝赔偿。那么酒店应该赔偿程某的损失吗？

【以案释法】酒店经营者应当承担赔偿责任。因酒店提供的酒水中有异物而导致消费者受到人身损害，尽管酒店对酒水存在瑕疵没有过错，而且是免费提供，但这免费的酒水仍然是酒店服务的一部分。当然，酒水中含有铁丝，酒水的生产厂家有过错，同样也应承担损害赔偿责任。但作为消费者程某来讲，他有权按照自己的意愿来选择赔偿对象。既然程某选择酒店赔偿，酒店就应当承担赔偿责任。

三、企业安全生产

（一）生产经营单位安全生产责任制度

安全生产责任制度，是根据安全生产法建立的在劳动生产过程中生产经营单位，生产经营单位的各级负责人、职能部门、工程技术人员、岗位操作人员对安全生产层层负责的制度。具体包括：生产经营单位的主要负责人对生产经营单位的安全生产负全面责任；生产经营单位的各级领导和生产管理人员在管理生产的同时，必须负责管理安全工作，在计划、布置、检查、总结、评比生产的时候，必须同时计划、布置、检查、总结、评比安全工作（即"五同时"制度）；有关职能机构和职能人员，必须在自己的业务工作范围内，对实现安全生产负责；从业人员必须遵守以岗位责任制为主的安全生产操作规程、制度，严格遵守安全生产法规、制度，不违章作业，并有权拒绝违章指挥，险情严重时有权停止作业，采取紧急防范措施。生产经营单位的主要负责人和安全生产管理人员必须具备与本单位所从事的生产经营活动相应的安全生产知识和管理能力。危险物品的生产、经营、储存单位以及矿山、金属冶炼、建筑施工、道路运输单位的主要负责人和安全生产管理人员，应当由主管的负有安全生产监督管理职责的部门对其安全生产知识和管理能力考核，合格后方可任职。

安全生产责任制是根据我国的安全生产方针"安全第一、预防为主、综合治理"和安全生产法规建立的，是企业岗位责任制的一个组成部分，是企业中最基本的一项安全制度，也是企业安全生产、劳动保护管理制度的核心。由于我国实行生产安全事故责任追究制度，安全生产责任制的建立对分清安全生产责任，追究责任人的法律责任，改善劳动条件，减少工伤事故以及职业病的发生都有一定作用。

（二）安全生产检查制度

安全生产检查，是指依法享有检查权的机构、组织或者个人依据安全生产法规，对生产经营单位贯彻执行安全生产法律法规情况及安全生产条件、设备设施安全和作业场所职业卫生情况进行检查的制度。

安全生产检查的主体是多元的，有国家相关行政机关的监督检查，有社会的监督、企业的自查和互查，企业的检查和整改，群众的监督检查等。其中国家安全生产监督管理部门的监督检查是其行使安全监察权的表现。社会监督和群众监督，主要为工会对企业的安全生产进行监督；社会舆论也可以对安全生产进行监督，通过社会干预，矫正违法行为。对于安全生产检查制度，2014年8月31日十二届全国人大常委会十次会议修订的《中华人民共和国安全生产法》主要有如下法律规定：

1.安全生产监督管理部门的职权

负有安全生产监督管理职责的部门，依法对生产经营单位执行有关安全生产的

法律、法规和国家标准或者行业标准的情况进行监督检查，行使以下职权：（1）调查权，进入生产经营单位进行检查，调阅有关资料，向有关单位和人员了解情况；（2）作出行政处理权，对检查中发现的安全生产违法行为，当场予以纠正或者要求限期改正，对依法应当给予行政处罚的行为，依照本法和其他有关法律、行政法规的规定作出行政处罚决定；（3）责令权，对检查中发现的事故隐患，应当责令立即排除，重大事故隐患排除前或者排除过程中无法保证安全的，应当责令从危险区域内撤出作业人员，责令暂时停产停业或者停止使用相关设施、设备，重大事故隐患排除后，经审查同意，方可恢复生产经营和使用；（4）查封扣押权，对有根据认为不符合保障安全生产的国家标准或者行业标准的设施、设备、器材以及违法生产、储存、使用、经营、运输的危险物品予以查封或者扣押，对违法生产、储存、使用、经营危险物品的作业场所予以查封，并依法作出处理决定。

2.对行使监督检查权的要求

（1）负有安全生产监督管理职责的部门在监督检查中，应当互相配合，实行联合检查，确需分别进行检查的，应当互通情况，发现存在的安全问题应当由其他有关部门进行处理的，应当及时移送其他有关部门并形成记录备查，接受移送的部门

应当及时进行处理；（2）监督检查不得影响被检查单位的正常生产经营活动。

3. 对生产经营单位的要求

生产经营单位对负有安全生产监督管理职责部门的监督检查人员依法履行监督检查职责，应当予以配合，不得拒绝、阻挠。

4. 安全生产监督检查人员的职责

（1）安全生产监督检查人员应当忠于职守，坚持原则，秉公执法；（2）安全生产监督检查人员执行监督检查任务时，必须出示有效的监督执法证件；（3）对涉及被检查单位的技术秘密和业务秘密，应当为其保密；（4）安全生产监督检查人员应当将检查的时间、地点、内容、发现的问题及其处理情况，作出书面记录，并由检查人员和被检查单位的负责人签字，被检查单位的负责人拒绝签字的，检查人员应当将情况记录在案，并向负有安全生产监督管理职责的部门报告。

（三）安全生产教育与培训制度

安全生产教育与培训制度，是为了提高职工的安全生产意识，普及安全生产知识、掌握安全操作技术和执行安全生产法规的自觉性而采取的教育、培训和考核制度。安全生产教育与培训从内容上划分，可分为：

1. 安全技术知识教育与培训

生产经营单位应对本单位职工进行安全技术知识教育和培训。对职工进行教育时，必须把上述知识结合起来掌握，除应了解和掌握一般通用的安全技术基础知识外，还应掌握与其所在岗位相关的专门安全技术知识，使职工既认识安全第一的重要性，又能运用安全技术知识做好事故预防工作。

2. 安全生产规则的教育与培训

生产经营单位应对职工进行安全生产规则的教育与培训，使职工自觉遵守安全生产的规章制度，严格按照安全要求、工艺规程进行操作，正确使用机器设备、工具及个人防护用品，严格遵守劳动纪律，不违章作业，并随时制止他人违章作业。

3. 安全法制教育与培训

安全法制教育特别是职业卫生法规教育是安全教育的一项重要内容。应使职工对包括安全法规在内的国家的各种法律、法令、条例和规程等有所了解和掌握，特别是从业人员在安全生产中的权利、义务和责任，应作为安全法制教育的重点，以树立职工的法制观念、增强安全生产的责任感，这是使安全生产法律制度得以贯彻执行的保障。

4. 典型经验和事故教训等教育

应宣传安全生产的典型经验，从生产安全事故中吸取经验教训。坚持事故处理"三不放过"，即事故原因和责任查不清不放过，事故责任者和群众受不到教育不放过，防止同类事故重演的措施不落实不放过。

🔍 以案释法 ⑲

建筑施工单位不依法建立应急救援组织案

【案情介绍】某建筑施工单位有从业人员1000多人。该单位安全部门的负责人多次向主要负责人提出要建立应急救援组织。但单位负责人另有看法，认为建立这样一个组织，平时用不上，还老得花钱养着，划不来。真有了事情，可以向上级报告，请求他们给予支援就行了。由于单位主要负责人有这样的认识，该建筑施工单位一直没有建立应急救援组织。后来，有关部门在进行监督和检查时，责令该单位立即建立应急救援组织。

【以案释法】这是一起建筑施工单位不依法建立应急救援组织的案件。安全生产法第七十九条第一款规定："危险物品的生产、经营、储存单位以及矿山、金属冶炼、城市轨道交通运营、建筑施工单位应当建立应急救援组织；生产经营规模较小的，可以不建立应急救援组织，但应当指定兼职的应急救援人员。"按照一般原则，在市场经济条件下，法律不干预生产经营单位内部机构如何设立，这属于生产经营单位的自主经营权的内容。但考虑到危险物品的生产、经营、储存单位以及矿山、金属冶炼、城市轨道交通运营、建筑施工单位的生产经营活动本身具有较大的危险性，容易发生生产安全事故，且一旦发生事故，造成的人员伤亡和财产损失都较大。因此，安全生产法对这些单位有针对性地作出了一些特殊规定，即要求其建立应急救援组织。

本案中的建筑施工单位有1000多名从业人员，明显属于安全生产法第七十九条规定的应当建立应急救援组织的情况。但该单位主要负责人却不愿意在这方面进行必要的投资，只算经济账，不算安全账，不建立应急救援组织。这种行为是违反安全生产法规定的，有关负有安全生产监督管理职责的部门责令其予以纠正是正确的。

四、公平竞争、合法经营

反不正当竞争法是调整在反不正当竞争过程中发生的市场监管关系的法律规范的总称。经营者，是指从事商品经营或者营利性服务（以下所称商品包括服务）的法人、其他经济组织和个人。

（一）不正当竞争行为

不正当竞争行为主要是指违反善良风俗、商业道德，违反诚实信用原则的竞争行为。我国反不正当竞争法第二章列举了11种行为，其中7种属于不正当竞争行为，4种属于限制竞争行为。以下对不正当竞争行为进行介绍。

1. 欺骗性交易行为

欺骗性交易行为是指经营者采用伪造或仿冒的标志或采用其他虚假的标志从事交易，引起公众的误解，诱使消费者误购，牟取非法利益的行为。具体来讲，欺骗性交易行为包括以下几种行为。

（1）假冒他人注册商标。假冒他人注册商标的行为包括：①未经注册商标权利人许可，在同一种商品或者类似商品上使用与其注册商标相同或相近似的商标的；②销售明知是假冒注册商标的商品的；③伪造、擅自制造他人注册商标标识或者销售伪造、擅自制造的注册商标标识的；④给他人注册商标专用权造成其他损害的。这些假冒他人注册商标的行为，不仅侵害商标注册人的商标专用权，也损害了消费者的利益。

各具特色的商标

（2）擅自使用知名商品特有的名称、包装、装潢，或者使用与知名商品近似的名称、包装、装潢，造成和他人的知名商品相混淆，使购买者误认为是该知名商品。

（3）擅自使用他人的企业名称或者姓名，引人误认为是他人的商品。经营者凡未经他人许可而在市场中使用他人的企业名称或者姓名，引人误认为是他人商品的，均构成此项不正当竞争行为。

（4）在商品上伪造或者冒用认证标志、名优标志等质量标志，伪造产地，对商品质量作引人误解的虚假表示。认证标志是指质量认证机构准许经其认证产品质量合格的企业在产品或者其包装上使用的质量标志。名优标志是指经国际或国内有关机构或社会组织评定为名优产品而发给经营者的一种质量荣誉标志。伪造产地是指经营者为提高其商品信誉，隐匿其商品真实的产地，而在商品上标注为商业声誉较好的产地。这类不正当竞争行为并不侵犯某个特定经营者的知识产权，而是或虚构事实，或隐瞒事实真相，是对商品的质量、信誉作引人误解的虚假表示的欺诈性行为。

2. 商业贿赂行为

商业贿赂是指经营者为了销售或购买商品而采用财物或者其他手段贿赂对方单位或者个人的行为。经营者不得采用财物或者其他手段进行贿赂以销售或者购买商品。在账外暗中给予对方单位或者个人回扣的，以行贿论处；对方单位或者个人在账外暗中收受回扣的，以受贿论处。

3. 虚假宣传行为

虚假宣传行为是指经营者利用广告或者其他方法，对商品的质量、制作方法、性能、用途、生产者、有效期限、产地等作引人误解的虚假宣传的行为。反不正当竞争法禁止经营者利用广告或者其他宣传方法，对商品的质量、制作成分、性能、用途、生产者、有效期限、产地等作引人误解的虚假宣传。

4. 侵犯商业秘密行为

侵犯商业秘密，是指经营者不正当获取、披露或使用权利人商业秘密的行为。商业秘密，是指不为公众所知悉，能为权利人带来经济利益、具有实用性并经权利人采取保密措施的技术信息和经营信息。侵犯商业秘密的行为主要包括：（1）以盗窃、利诱、胁迫或者其他不正当手段获取权利人的商业秘密；（2）披露、使用或者允许他人使用以盗窃、利诱、胁迫或其他不正当手段获取的权利人的商业秘密；（3）违反约定或者违反权利人有关保守商业秘密的要求，披露、使用或者允许他人使用其所掌握的商业秘密；（4）第三人明知或者应知上述所列违法行为，获取、使用或者披露他人的商业秘密，视为侵犯商业秘密。

5. 不正当有奖销售行为

有奖销售是指经营者为了竞争的目的，在销售商品或者提供服务时，附带性地向购买者提供物品、金钱或者其他经济利益的行为。反不正当竞争法禁止经营者从事以下不正当有奖销售行为：（1）利用谎称有奖或者故意让内定人员中奖的欺骗方式进行有奖销售；（2）利用有奖销售的手段推销质次价高的商品；（3）抽奖式的有奖销售，最高奖的金额超过5000元。

6. 诋毁商誉行为

诋毁商誉行为是指经营者捏造、散布虚假事实，损害竞争对手的商业信誉、商品声誉的行为。商业信誉是社会对经营者商业道德、商业品质、价格、服务等方面的积极评价，商品声誉则是社会对特定商品品质、性能的赞誉，两者都能给经营者带来巨大的经济效益以及市场竞争优势。法律对以不正当手段侵犯商誉的行为予以严厉制裁。

7. 低价倾销行为

低价倾销，也称掠夺性定价，是指同业竞争者以排挤竞争对手为目的，不当地以低于成本的价格来销售商品的行为。这类行为侵犯了同业竞争对手的公平交易权和社会的正常竞争秩序，应予禁止。但经营者有下列情形之一的，即使以低于成本的价格销售商品，也不属于不正当竞争行为：（1）销售鲜活商品；（2）处理有效期限即将到期的商品或者其他积压的商品；（3）季节性降价；（4）因清偿债务、转产、歇业降价销售商品。

（二）限制竞争行为

限制竞争行为，是指经营者滥用其市场支配地位、政府及其所属部门滥用其行政权力或经营者相互之间通过合同、协议及其他方式排除竞争或损害竞争对手利益的行为。我国反不正当竞争法及国家工商局《关于禁止公用企业限制竞争行为的若干规定》（1993年12月24日发布）规定了以下限制竞争的行为：

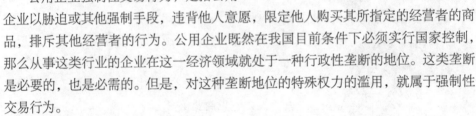

1. 公用企业强制性交易行为

公用企业强制性交易行为，是指公用企业以胁迫或其他强制手段，违背他人意愿，限定他人购买其所指定的经营者的商品，排斥其他经营者的行为。公用企业既然在我国目前条件下必须实行国家控制，那么从事这类行业的企业在这一经济领域就处于一种行政性垄断的地位。这类垄断是必要的，也是必需的。但是，对这种垄断地位的特殊权力的滥用，就属于强制性交易行为。

2. 政府及所属部门限制竞争的行为

反垄断法对此类行为也有相关规定。此类行为包括两种表现形式：一是政府及其所属部门滥用行政权力，限定他人购买其指定的经营者的商品，限制其他经营者正当的经营活动；二是政府及其所属部门滥用行政权力，限制外地商品进入本地市场，或者本地商品流向外地市场。这类行为具有排除竞争、破坏全国统一市场、损害竞争者和消费者合法权益的危害后果，应予禁止。

3. 搭售或附加其他不合理条件的行为

经营者利用其经济优势，违背交易相对人的意愿，搭配销售商品或附加其他不合理条件的行为，属于滥用市场支配地位行为的重要表现形式之一，我国反垄断法中亦有相关规定。这类行为可能产生限制竞争、损害竞争者和消费者利益、破坏正常经济秩序的危害后果，应予禁止。

4. 串通招投标行为

招标投标是一种通过投标者之间相互竞争从而使招标人获得最优交易条件的合同订立方式。反不正当竞争法禁止的串通招投标行为主要包括：（1）投标者之间串通投标，抬高标价或者压低标价；（2）投标者和招标者相互勾结，以排挤竞争对手的公平竞争。串通招投标行为排除了竞争，损害了招标者的利益，破坏了招投标活动的公正性。

（三）违反反不正当竞争法的法律责任

根据我国反不正当竞争法的规定，不正当竞争行为应承担的法律责任包括经济赔偿责任、民事责任、行政责任和刑事责任等责任形式。

1. 经济赔偿责任

为了保护合法经营者的正当竞争权利，根据我国反不正当竞争法第二十条第一款规定，经营者违反法律规定，给被侵害的经营者造成损害的，应当承担损害赔偿责任，被侵害的经营者的损失难以计算的，赔偿额为侵权人在侵权期间因侵权所获得的利润；并应当承担被侵害的经营者因调查该经营者侵害其合法权益的不正当竞争行为所支付的合理费用。此条规定适用于反不正当竞争法禁止的所有违法行为造成的损失。

2. 行政责任

反不正当竞争法规定的行政责任，要通过不正当竞争行为的监督检查部门对不正当竞争行为的查处来实现。这样规定的目的在于使被破坏的市场竞争秩序得以恢复。反不正当竞争法规定的行政责任形式主要包括责令停止违法行为、责令改正、消除影响以及吊销营业执照等形式。此外，还规定了与不正当竞争行为有关的国家机关工作人员违法的行政处分。

3. 刑事责任

刑事责任是对违法行为进行的最为严厉的法律制裁，适用于那些对其他经营者、消费者和社会经济秩序损害严重、情节恶劣的不正当竞争行为。对于刑事责任，反不正当竞争法只是作了原则规定，确定具体的刑事责任要适用我国刑法的相应规定。

🔍以案释法 ⑳

买手机扫微信有奖销售案

【案情介绍】甲手机卖场与其他几个手机卖场相邻，甲手机卖场为了提高该卖场的手机销售额特举办"买手机扫微信，魅力无限"有奖销售活动。最高奖奖品为索尼摄像机一台。经过权威部门的价格鉴定，该摄像机市场价为7100元。甲公司所在地的市工商局认为，甲公司的行为违反了反不正当竞争法，构成抽奖式的有奖销售最高奖金额超过5000元的不正当竞争行为，依法作出责令停止违法行为、罚款30000元的处罚决定。

【以案释法】我国反不正当竞争法规定，经营者不得从事下列有奖销售：

（1）采用谎称有奖或者故意让内定人员中奖的欺骗方式进行有奖销售；（2）利用有奖销售的手段推销质次价高的商品；（3）抽奖式的有奖销售，最高奖的金额超过5000元。有奖销售是企业的竞争手段之一，法律允许企业采取有奖销售的形式进行促销，但是采取抽奖式的奖品数额不得超过5000元。因为如果奖品数额巨大，会诱导消费者产生不正当的消费行为，纯粹为了中奖而买产品，不是为了产品本身，偏离了消费的初衷。本案中，甲公司的行为就是典型的最高奖的金额超过5000元的不正当竞争行为。

五、履行企业环保义务

（一）清洁生产

环境保护法第四十条第三款规定，企业应当优先使用清洁能源，采用资源利用率高、污染物排放量少的工艺、设备以及废弃物综合利用技术和污染物无害化处理技术，减少污染物的产生。

狭义的清洁能源，是指可再生能源、如水能、生物质能、太阳能、风能、地热能和海洋能。广义的清洁能源，除包括可再生能源外，还包括天然气、清洁煤（将通过高新技术严密控制的燃烧转变成电力）和核能等低污染能源。这里说的清洁能源是指广义的清洁能源。

企业应当使用清洁能源、发展循环经济和清洁生产属于倡导性条款，在环境保护法里面没有相对应的直接处罚条款，但是并不是说企业可以不遵守。因为，企业如果选择淘汰类的产业，或者使用淘汰类的工艺、设备和技术，项目就通不过环保部门环评审批，也拿不到发改委的路条（允许开展项目前期工作），发改委更不会核准。这实际上就是要求企业必须按照环境保护法的要求使用清洁能源、发展循环经济和清洁生产。企业按照环境保护法要求，使用清洁能源、发展循环经济、实施清洁生产，可以得到国家的政策支持、财税等经济扶持。

（二）防止污染和危害

环境保护法第六条第三款规定，企业事业单位和其他生产经营者应当防止、减少环境污染和生态破坏，对所造成的损害依法承担责任。这个条款，在总则部分规定企业事业单位和其他生产经营者等排污者具有防止、减少污染的义务。如果造成损害，应当承担责任。这里说的责任，应该包括民事责任、行政责任和刑事责任，条款的后半部分规定的是"损害担责"原则。

环境保护法第四十二条第一款规定，排放污染物的企业事业单位和其他生产经营者，应当采取措施，防治在生产建设或者其他活动中产生的废气、废水、废渣、医疗废物、粉尘、恶臭气体、放射性物质以及噪声、振动、光辐射、电磁辐射等对环境的污染和危害。这个条款规定的是，企业应当采取措施，防止废气、废水、废渣等各种污染和危害。

环境保护法的这两条规定非常具体，如果排污者未采取措施防止污染和危害，比如环保设施运行出问题不及时检修、除尘设备老化不及时更换等，就可能超标超总量排污，还有可能给周边环境及生命财产造成污染损害。违法排污和超标超总量排污可能被查封、扣押排污设施、设备，处以罚款，责令改正或限期改正违法行为，责令限产、停产整治，甚至拘留相关责任人，直至责令停业、关闭。情节严重的，可能构成犯罪。

依据环境保护法第六十四条规定，因污染环境和破坏生态造成损害的，应当依照侵权责任法的有关规定承担侵权责任。如果排污者的排污行为给周边环境和生命财产安全造成了污染损害结果，首先需要承担民事赔偿责任，具体解决途径包括受污染者和污染者双方和解、通过环保部门或调解委员会等第三方机构调解、受污染方提起民事诉讼等方式。

企业值得注意的是，千万不要造成污染损害，因为许多污染损害造成的后果极其严重，几乎无法挽回。如果污染损害造成严重后果，就会构成污染环境罪。

（三）接受现场检查

环境保护法第二十四条规定，县级以上人民政府环境保护主管部门及其委托的环境监察机构和其他负有环境保护监督管理职责的部门，有权对排放污染物的企业事业单位和其他生产经营者进行现场检查。被检查者应当如实反映情况，提供必要的资料。实施现场检查的部门、机构及其工作人员应当为被检查者保守商业秘密。

现场检查是环境保护主管部门的日常监管活动，一般现场检查包括现场检查污染源的污染物排放情况、污染防治设施运行情况、环境保护行政许可执行情况、建设项目环保法律法规执行情况等。通过检查，督促排污者减少污染、消除隐患、及时解决环保问题。

企业应当如实反映情况，提供必要的资料，配合现场检查人员查阅、复制相关资料、采样、检测等检查活动。

企业拒绝或者不配合现场检查，必将给自己带来不利的后果，首先是降低了自己的信誉度，影响企业形象，情节严重的，将受到处罚。特别是阻止现场检查的，有可能违反治安管理处罚法关于妨碍执行公务的规定，从而受到行政处罚。其次，如果在现场检查之前，曾被责令改正或限期改正违法行为而又不接受检查的，即被认为拒不改正，从而招来更严厉的处罚，如按日连续罚款，甚至更重的处罚。再比如，建设项目未依法进行环境影响评价被责令停止建设，未取得排污许可证排放污染物被责令停止排污，生产、使用国家明令禁止生产、使用的农药被责令改正，如果拒绝、阻挠检查，都被认定为拒不执行或者拒不改正，由公安机关拘留直接负责人员和其他责任人员。

（四）执行"三同时"制度

环境保护法第四十一条规定，建设项目中防治污染的设施，应当与主体工程同时设计、同时施工、同时投产使用。防治污染的设施应当符合经批准的环境影响评价文件的要求，不得擅自拆除或者闲置。

"三同时"即同时设计、同时施工、同时投产使用。这条规定与环境影响评价制度紧密相关，是贯彻"预防为主"原则的重要法律制度，是从源头治理污染防治的重要环节。同时设计，是指建设项目的初步设计，应当按照环境保护实际规范的要求，编制环境保护篇章，并依据经批准的建设项目环境影响报告书或者环境影响报告表，在环境保护篇章中落实防治污染设施的投资概算。同时施工，是在建设项目施工阶段，建设单位应该将防治污染设施的施工纳入项目的施工计划，保证其建设进度和资金落实。同时投产使用，是指建设单位必须把防治污染设施与主体工程同时投入运转，不仅指正式投产使用，还包括建设项目试生产和试运行中的同时投产使用。

如果不执行"同时设计"，项目初步设计时不编制环境保护篇章，或者环境保护措施不科学合理，根据环境影响评价法规定环保部门不批准环评。如果没有批准环评，擅自建设的，责令停止建设，处以罚款，可以责令恢复原状。如拒不改正，由公安机关给予直接负责的主管人员和其他直接责任人员拘留处罚。

建设单位要将防治污染设施的施工纳入项目的施工计划，保证其建设进度和资金落实，按照环评批准文件建设。根据环境影响评价法的规定，建设项目如果发生重大变动，建设单位应当重新报批建设项目的环境影响评价文件。如果未报批或者报批未经审核同意，建设单位擅自开工建设的，由有权审批该项目环境影响评价文件的环境保护行政主管部门责令停止建设，限期补办手续，逾期不补办手续的，可以处5万元以上20万元以下的罚款，对建设单位直接负责的主管人员和其他直接责任人员，依法给予行政处分。

这就是说，如果没有按照批准的环评文件建设，相当于没有环评，按照环境保护法的规定，要被责令停止建设，处以罚款，可以责令恢复原状。如拒不停止建设，由公安机关给予直接负责的主管人员和其他直接责任人员拘留处罚。

如果不"同时投入使用"怎么办？如果不"同时投入使用"的，应该属于使用不正常运转防止污染设施的逃避监管方法违法排污的行为，明知

我们会缴纳超标准排污费并负责治理。

道排污设施不符合要求或者没有工作而开工生产，主观恶性大，应该受到严厉处罚。逃避监管排污，可能被查封、扣押排污设施、设备，责令改正违法行为，罚款和拘留，还有可能受到按日连续处罚、被责令采取限产、停产整治措施，甚至构成犯罪。

环境保护法规定，防治污染设施不得擅自拆除或者闲置。如果拆除或者闲置，除非企业停产了，否则就属于通过不正常运转防止污染设施的逃避监管方法违法排污的行为，同样将受到前面所述的处罚。

（五）建立环境保护责任制度

环境保护法第四十二条第二款规定，排放污染物的企业事业单位，应当建立环境保护责任制度，明确单位负责人和相关人员的责任。

单位负责人是排污单位的主要负责人，是排污单位环境保护的总负责人，在单位内全面负责环境保护工作，对相关责任人进行指导、监督，落实环境保护责任制度；相关人员是指排污单位的环境监管员等，这些人具体负责排污单位的污染防治、日常管理等环境保护工作。

如果单位发生污染事故，单位有无建立环境保护责任制度，以及单位负责人和相关人员是否按照责任制度尽到监管义务，会直接影响单位负责人和相关人员受到处罚的轻重。如果单位建立环境保护责任制度，单位负责人和相关人员也按照责任制度尽到监管责任，需要拘留或者构成犯罪受到刑事处罚时，会从轻处罚，即在处罚的幅度内选择较轻的处罚。如3年以下有期徒刑或者拘役，单处或者并处罚金，在这个刑罚幅度内是判处罚金还是判处有期徒刑，由法院根据行为人的犯罪情节裁量。

🔍 以案释法 ㉑

曲某诉山东某公司大气污染责任纠纷案

【案情介绍】1995年，曲某承包一处集体土地种植樱桃。2001年，山东某公司迁至曲某樱桃园毗邻处从事铝产品生产加工。2009年4月，曲某提起诉讼，请求该公司停止排放废气，赔偿其损失501万余元。为证明其主张，曲某提交了市公证处勘验笔录、农产品质量检测中心出具的樱桃叶片氟含量检测报告等证据。后经双方共同选定和取样，一审法院委托山东省农业科学院中心实验室对樱桃叶片的氟化物含量予以检测，检测报告表明：距离该公司厂区越近，樱桃叶片氟化物含量越高。该公司提供樱桃树叶氟含量检测报告、厂区大气氟化物含量检测报告、气象局出具的2008年2月至2009年5月的气候情况等证据，拟证明其不存在排污行为，曲某樱桃园受到损害系气候原因所致。

山东省某中级人民法院一审判令该公司停止排放氟化物，赔偿曲某损失204万余元。曲某及该公司均不服提起上诉。山东省高级人民法院二审判令该公司赔偿曲某224万余元。公司不服，向最高人民法院申请再审。

最高人民法院审查认为，曲某提交的公证勘验笔录和检测报告，与相关科普资料、国家标准以及一审法院委托专业机构出具的检测报告等证据相互印证，足以证明曲某的樱桃园受到损害与该公司的排污之间具有关联性，已完成举证证明责任。该公司作为侵权人，其提交的樱桃树叶氟化物含量检测报告中距离厂区越近浓度越低的结论有悖常识；厂区大气氟化物含量检测报告系2010年5月7日作出，与本案待证事实不具有关联性；天气原因亦不能否定排污行为和损害之间的因果关系。考虑到确实存在天气恶劣等影响樱桃生产的原因，二审法院酌情判令该公司对曲某的损失承担70%的赔偿责任，认定事实和适用法律均无不当。

【以案释法】按照侵权责任法第六十六条规定的无过错责任归责要件适用举证证明责任倒置，要求污染者就其污染行为不可能造成污染损害承担举证证明责任；同时，要求被侵权人就污染行为与损害结果之间具有关联性进行证明。这细化了被侵权人和污染者之间的举证证明责任分配，衡平了双方利益，较好地体现了审判实践推进法律规则形成的作用。在事实认定方面，运用科普资料、国家标准以及专业机构的鉴定报告等证据；注重环境侵权法律关系的间接性、复杂性特征，根据致害原因的不同，合理确定责任范围，既坚持环境民事责任的承担不以是否符合污染物排放标准为前提，也考虑到损害后果形成的多因性、综合性，在事实查明方法和法律适用的逻辑、论证等方面提供了有益示范。

第七节　如何避免知识产权侵权

一、商标权法律制度
(一) 商标权
1. 商标权的主体和客体

商标权的主体是指通过法定程序，在生产经营活动中，在其商标或服务上享有商标专用权的人。根据商标法的规定，商标权的主体范围包括：自然人、法人或者其他组织。

商标权的客体是指经商标局核准注册的商标，即注册商标。注册商标包括商品商标、服务商标和集体商标、证明商标。申请注册商标应符合一定的条件。我国商标法规定，任何能够将自然人、法人或者其他组织的商品与他人的商品区别开的标志，包括文字、图形、字母、数字、三维标志、颜色组合和声音等，以及上述要素的组合，均可以作为商标申请注册。但申请注册的商标应当具备显著性。商标法规定，申请注册的商标，应当有显著特征，便于识别，并不得与他人在先取得的合法权利相冲突。商标具备的这种显著性，可以通过两种方式产生，一是商标本身具有显著性；二是通过长期的使用获得商标的显著性。

2.商标权人的权利和义务

商标权人的权利，指注册商标所有人对其注册商标依法所享有的一系列权利的总和。具体而言包括：使用权、转让权、许可使用权、续展权、禁止权。

商标权人的义务，指注册商标所有人依法承担的义务。包括：依法使用注册商标的义务、保证商品质量和服务质量的义务和缴纳商品费用的义务。

（二）商标注册

1.商标注册申请的原则

我国的商标注册有以下原则：（1）自愿注册原则与强制注册原则；（2）申请在先原则；（3）不得侵害他人现有在先权利和不得恶意抢注原则；（4）诚实信用原则。

2.商标注册的审查核准

商标注册的审查核准，是商标主管机关就申请注册的商标是否符合商标法的规定所进行的一系列审核活动。主要包括形式审查、实质审查和公告核准。

（1）形式审查。商标局收到商标注册申请文件后，应当首先进行形式审查。

（2）实质审查。商标局对受理的申请，依照商标法的规定进行实质审查。

（3）初步审定公告。申请注册的商标，凡符合商标法规定的，由商标局初步审定，予以公告。

（4）复审或者裁定。对驳回申请、不予公告的商标，商标局应当书面通知商标注册申请人。商标注册申请人不服的，可以自收到通知之日起15日内向商标评审委员会申请复审。商标评审委员会应当自收到申请之日起9个月内作出决定，并书面通知申请人。有特殊情况需要延长的，经国务院工商行政管理部门批准，可以延长3个月。当事人对商标评审委员会的决定不服的，可以自收到通知之日起30日内向人民法院起诉。

（三）注册商标的续展、变更、转让和使用许可

1.注册商标的续展

注册商标的续展是指注册商标所有人在商标注册有效期届满前后的一定时间内，依法办理一定手续，延长其注册商标有效期的制度。

根据商标法的规定，注册商标的有效期为10年，自核准注册之日起计算。注册商标有效期满，需要继续使用的，商标注册人应当在期满前12个月内按照规定办理续展手续；在此期间未能办理的，可以给予6个月的宽展期。每次续展注册的有效期为10年，自该商标上一届有效期满次日起计算。期满未办理续展手续的，注销其注册商标。

2.注册商标的变更

注册商标需要变更注册人的名义、地址或者其他注册事项的，应当提出变更申请。

3.注册商标的转让

注册商标的转让是指注册商标所有人依法将因注册商标产生的商标权转让给他人的行为。注册商标转让后，原注册商标所有人不再享有该注册商标的专用权，受让人成为该注册商标的所有人，享有商标专用权。

根据商标法的规定，转让注册商标的，转让人和受让人应当签订转让协议，并共同向商标局提出申请。受让人应当保证使用该注册商标的商品质量。转让注册商标经核准后，予以公告。受让人自公告之日起享有商标专用权。

4.注册商标的使用许可

注册商标的使用许可是指注册商标所有人通过签订商标使用许可合同，许可他人使用其注册商标，同时收取一定的许可使用费。

这里所称商标使用许可，包括以下三类：（1）独占使用许可，是指商标注册人在约定的期间、地域，以约定的方式将该注册商标仅许可一个被许可人使用，商标注册人依约定不得使用该注册商标；（2）排他使用许可，是指商标注册人在约定的期间、地域，以约定的方式将该注册商标仅许可一个被许可人使用，商标注册人依约定可以使用该注册商标但不得另行许可他人使用该注册商标；（3）普通使用许可，是指商标注册人在约定的期间、地域，以约定的方式许可他人使用其注册商标，并可自行使用该注册商标和许可他人使用其注册商标。

许可他人使用其注册商标的，许可人应当将其商标使用许可报商标局备案，由商标局公告。商标使用许可未经备案不得对抗善意第三人。

（四）注册商标的无效宣告

注册商标的无效宣告是指商标局或商标评审委员会对已经注册的商标违反商标法的规定，或者以欺骗手段或者其他不正当手段取得注册，宣告该注册商标无效的活动。

注册商标的无效宣告的情形有两种：一是违反商标法相关规定的，或者是以欺骗手段或者其他不正当手段取得注册的，由商标局宣告该注册商标无效；二是已经注册的商标，违反商标法规定的，自商标注册之日起5年内，在先权利人或者利害关系人可以请求商标评审委员会宣告该注册商标无效。

被宣告无效的注册商标，由商标局予以公告，该注册商标专用权视为自始即不存在。

（五）注册商标专用权的保护

1.注册商标专用权的保护范围

根据商标法的规定，注册商标的专用权，以核准注册的商标和核定使用的商品或服务为限。根据这一规定，注册商标专用权的保护范围主要限定在核准注册的商标、核定使用的商品或者服务和注册商标在有效期限内三个方面。

2.侵犯注册商标专用权的行为及其法律责任

（1）侵犯注册商标专用权的行为。根据商标法的规定，有下列行为之一的，均属侵犯注册商标专用权的行为：①未经商标注册人的许可，在同一种商品上使用与其注册商标相同的商标的；②未经商标注册人的许可，在同一种商品上使用与其注册商标近似的商标，或者在类似商品上使用与其注册商标相同或者近似的商标，容易导致混淆的；③销售侵犯注册商标专用权的商品的；④伪造、擅自制造他人注册商标标识或者销售伪造、擅自制造的注册商标标识的；⑤未经商标注册人同意，更换其注册商标并将该更换商标的商品又投入市场的；⑥故意为侵犯他人商标专用权行为提供便利条件，帮助他人实施侵犯商标专用权行为的；⑦给他人的注册商标专用权造成其他损害的。

（2）侵犯注册商标专用权的法律责任。依据商标法的规定，侵犯注册商标专用权的法律责任包括民事责任、行政责任以及刑事责任。民事责任主要包括：停止侵害、消除影响、赔偿损失等。行政责任主要包括：责令限期申请注册、责令限期改正、罚款。

（六）驰名商标的特别保护

驰名商标是指在中国为相关公众所

熟知的商标。持有人认为其权利受到侵害时，可以依照商标法的规定请求驰名商标保护。

就相同或者类似商品申请注册的商标是复制、摹仿或者翻译他人未在中国注册的驰名商标，容易导致混淆的，不予注册并禁止使用。

就不相同或者不相类似商品申请注册的商标是复制、摹仿或者翻译他人已经在中国注册的驰名商标，误导公众，致使该驰名商标注册人的利益可能受到损害的，不予注册并禁止使用。

🔍 以案释法 ㉒

两公司同时申请商标注册案

【案情介绍】2009年12月20日，广东某化工有限公司和广州某涂料厂在同一天就同一涂料分别向国家工商行政总局提出商标注册的申请。2010年1月8日，商标局依法书面通知两申请人在30日内提交其申请注册前在先的证据。2010年1月21日，化工公司向商标局提交了其于2006年8月8日使用该商标的书面证据资料。2010年1月23日，涂料厂向商标局提供了其2006年5月10日起使用该商标的书面材料。2010年3月5日，商标局初步审定并公告使用在先的涂料厂的某商标，驳回化工公司的申请，不予公告。请问商标局的做法是否正确？

【以案释法】注册商标一般采用注册在先原则和使用在先原则。我国商标法规定商标权的取得采用注册在先原则，即谁先申请商标注册，商标权就授予谁。商标注册是商标权受法律保护的前提。同时，我国商标法在一定条件下采用使用在先的原则，两个或者两个以上的商标注册申请人，在同一种商品或者类似商品上，以相同或者近似的商标申请注册的，初步审定并公告申请在先的商标；同一天申请的，初步审定并公告使用在先的商标，驳回其他人的申请，不予公告。

本案中，化工公司与涂料厂同一天就相同商标在同种商品上向国家商标局申请注册，依法应采用使用在先的原则予以审查确定。由于涂料厂提交的证据表明其先于化工公司使用该商标，故初步审定并公告的是涂料厂的商标。化工公司的申请被驳回是正确的。

二、专利权法律制度

（一）授予专利的条件

专利法规定，授予专利权的发明和实用新型，应当具备新颖性、创造性和实用性。

1. 新颖性

新颖性是指该发明或者实用新型不属于现有技术，也没有任何单位或者个人就同样的发明或者实用新型在申请日以前向国务院专利行政部门提出过申请，并记载在申请日以后公布的专利申请文件或者公告的专利文件中。

2. 创造性

创造性是指与现有技术相比，该发明具有突出的实质性特点和显著的进步，该实用新型具有实质性特点和进步。

3. 实用性

实用性是指该发明或者实用新型能够制造或者使用，并且能够产生积极效果。

专利法规定，授予专利权的外观设计，应当不属于现有设计，也没有任何单位或者个人就同样的外观设计在申请日以前向国务院专利行政部门提出过申请，并记载在申请日以后公告的专利文件中。授予专利权的外观设计与现有设计或者现有设计特征的组合相比，应当具有明显区别。授予专利权的外观设计不得与他人在申请日以前已经取得的合法权利相冲突。

专利法规定不授予专利权的情形：科学发现、智力活动的规则和方法、疾病的诊断和治疗方法、动物和植物品种、用原子核变换方法获得的物质、对平面印刷品的图案、色彩或者两者的结合作出的主要起标识作用的设计。

（二）专利权的期限、终止和无效

1. 专利权的保护期限

专利权的保护期是指专利权人享有权利的合法期限。规定合理的保护期，一方面可以鼓励发明人、专利权人发明创造的积极性，促进科学技术水平迅速提高；另一方面尽可能多地回收专利权人在开发、研制发明创造过程中的风险投资，取得相应的经济效益。我国专利法第四十二条规定："发明专利权的期限为二十年，实用新型专利权和外观设计专利权的期限为十年，均自申请日起计算。"

2. 专利权的终止

专利权的终止，是指专利权因期限届满或者其他原因在期限届满前失去法律效力。专利权终止后，被授予专利权的发明创造成为人类的共同财富，任何单位和个人都可以无偿使用。

根据专利法的规定，有下列情形之一的，专利权终止：（1）专利权的期限届满；（2）没有按照规定缴纳年费的；（3）专利权人以书面声明放弃其专利的；（4）专利权人死亡，无继承人或受遗赠人的。

专利权在期限届满前终止的，由国务院专利行政部门登记和公告。

3. 专利权的无效

请求宣告专利权无效的理由法律有所限定，只有在下列情况下才可以对专利权提出无效宣告请求：不符合专利的实质条件的；说明书公开不充分，权利要求书得不到说明书的支持；权利要求书没有说明发明创造的技术特征，独立权利要求没有从整体上反映发明或者实用新型的技术方案，没有记载解决技术问题的必要技术特征；申请文件的修改超出原说明书和权利要求书记载的范围或原图片、照片表示的范围；不属于专利法所称的发明创造的；不符合在先申请原则的；不符合单一性原则的；属于专利法相关规定不授予专利权的范围的。

（三）专利实施的强制许可

专利实施的强制许可，是指国务院专利行政部门依照法定条件和程序颁布的实施专利的一种强制性许可方式。申请人获得这种许可后，不必经专利权人的同意，就可以实施专利。根据专利法的规定，有下列情形之一的，国务院专利行政部门根据具备实施条件的单位或者个人的申请，可以给予实施发明专利或者实用新型专利的强制许可：专利权人自专利权被授予之日起满3年，且自提出专利申请之日起满4年，无正当理由未实施或者未充分实施其专利的；专利权人行使专利权的行为被依法认定为垄断行为，为消除或者减少该行

为对竞争产生的不利影响的。依照上述第一种情况，申请强制许可的单位或者个人应当提供证据，证明其以合理的条件请求专利权人许可其实施专利，但未能在合理的时间内获得许可。

🔍 以案释法 ㉓

"职务发明"的专利权人归属

【案情介绍】张先生是甲公司的销售经理，业余时间喜好在家进行新产品的研发，研发过程中，他自筹资金购买设备、原材料。经过长年研究，张先生研发出一种新产品，准备在国内外同时申请发明专利。甲公司认为张先生是其公司的销售经理，在职期间研发的新产品属于职务发明创造，因而应由甲公司享有专利申请权。张先生则认为自己研制的新产品属于非职务发明创造，自己当然是专利权人。请问，此种情况下谁是专利权人？

【以案释法】我国专利法中规定的"职务发明"是指执行本单位的任务或者主要是利用本单位的物质技术条件所完成的发明创造。根据该定义，我们可以从两个方面

对该技术是否是职务发明作出判断：第一，所研制的新产品是否是为了执行本单位任务而研发的；第二，新品的开发是否利用了本单位物质技术条件。满足任意一个条件，新产品就是职务发明。而本案中，张先生的发明是利用业余时间，自筹资金购买设备、原材料而发明的，既不是为了执行本单位任务而研发，又没有利用本单位物质技术条件。因此，这种情况下专利权人是张先生，而不是其所在的甲公司。

三、商业秘密保护

（一）商业秘密的概念及特征

商业秘密是指不为公众所知悉，能为权利人带来经济利益，具有实用性并经权利人采取保密措施的技术信息和经营信息。

商业秘密的主要特征：

1. 秘密性

不为公众所知悉是构成商业秘密的最基本要件。商业秘密在本质上是一种非公开信息，任何技术信息或经营信息无论有多大的价值，只要不再是非公开信息，那么它也就失去了成为商业秘密的前提和可能。

2. 实用性

实用性是指商业秘密能够为权利人带来经济利益和竞争优势。需要指出的是，这里所说的经济利益和竞争优势既可以是实际的也可能是潜在的。

3. 保密性

权利人必须采取了合理的保密措施，否则该信息不构成商业秘密。

（二）商业秘密的法律保护

法律对商业秘密的保护主要集中在商业秘密被侵犯后的司法救济。我国反不正当竞争法规定下列四种行为为侵犯商业秘密的行为：以盗窃、利诱、胁迫或者其他不正当手段获得权利人的商业秘密；披露、使用或者允许他人使用以前项手段获取的权利人的商业秘密；违反约定或违反权利人有关保守商业秘密的要求，披露、使用或者允许他人使用其所掌握的商业秘密；第三人明知或者应知上述所列违法行为，获取、使用或者披露他人的商业秘密，视为侵犯商业秘密。分析这四种侵犯商业秘密行为，不难发现，其主体包括三种人，即雇员、合同相对方当事人和第三人，其行为方式包括非法获取商业秘密、非法泄露商业秘密和非法使用或允许他人使用商业秘密。

（三）侵犯商业秘密的法律责任

各国法律在对被侵犯的商业秘密进行司法救济时，一般是分别援引合同法、反不正当竞争法和刑法的有规定，对侵犯商业秘密行为追究法律责任。

1. 违约责任

如果合同当事人依合同约定应当承担保密义务而非法公开、使用或允许他人使用商业秘密的，则依合同法规定追究其违约责任。这种保护对合同当事人具有约束力，但是却不能约束合同之外的第三人。如果一方当事人违反合同中的保密条款把商业秘密泄露给第三人，则权利人根据合同只能对违约泄密人提起诉讼，对第三人却无法追究责任，而对权利人来说，最重要的是如何制止该第三人使用或披露其商业秘密，因而，合同法的保护具有重大局限性。合同法保护还存在另外的不足，其有关的限制条款有可能因与其他法律规定相冲突而无效。

2. 侵权责任

如果商业秘密被他人非法获取、泄露或使用，其权利人可依法追究侵权人的侵权责任。其民事救济方法一般是申请法院颁发禁止侵害令，禁止侵害令又分临时禁止令和长期禁止令。临时禁止令一般在诉讼中发出，长期禁止令一般在案件审结裁决时发出。请求损害赔偿既可单独使用，又可同时使用。

3. 刑事责任

将侵犯商业秘密行为视为不正当竞争行为，依反不正当竞争法追究其法律责任，其法律责任一般是刑事责任。

一般说来，侵犯商业秘密行为应当主要承担民事违约责任和民事侵权责任，情节严重，构成犯罪时，则应当承担刑事责任。需要说明的是，上述法律责任处于法律责任体系不同领域、不同层次。根据侵犯商业秘密行为的具体情况，既可选择追究其中一种法律责任，也可同时追究其中几种法律责任。这样，就能使商业秘密被侵犯后得到确实有效的救济，充分保护权利人的合法权益。

以案释法 ㉔

李某侵犯某百货商场商业秘密案

【案情介绍】被告人李某大学毕业后，受雇某百货商业广场有限公司，任电脑资讯部副部长。2014年8月，李某在明知公司对电脑资讯部有"不准泄露公司内部任何商业机密信息，不准私自使用FTP上传或下载信息"规定的情况下，擅自使用FTP程式，将公司的供货商名称地址、商品购销价格、公司经营业绩及会员客户通讯录等资料，从公司电脑中心服务器上下载到自己使用的终端机，秘密复制软盘，到其他商业机构兜售。W公司与李某洽商并查看部分资料打印样本后，于2014年8月13日以2万元现金交易成功。李某的"兜售"行为持续到同年10月13日，后案发。

据某资产评估事务所估评证明：该百货商业广场有限公司自2014年9月初业绩开始下跌，月销售收入较8月份下跌15.63%，计669万元。

【以案释法】我国法律规定的商业秘密，是指不为公众所知悉，能为权利人带来经济利益，具有实用性并经权利人采取保密措施的技术信息和经营信息。所谓技术信息指的是技术配方、技术决窍、技术流程等。所谓经营信息应包括与经营有关的重大决策，与自己有往来的客户情况、经营方式、经营目标、经营策略等。本案李某所盗卖的该百货商场所联络的供货厂商、供应品种、供货价格、供应数量及商场的销售价格、营业利润、经营业绩和商场所联系的相对固定的常年顾客等资料，在公司内部有保密规定且已采取了保密措施（如设置 FTP 程序），不为外人所知悉。因此，李某所盗卖的商业信息，属于商业秘密。

我国法律规定，侵犯商业秘密的行为主要有以下四种：一是以盗窃、利诱、胁迫或者其他不正当手段获取权利人的商业秘密的；二是披露、使用或者允许他人使用以前项手段获取的权利人的商业秘密的；三是违反约定或者违反权利人有关保守秘密的要求，披露、使用或者允许他人使用其所掌握的商业秘密的；四是明知或者应知上述所列行为，获取、使用或者披露他人商业秘密的。本案中，李某身为电脑资讯部的副部长，明知公司规定不得私自拷贝、复制商业秘密，为了获取非法利益，仍然秘密窃取了商业秘密，并出售给该公司的同行业竞争者 W 公司。李某的行为符合刑法关于侵犯商业秘密罪的构成要件，构成侵犯商业秘密罪。

四、著作权保护

（一）著作权保护基本原则

"国民待遇"原则。即一个缔约国把其他缔约国的文学、科学和艺术作品当作本国国民的作品加以保护。这是双边和多边协定中几乎普遍采用的原则。

一个缔约国给予其他缔约国的作品以"起源国待遇"，即给予这些作品以相当于作者所属的国家或作品首次出版的国家给予的版权保护。

一个缔约国给予其他缔约国的作品以"第三国待遇"，根据这一原则，所有缔约国国民的作品都享有同等的版权保护。

（二）著作权保护的内容

著作权保护的内容是指著作权具体包含以下人身权和财产权：发表权、署名权、修改权、保护作品完整权、复制权、发行权、出租权、展览权、表演权、放映权、广播权、信息网络传播权、摄制权、改编权、翻译权、汇编权、应当由著作权人享有的其他权利。

（三）著作权的保护期限

公民的作品，其发表权和著作财产权的保护期限为作者的终生及其死亡后50年，截止于作者死亡后第50年的12月31日。例如，甲在1990年3月4日创作了一件作品，但没有发表，甲在2010年的10月1日死亡，那么其发表权和著作财产权的保护期限将从1990年3月4日开始计算，并截止于2060年的12月31日。

法人或者其他组织的作品，以及著作权（署名权除外）由法人或其他组织享有的职务作品，其发表权和著作财产权的保护期限为50年，一般从作品首次发表时开始计算，截止于作品首次发表后第50年的12月31日。但如果作品自创作完成后50年内没有发表的，著作权法不再给予保护。

电影作品和以类似摄制电影的方法创作的作品、摄影作品，其发表权和著作财产权的保护期限为50年，截止于作品首次发表后第50年的12月31日，但作品自创作完成后50年内没有发表的，其著作权不再受保护。

合作作品的发表权、著作财产权的保护期限为作者终生加死亡后50年，截止于最后死亡的作者死亡后第50年的12月31日。例如，甲与乙于1990年3月4日创作了一件作品，如果甲在2000年的8月1日死亡，乙在2010年的10月1日死亡，那么该作品的发表权和著作财产权的保护期限将从1990年3月4日开始计算，并截止于2060年的12月31日。

作者身份不明的作品，著作财产权的保护期限为50年，截止于作品首次发表后第50年的12月31日。

（四）预防著作权侵权措施

著作权也可以采取预防侵权措施，在选择行业协会等第三方平台登记备案，特别是各种草根著作权，资源选择包括并不限于数字指纹技术、数字水印技术、反盗载技术、融合可信时间戳技术、公证邮箱等可信第三方群技术的大众版权认证中心等进行存证，进行数字作品存证时间认证和多纬度智能认证，其科学性可以自主验证对证。发生版权纠纷时提供初步证据，必要时申请司法鉴定机构鉴定，提高法律证据有效性，这在欧洲发达国家已经盛行很多年，与官方人工登记、预防侵权相互补充。

以案释法 ㉕

某书局诉 A 文化公司侵权案：古籍整理也有著作权

【案情介绍】2011年3月，某书局认为 A 文化公司制作、销售的电子书产品以及在网站中收录了其享有著作权的点校本"二十四史"和《清史稿》（合称"二十五史"），侵害了其著作权，遂诉至法院，请求判令该公司停止侵权、赔礼道歉，并赔偿经济损失共计196.2万元。

某书局认为，其整理本的"二十五史"凝聚了工作人员的创造性劳动，应当受到法律保护。而A文化公司的电子书及其网站中提供的"二十五史"，与某书局的点校本"二十五史"十分相似。为了证明侵权存在，某书局采用三种方式对比，即"我用你也用"（原告本使用的标点，被告本也使用）；"我改你也改"（原告本修正了的脱字、错字的地方，被告本也修正）；"我错你也错"（原告本点校存在的错误，被告本也出现）。

　　A文化公司认为，"二十五史"的著作权属于司马迁、班固、范晔、陈寿等。没有哪个出版社因出版过"二十五史"便可自称是著作权人。校点相似是古籍整理必然现象，同一古籍标点的结果只能是差不多，包括对和错。古籍整理包括点校以及二次文献、三次文献处理，点校属于一次文献，不存在著作权，工作量并不大。

　　北京海淀区法院一审认定A文化公司侵权成立，判决该公司停止销售侵权电子书，赔偿原告2万元。但A文化公司不服判决，提起上诉。2012年12月24日，北京市一中院终审判决认为：原告"二十五史"点校作品具有独创性，应受到法律保护；A文化公司关于独立创作的主张难以令人信服；由于该公司电子产品中"二十五史"的内容与受著作权保护的原告点校本"二十五史"的内容差异很小，构成实质性近似，因此认定该公司侵权成立。

　　【以案释法】本案争论焦点是，古籍整理能否有著作权。根据著作权法第十二条规定，改编、翻译、注释、整理已有作品而产生的作品，其著作权由改编、翻译、注释、整理人享有。某书局对"二十五史"进行的包括分段、加注标点和字句修正的校勘工作属于著作权法第十二条中的"整理已有作品"，其产生的某书局本"二十五史"点校作品应当依法受到保护。

　　由于本案涉及的中国传统古籍卷帙浩繁，加上索赔数额近200万元，被业内人士称为古籍点校"世纪第一案"。本案也折射出了古籍整理作品在传统出版与数字出版中的版权问题。传统出版社对古籍进行先期整理出版，如果数字出版商想对古籍进行整理形成新的作品，就要对相同的古籍文字内容形成不同的表达，才能享有新作品的独立著作权，否则就要承认和尊重先期出版的古籍整理作品以及整理者的著作权，以合法途径取得著作权人的许可，再使用古籍整理作品，这样才能促进古籍数字出版的健康发展。

五、计算机软件著作权保护

（一）计算机软件著作权保护的对象

　　计算机软件著作权保护的对象是计算机软件，无论是系统软件还是应用软件均受法律法规保护。一项软件包括计算机程序及其相关文档。计算机程序指代码化指令序列，或者可被自动转换成代码化指令序列或符号化语句序列。无论是程序的目标代码还是源代码均受法律法规保护。计算机文档则是指用自然语言或者形式化语言所编写的文字资料和图表，用来描述程序的内容、组成、设计、功能规格、开发情况、测试结果及使用方法，如程序设计说明书、流程图、用户手册等。

软件受保护的必要条件是必须由开发者独立开发，并已固定在某种有形物体（如磁带、胶片等）上。著作权法所保护的是作品中构思的表现，至于作品中的构思本身则不是该法保护对象，对软件的著作权保护不能扩大到开发软件所用的思想、概念、发现、原理、算法、处理过程和运行方法。

（二）计算机软件著作权人的权利内容

软件著作权人的权利通常包含下列内容：

第一，发表权，即决定软件是否公之于众的权利。

第二，开发者身份权，即表明开发者身份的权利以及在其软件上署名的权利。

第三，使用权，即在不损害社会公共利益的前提下，以复制、展示、发行、修改、翻译、注释等方式使用其软件的权利。其中的"翻译"是对软件文档所用的自然语言的语种间的翻译。

第四，使用许可权和获得报酬权，即许可他人以上述方式使用其软件的权利和由此获得报酬的权利。

第五，转让权，即向他人转让上述使用权和使用许可权的权利。

任何其他人若在未经著作权人许可的情况下行使了这些权利，将构成侵害他人著作权的行为，应承担停止侵害、消除影响、公开赔礼道歉、赔偿损失等民事责任，并将受到没收非法所得、罚款等行政处罚。

（三）计算机软件著作权保护期限

自然人的软件著作权，保护期为自然人终生及其死亡后50年，截止于自然人死亡后第50年的12月31日；软件是合作开发的，截止于最后死亡的自然人死亡后第50年的12月31日。

法人或者其他组织的软件著作权，保护期为50年，截止于软件首次发表后第50年的12月31日，但软件自开发完成之日起50年内未发表的，计算机软件保护条例不再保护。

（四）计算机软件著作权归属

软件著作权的享有者即软件著作权人可以有两类，即原始的著作权人和后继的著作权人。原始著作权人是软件开发完成时的权利享有者，后继著作权人是从原始著作权人处依法继承或受让软件著作权的单位或公民。

（五）计算机软件著作权的保护方式

为促进我国软件产业发展，增强我国信息产业的创新能力和竞争能力，国家著作权行政管理部门鼓励软件登记和给登记的软件予以重点保护。计算机软件著作权登记证书是软件著作权有效或登记申请文件所述事实的初步证明。

我国借鉴国际先进管理经验，实行计算机软件著作权登记制度。

软件著作权登记申请人通过登记和登记机构的定期公告，可以向社会宣传自己的产品。

在发生软件著作权争议时，软件著作权登记证书是主张软件权利的有力武器，同时是向人民法院提起诉讼，请求司法保护的前提。

在进行软件版权贸易时，软件著作权登记证书作为权利证明，有利于交易的顺利完成。同时，国家权威部门的认证将使权利人的软件作品价值倍增。

申请人可享受产业政策所规定的有关鼓励政策。

六、网络知识产权

（一）网络知识产权的概念和特征

网络知识产权是由数字网络发展引起的或与其相关的各种知识产权。网络知识产权除了包括传统的知识产权内涵外，还包括数据库、计算机软件、多媒体、网络域名、数字化作品以及电子版权等。也就是说，网络知识产权的外延扩大了。网络信息资源相对于传统文字资源具有自己独有的特征：数字化和网络化、信息量大、信息更新周期短、信息资源的开放性强、统一管理机制和机构。

（二）网络知识产权的侵权类型

由于网络技术的迅速发展，互联网信息几乎是无限制的免费使用，致使网络知识产权纠纷也越来越多。总的来说，目前网络知识产权侵权类型有以下几种：

1. 网站著作权侵权

大多数网站在创作初期为了充实自己的网站内容，大量地去复制其他网站的内容与作品，往往都是"天下文章一大抄"的"拿来主义"。随意盗用其他网站的内容，造成了大量的知识产权纠纷得不到有效解决。目前，网站著作权侵权一般分为三类：

（1）对其他网页的文章、影视资料等不加修改，不加出处完全复制到自己的网站造成侵权；（2）对其他网站的名称和内容稍加修改，其余不变，严重侵犯了被抄袭网站的著作权；（3）通过技术手段窃取其他网站数据，非法做一个类似网站使普通访问者难以辨认，严重侵犯了其他网站的权益。

2.域名侵权

随着网络技术的发展，域名持有人及其所提供的产品和服务的标识性功能以及我国企业域名保护意识的淡薄，引起了因互联网域名的注册或使用而引发的争议。在实践中，与域名发生争议的还包括企业名称、知名商品等。近年来兴起网址与域名投资的浪潮，一些人通过抢注域名和网址，谋求利益。

3.网站链接侵权

目前，大量的网站链接都发生在网络搜索引擎链接中，该链接方式使访问者无法知道其所真正浏览的是哪一个网站的网页，便误以为其所浏览的网页内容系由进行链接的网站所提供，致使被访问者应知晓被链接网站信息的途径被阻断，这种链接不仅构成侵权，而且违背了公认的商业道德和法律所要求的诚实信用原则，构成不正当竞争，导致非法信息加速传播。

4.商标侵权

侵权人明显地把别人的著名商标和驰名商标的图案或文字标注于自己网页的显著位置，以提高自己网站的访问率与知名度。这种行为很容易使普通访问者造成误解和误认，对著名商标与驰名商标持有人的专有权利造成损害。

（三）网络知识产权侵权责任

1.民事责任

根据《信息网络传播权保护条例》规定，有下列侵权行为之一的，根据情况承担停止侵害、消除影响、赔礼道歉、赔偿损失等民事责任；同时损害公共利益的，可以由著作权行政管理部门责令停止侵权行为，没收违法所得，非法经营额五万元以上的，可处非法经营额一倍以上五倍以下的罚款；没有非法经营额或者非法经营额五万元以下的，根据情节轻重，可处二十五万元以下的罚款：（1）通过信息网络擅自向公众提供他人的作品、表演、录音录像制品的；（2）故意避开或者破坏技术措施的；（3）故意删除或者改变通过信息网络向公众提供的作品、表演、录音录像制品的权利管理电子信息，或者通过信息网络向公众提供明知或者应知未经权利人许可而被删除或者改变权利管理电子信息的作品、表演、录音录像制品的；（4）为扶助贫困，通过信息网络向农村地区提供作品、表演、录音录像制品超过规定范围，或者未按照公告的标准支付报酬，或者在权利人不同意提供其作品、表演、录音录像制品后未立即删除的；（5）通过信息网络提供他人的作品、表演、录音录像制品，未指明作品、表演、录音录像制品的名称或者作者、表演者、录音录像制作者的姓名（名称），或者未支付报酬，或者未依照本条例规定采取技术措施防止服务对象以外的其他人获得他人的作品、表演、录音录像制品，或者未防止服务对象的复制行为对权利人利益造成实质性损害的。

2. 刑事责任

我国自2000年起，先后通过了《关于维护互联网安全的决定》《计算机软件保护条例》以及《信息网络传播权保护条例》等，明确规定利用互联网侵犯他人知识产权构成犯罪的，依照刑法有关规定追究刑事责任，并对计算机软件著作权人的合法权益、侵犯软件著作权的刑事责任以及对著作权人、表演者、录音录像制作者的信息网络传播权的保护作了详细规定。

3. 行政责任

现实的网络侵权中常常会涉及侵权人的行政责任，我国《信息网络传播权保护条例》规定了网络侵权人的行政责任，例如由著作权行政管理部门责令停止侵权行为，予以警告、没收违法所得、罚款等。

（四）加强网络知识产权保护的措施

我国目前的知识产权保护还有很多未破解的难题，网络知识产权侵权无疑使我国的知识产权保护面临更严峻的挑战。针对这些挑战应从以下几个方面加强对网络知识产权的保护：

1. 完善相关法律法规工作

我国在网络技术安全上的立法主要注重的是规范秩序、维护安全，而忽视了各网络主体的权利保护。互联网知识产权涵盖的领域很多，其涉及的知识产权侵权与保护问题也十分复杂和前沿，立法工作应该认真研究此领域保护的重点问题，同时立法程序要注意民主的参与。

2. 促进网络技术的更新

互联网是根据 TCP/IP 协议传输数据，这样保密性差，也有较多的漏洞，不法分子很容易通过网络对传送的数据进行拦截。因此，要对处理和存储重要知识产权信息的关键服务器不断进行安全升级加固，必须经过严格的安全认证、访问控制和审验，未经许可不得访问，这样就可以避免内部的滥用与数据的丢失。可将加密和数字签名技术运用于有关知识产权信息网络传输。对于盗版等侵权行为，可以对上传的网络作品实行数据加密等，使使用者只能浏览信息而不能下载和打印。

3. 构筑网民的网络道德

道德是一种自我约束，在技术手段和法律明文规定没有跟上的情况下，构筑网络道德是一种有效的辅助手段。在构筑网络道德规范时，最为棘手的问题是如何建立网络道德监督机制。由于网络社会的虚拟性，网络道德规范约束力减弱，难以有效规制网民的行为，因此有必要建立监督机制以保障网络道德规范效力的发挥。除此以外，还要充分发挥相关行业协会的作用，增强行业道德规范，制定行业道德标准。

4. 增强知识产权保护意识

要加强知识产权保护意识的教育，形成既尊重他人知识产权，又合理保护自身智力成果的良好氛围。对于现实生活中的侵权，大家会理所当然地认为是违法行为，但是对网络侵权，很多人不仅不在意，而且也在不自觉地参与。另外，对我国网站而言，目前应该着重增强知识产权保护意识，要避免侵害他人知识产权。否则一旦发生侵权纠纷，就会严重干扰网站的正常运作。

🔍以案释法 ㉖

网游公司侵犯著作权改编权案

【案情介绍】A 公司是一家网络游戏开发商和运营商。2013年，该公司与武侠小说作家金某就《笑傲江湖》《神雕侠侣》等4部作品分别签订了移动终端游戏软件改编授权合同。合同约定，A 公司有权以4部小说的名称、故事、人物为蓝本，参考改编为专供移动终端用户使用的游戏软件。为此，A 公司前后支付了共800万元的版权费。随后，A 公司根据《神雕侠侣》《笑傲江湖》小说内容，改编完成了同名手机游戏，并进行了公测。2014年5月，A 公司发现 B 公司自行开发了一款名为《大门派》的手机游戏，在未经其授权的情况下，擅自以《神雕侠侣》《笑傲江湖》等小说为蓝本，不论是在人物名称、人物关系的设置上，还是武功招式和故事主线上，都与上述小说一致。此外，B 公司还在宣传《大门派》手机游戏时大量使用与金某小说有关的元素。A 公司还发现，另有3公司参与了《大门派》手机游戏的实际运营，并从中获利。据此，A 公司以侵犯作品改编权、不正当竞争为由，将 B 公司等诉至法院，要求上述4家公司立即停止侵权，并赔偿经济损失1020万元。B 公司辩称，《大门派》是公司独立创作完成的游戏，并于2014年4月取得了该游戏的软件著作权登记证书，游戏人物名称虽与金某小说里的人物部分一致，但是脱离了金某小说的情节，没有实施 A 公司诉称的侵犯著作权的行为。在游戏宣传时，该公司也没有将"改编自金某作品"作为广告噱头。另外3家游戏公司均称，自身并非是《大门派》手机游戏的运营商，而是网络服务提供商，游戏收益最终由 B 公司享有。而且，3家公司还表示，在涉案游戏上传至平台时，均要求 B 公司提供了相应的软件著作权登记证书，已尽合理审查义务，不应承担侵权连带责任。

【以案释法】法院审理中细致比对了涉案游戏所展现的人物名称、人物关系、故事情节是否与金某小说构成实质性近似。认为从人物角度来看，《大门派》游戏人物与金某小说《笑傲江湖》中的人物名称完全相同。在 A 公司发出侵权函后，B 公司将游戏人物名称略作改动，但也仅是同音字替换，人物关系仍与《笑傲江湖》完全一致；从故事情节发展来看，涉案游戏与《笑傲江湖》前7章情节发展基本相同；从细节设计来看，涉案游戏中再现了《笑傲江湖》中诸多经典桥段。法院经审理认为，根据现有证据，《大门派》游戏构成对小说《笑傲江湖》前7章的改编行为，但因未涉及另外3部小说的故事情节，所以不构成对其他3部小说独家改编权的侵犯。另外，在游戏广告宣传方面，B 公司运用了诸多《笑傲江湖》等小说中的元素，对 A 公司开发运营相关游戏产生不利影响，构成不正当竞争。

第八节　如何办理企业解散与清算

一、企业的解散与清算

（一）企业的解散

企业的解散，是指企业因法定事由的出现而归于企业消灭，终止其主体资格的法律行为。企业解散的事由可以是多方面的，大体包括：非法人企业的投资者或者法人企业的决策机构决定解散企业；企业章程或者协议规定的企业经营期限届满；因违反法律、行政法规情节严重，被依法责令关闭撤销；法人企业因不能清偿到期债务，破产而解散；企业因合并或者分立的变更而解散；其他原因。

法人企业在进入解散的阶段其法人资格并未消灭，属于正在进行清算的公司；非法人企业进入解散阶段其经营资格也未消灭，但法律上限制其继续开展与清算无关的业务。

（二）企业的清算

企业的清算，是指企业解散后，依照法定程序，了结企业未了结业务，清理企业财产，收取债权，清偿债务，处理剩余财产等活动的法律行为。

企业清算须成立清算组，清算组成立后进入清算程序，清算组代表公司执行机构对内执行清算事务，对外代表公司行使职权。

清算结束后，清算组编制清算报告报企业决策机构或投资人予以确认，并报送企业登记机关申请企业注销登记。企业登记机关核准注销登记，企业即告终止。

公司资不抵债就要破产

二、具体企业组织的终止程序

（一）全民所有制企业的终止

1. 全民所有制企业终止的原因

全民所有制企业的终止有以下几个方面的原因：（1）因违反法律法规，由人民政府或政府有关部门决定被责令撤销；（2）由主管部门决定解散；（3）由法院决定宣告破产；（4）其他原因。

2. 全民所有制企业终止的程序

全民所有制企业终止的具体程序如下：（1）作出决定；（2）依法清理债权债务；（3）依法办理注销登记；（4）公告。

（二）合伙企业的解散和清算

1. 合伙企业解散的事由

合伙企业有下列情形之一时，应当解散：（1）合伙协议约定的经营期限届满，合伙人决定不再经营的；（2）合伙企业约定的解散事由出现；（3）全体合伙人决定解散；（4）合伙人已不具备法定人数满30天；（5）合伙协议约定的合伙目的已经实现或者无法实现；（6）被依法吊销营业执照；（7）法律、行政法规规定的合伙企业解散的其他原因。

2. 合伙企业的清算

合伙企业解散后应当进行清算并通知和公告债权人。

合伙企业清算时，其全部财产不足清偿其债务的，其不足的部分，由各合伙人按照合伙协议约定的比例，用其在合伙企业出资以外的财产承担清偿责任；合伙协议未约定的，由各合伙人用其在合伙企业出资以外的财产平均分担清偿责任。合伙人由于承担连带责任，所清偿数额超过其应当承担的数额时，有权向其他合伙人追偿。

合伙企业解散后，原合伙人对合伙企业存续期间的债务仍应承担连带责任，但债权人在五年内未向债务人提出偿债请求的，该责任消灭。

合伙企业解散清算后，应编制清算报告，经全体合伙人签名、盖章后，在15日内向企业登记机关报送清算报告，办理合伙企业注销登记。

（三）个人独资企业的解散和清算

1. 个人独资企业的解散

个人独资企业有下列情况时，应当解散：（1）投资人决定解散；（2）投资人死亡或者被宣告死亡，无继承人或者继承人决定放弃继承；（3）被依法吊销营业执照；（4）法律、行政法规规定的其他情形。

2. 个人独资企业的清算

个人独资企业解散，由投资人自行清算或者由债权人申请人民法院指定清算人员进行清算。投资人自行清算的，应当在清算前15日内书面通知债权人，无法通知的，应当予以公告。债权人应当在接到通知之日起30日内，未接到通知的应当在公告之日起60日内，向投资人申报其债权。

个人独资企业解散后，原投资人对个人独资企业存续期间的债务仍应承担偿还责任，但债权人在5年内未向债务人提出偿债请求的，该责任消灭。

个人独资企业解散的，财产应当按照下列顺序清偿：（1）所欠职工工资和社会保险费用；（2）所欠税款；（3）其他债务。

（四）中外合资经营企业的合营期限和终止

1. 中外合资经营企业的合营期限

中外合资经营企业的合营期限，是指合营各方根据中国的法律、行政法规的规定和合营各方对合营企业经营目标的期望，在合营合同中对合营企业存续期间的规定。要注意对于限制类的中外合资经营项目，必须约定经营期限。对于属于国家规定鼓励投资和允许投资项目的合营企业，除上述行业外，合营各方可以在合同中约定合营期限，也可以不约定合营期限。

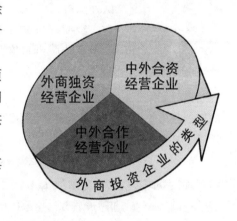

中外合资经营企业 的合营期限，一般项目原则上为10年至30年。投资大、建设周期长、资金利润低的项目，由外国合营者提供先进技术或者关键技术生产尖端产品的项目，或者在国际上有竞争能力的产品的项目，其合营期限可以延长到30年以上。

2. 中外合资经营企业的终止

中外合资经营企业终止有以下原因：（1）合营期限届满；（2）企业发生严重亏损，无力继续经营；（3）合营一方不履行合营协议、合同、章程规定的义务，致使企业无法继续经营；（4）因自然灾害、战争等不可抗力遭受严重损失，无法继续经营；（5）合营企业未达到其经营目的，同时又无发展前途；（6）合营企业合同、章程规定的其他解散原因已经出现。

（五）中外合作经营企业的期限和解散

1. 中外合作经营企业的期限

中外合作经营企业的期限由中外合作者协商并在合作企业合同中规定。合作企业期限届满，合作各方同意延长合作期限的，应当在期限届满180天前向审查批准机关提出申请，说明原合作企业合同执行情况，延长合作期限的原因，报送合作各方就延长期间权利、义务等事项达成的协议。审批机关自接到申请之日起30日内作出批准或不批准的决定。

合作企业中，外方先行收回投资的，并且已经收回完毕的，不再延长合作期限。

但外国合作者增加投资，合作各方协商同意延长的，可向审查批准机关申请延长合作期限。合作延长期限一经批准，合作企业应到工商行政管理部门办理变更登记手续。

2. 中外合作经营企业的解散

中外合作经营企业解散的原因有：合作期限届满；合作企业发生严重亏损或者因不可抗力遭受严重损失，无力继续经营；中外合作者一方或数方不履行合作企业合同、章程规定的义务，致使合作企业无法继续经营；合作企业合同、章程规定的解散原因已经出现；合作企业因违反法律、行政法规而被依法责令关闭。

（六）外资企业的经营期限、终止与清算

1. 外资企业的经营期限

外资企业的经营期限，根据不同行业和企业的具体情况，由外国投资者在设立外资企业的申请书中拟定，经审批机关批准。外资企业的经营期限，从其营业执照签发之日起计算。外资企业经批准延长经营期限的，应当自收到批准延长期限文件之日起30天内，向工商行政管理机关办理变更登记手续。

2. 外资企业的终止

外资企业有下列情形之一的应予终止：（1）经营期限届满；（2）经营不善，严重亏损，外国投资者决定解散；（3）因自然灾害、战争等不可抗力而遭受严重损失，无法继续经营；（4）破产；（5）违反中国法律、法规，危害社会公共利益被依法撤销；（6）外资企业章程规定的其他解散事由已经出现。

外资企业如存在上述第（2）（3）（4）项所列情形，应当自行提交终止申请书，报审批机关批准。审批机关作出核准的日期为企业的终止日期。

3. 外资企业的清算

外资企业如果是由于前述第（1）（2）（3）（6）项所列的情形终止的，应当在终止之日起15天内对外公告并通知债权人，并在终止公告发出之日起15天内，提出清算程序、原则和清算委员会人选，报审批机关审核后进行清算。

清算委员会应由外资企业的法定代表人、债权人代表以及有关主管机关的代表组成，并聘请中国的注册会计师、律师等参加。

外资企业清算结束之前，外国投资者不得将该企业的资金汇出或者携带出中国境外，不得自行处理企业财产。

清算费用应从外资企业现存财产中优先支付。清算终了，外资企业的清算净收益即清算所得，依法缴纳所得税。缴纳所得税后的剩余财产，按照外资企业章程的规定进行分配。外资企业清算处理财产时，在同等条件下，中国的企业或者其他经济组织有优先购买权。

外资企业清算结束，应当向工商行政管理机关办理注销登记手续，注销营业执照。

以案释法 ㉑

独资企业投资人解散企业案

【案情介绍】宣某个人独资开办了一个企业。企业建立初期，工作人员认真负责，宣某也是干劲十足，企业的生意红红火火。随着企业的不断壮大，企业工作人员之间考虑更多的是如何从企业为自己谋取更多的利益，而不再考虑如何为企业谋利。宣某将这一切看得清清楚楚，他想照这么下去企业迟早会垮的，于是宣某决定见好就收，决定解散企业。问：宣某个人是否有权决定解散企业？

【以案释法】根据法律规定，个人独资企业有下列情况时，应当解散：（1）投资人决定解散；（2）投资人死亡或者被宣告死亡，无继承人或者继承人决定放弃继承；（3）被依法吊销营业执照；（4）法律、行政法规规定的其他情形。由此可以看出，宣某有权个人决定解散公司。

第九节　常见创业法律纠纷处理

一、常见的法律纠纷类型

法律纠纷是法律所调整的各种社会关系之间发生的纠纷的总称。创业者在创业过程中可能会遇到各种问题，也可能会产生一些法律问题，创业者通常容易发生的纠纷主要有劳动争议、经济纠纷、行政争议等。

二、法律纠纷的预防及处理

（一）通过书面协议明确创业伙伴之间的权利义务

在创业初期，创业者往往都是寻找与自己关系比较密切，感情比较亲近的同学、亲戚、朋友作为自己的创业合伙人。大家关系都比较友好，而且有些创业者是实干家，满怀希望一心做事情，认为以后如何分享利益、如何承担债务都是比较支端末节、也比较遥远的事情。这样，通常便会埋下法律纠纷的祸根。在创业

按劳分配+按股分红

还没有见到成效的时候，这件事情可能不会暴露出来，但是一旦获得了大量的经济利益，如何分配这些利益，便会成为创业伙伴们面临的问题，如果不能妥善处理，很可能会导致创业中途失败。为了能够有效的规避这类问题的发生，就要求在创业伊始通过书面协议，来明确各个创业者之间的权利义务划分。

用书面协议可以有效的解决以后利益分配不公，债务承担不平的问题。在协议中，创业者可以就各自占创业事项多少利益比例，各自承担的债务比例，各自的工作内容，如何引入新的创业伙伴和退出机制等，都一一作出明确约定。一旦发生法律纠纷，此书面协议即是保护自己合法权益的凭证。

（二）正确选择企业的组织形式

创业者尽量采用公司制的创业组织形式。有些创业者或许是由于认识问题，觉得创业只要有了项目，找一个地方成立工作室，然后开始做就是了，而对于采用什么样的创业组织，却不甚明确，导致在创业失败后，创业者个人仍然背负大量的经济债务。

根据我国法律的规定，目前的经济组织形式主要有公司制、合伙制以及个体工商户。根据上述几类经济组织形式的优劣，推荐创业者采用公司制的形式进行创业，因为合伙制和个体工商户对于创业者的保护力度很小，如果创业失败，创业者就要对创业组织的债务承担无限连带责任，责任十分大。而对于公司制，创业者作为公司的股东，则只需要根据自己的出资额对公司承担有限责任。

公司可以分为有限责任公司和股份有限公司，其中股份有限公司要求较高，一般创业者难以企及，所以对于绝大多数创业者而言，最合理的方式是成立有限责任公司。根据股东的人数不同，有限责任公司可以分为一人有限公司和多人有限公司。建议创业者最好不要采用一人有限公司。根据公司法规定，一人有限公司的股东必须将公司财产和个人财产厘清，否则在公司承担大量债务时，可能导致股东承担无限连带责任。成立多人股东的有限公司也很简单，有限责任公司的股东以其认缴的出资额为限对公司承担责任。

关于公司制还有一个问题需要注意，那就是注册资金。有些创业者为了让别人增强对自己的信任，往往会采用比较高的注册资金，而自己一时又拿不出这么多的注册资金，所以只好请工商注册服务机构帮助自己办理，在验资的时候利用前述服务机构的资金做假验资，等公司成立后再由服务机构把钱抽走。岂不知这样很容易触犯刑律，构成抽逃资金罪。其实，在2013年底，国家为了鼓励创业，促进更多的新兴小企业注册登记，已经放宽了对注册资金的管理，由实缴变成认缴，即公司股东在公司成立之初，认缴注册资金即可。

（三）避免劳资纠纷

创业者需要和员工签订书面的劳动合同，为员工购买社保，尽量避免劳资纠纷。

很多创业者的创业，都是采用作坊的形式，开一个工作室，请几个工作人员，根本没有劳动者、用人单位的劳动法意识。根据我国劳动合同法规定，只要是在中华人民共和国境内的企业、个体经济组织、民办非企业单位等组织和劳动者成立了劳动关系，都要签订书面的劳动合同，为劳动者购买社会保险，否则将会受到法律的制裁。但是，在现实中，很多创业者都没有和自己雇用的劳动者签订书面的劳动合同，为其购买社会保险。

关于劳动合同，有许多企业主，尤其是小企业主认为，一旦跟劳动者签订了书面的劳动合同，就会把企业捆死，似乎就要对劳动者承担终生的责任。其实，这是非常错误的观念。签订书面的劳动合同其实更多的是对单位、公司的保护。签订书面的劳动合同后，如果单位、公司对劳动者不满意，完全可以根据单位、公司的规章管理制度和合同的约定，与其合法地解除劳动关系。如果不跟劳动者签订书面的劳动合同，一旦劳动者对公司不满，去劳动仲裁中心控告单位、公司，单位、公司很可能就要对劳动者承担双倍工资的补偿。

关于社会保险，很多小企业没有为员工购买社会保险，导致与员工发生法律纠纷。与未签订书面的劳动合同类似，单位、公司几乎全部败诉，不仅要为员工补缴社保，还可能要承担行政处罚。其实社会保险也不是完全对单位、公司不利。至少在发生工伤事故时，可以对单位、公司形成保护。

（四）建立全面、系统的企业规章管理制度

一套全面、系统的企业规章管理制度，对于一个企业走向发展壮大，是十分必要的。如果建立了全面、系统的企业规章管理制度，对于企业的管理、运营都会带来极大的好处。最明显的例子是，如果一个员工工作达不到公司的表现或者违反了一些公司约定俗成的管理制度，那么，完全可以根据规章管理制度和劳动合同，合法地与该员工解除劳动合同而不必承担法律责任。但是，很多创业者往往缺乏这样的认识，导致在上述情形发生时，要么无法处置该员工，要么强行处置该员工后被起诉，然后承担违法解除劳动合同的法律责任。

以上，就是创业者在创业过程中可能经常碰到的法律问题，不注意即很可能产生法律纠纷，而对创业带来损害。因此，我们要有清醒的意识，采取有效的预防措施。

🔍 以案释法 ㉘

同工同酬的认定

【案情介绍】2013年6月起，李某被某公司派遣到某供电公司任驾驶员工作，某供电公司每月按合同约定支付其工资及奖金福利等。高某、陈某、陶某、许某、张某系某供电公司正式职工，与李某属同一驾驶班，该五人均具备相关职业技能资质

（起重工、电力电缆工、装表接电工、用电检查员、汽车驾驶员），他们每月平均领取的工资及奖金均高于李某。李某认为其与高某等正式职工从事同样的工作，领取的报酬却远低于正式职工，其合法权益受到了侵犯，故向市劳动人事争议仲裁委员会申请劳动仲裁，市劳动人事争议仲裁委员会以不符合劳动争议仲裁的受理条件为由决定不予受理。李某不服，遂向法院提起诉讼。一审判决驳回李某的诉讼请求。宣判后，李某不服，提出上诉。二审判决驳回上诉，维持原判。

【以案释法】本案争议的焦点是李某是否与正式工同工同酬。

李某对其与某供电公司正式职工在驾驶员岗位上从事同样的工作、付出同样的劳动工作量及获得同样的工作业绩等事实负有举证责任，而李某对此未能提供充分证据证明，而供电公司举证证明与李某同班组的高某等正式职工不仅从事驾驶员工作，还从事带电作业等，与李某并不同工，因此李某要求同工同酬的诉讼请求不应得到支持。具体理由如下：

第一，同工同酬是我国劳动法的一项基本规定，是指在相同的时间、相同的工作岗位，从事相同的工作、取得相同的业绩，获取相同的报酬。因此，要求同酬的前提条件就是同工，而同工应指劳动者的工作岗位相同，付出了与别人同样的工作量，及取得了相同的工作业绩。本案中，李某系驾驶员，其要求同工同酬，需满足同工的以上条件，才能要求同酬。

第二，根据"谁主张谁举证"的民事诉讼举证规则，李某作为劳动者，其主张与单位正式工因从事驾驶员工作而获得同样的报酬，就负有证明双方存在同工的事实的举证责任。对此，李某仅举证证明了与其同班组的单位正式工均从事驾驶员工作这一事实，但对于用人单位主张的与其班组的单位正式工同时还从事带电工作这一事实，李某无相反证据予以反驳，且李某亦未能举证证明自己也从事带电工作或具有相应的从事带电工作的资质，加之用人单位内与李某相同岗位上的其他劳务派遣职工与李某的报酬是相同的，因此李某主张其与单位正式工驾驶员 同工，显然举证目的无法达到，依法应承担举证不能的不利后果。

第三，供电公司是国有企业，李某要求同工同酬的对象实际是企业改制前的固定工，也就是俗称的在编职工。我们知道，国有企业改制后虽然固定工与企业签订了劳动合同转为合同工，但实践中，因为国有企业改制具有较强的政策因素，使得固定工在国有企业改制后与改制后新招用的合同工及劳务派遣职工的待遇具有较大的差别，固定工在企业改制后享有的待遇具有政策优惠等因素，较之其他合同工或劳务派遣员工具有较好的福利待遇。因此，即使李某作为劳务派遣员工与固定工从事相同工作，此也不能简单地适用现行劳动合同法而实行同工同酬。

第四，同工同酬只是法律规定的一项原则，并非具体的实施标准，即单位针对同一工种应实行相同的薪酬办法，不能因人而异区别对待，但并非同一岗位不区分劳动量的大小及工作业绩情况而统一支付相同报酬。本案中，李某起诉要求与正式职工驾驶员同酬，但企业职工的工资通常随着工作年限、工作表现等不同而有所不同，加之工资待遇与企业的考核机制亦相关，因此其仅仅依据双方均从事驾驶员岗位就要求同酬，显然未能考虑以上因素，这也是李某的诉请不能得到支持的一个原因。

综上，法院判决不支持李某的诉讼请求，合乎法理；李某未能举证自己与单位正式工驾驶员同工，诉求没有获得支持也合乎情理。因此，法院判决驳回李某要求同工同酬的诉讼请求正确。

思考题

1. 企业设立须具备哪些条件？
2. 创业融资有哪些渠道？
3. 企业用工是不是必须签订书面劳动合同？
4. 合同订立有哪几种形式？
5. 企业所得税的纳税主体有哪些？
6. 我国法律对产品责任的归责原则是如何规定的？
7. 如何保护企业商标权？

第五章　万众创新常见法律问题处理

本 章 要 点

★大众创业、万众创新被视作中国新常态下经济发展"双引擎"之一。创新不单是技术创新，更包括体制机制创新、管理创新、模式创新。推进大众创新创业要坚持市场导向、加强政策集成、强化开放共享、创新服务模式。在推进万众创新过程中也会遇到各种各样的问题，我们要对相关问题有一个清醒的认识，及时处理常见的法律问题。

★本章内容主要围绕：如何申请专利及其保护；技术创新成果如何许可实施；如何实现技术创新成果的资本化；如何依法享受技术创新的税收优惠；技术创新与相关竞争法建设；创新中常见的法律纠纷处理等问题进行讲解。

第一节　如何申请专利及其保护

一、专利的申请

（一）专利申请的原则

1.先申请原则

先申请原则是指在两个以上的申请人分别就同样的发明创造申请专利的情况下，对先提出申请的申请人授予专利权。

2.单一性原则

单一性原则是指一份专利申请文件只能就一项发明创造提出专利申请，即"一申请一发明"原则。

3.优先权原则

优先权原则是指将专利申请人首次提出专利申请的日期，视为后来一定期限内专利申请人就相同主题在他国或本国提出专利申请的日期。专利申请人依法享有的这种权利称为优先权，享有优先权的首次申请日称为优先权日。

（二）专利申请的提出、修改和撤回

1.专利申请的提出

专利权不能自动取得，申请人必须履行专利法规定的专利申请手续，向国务院专利行政部门提交必要的申请文件。根据专利法的规定，申请发明或者实用新型专利的，应当提交请求书、说明书及其摘要和权利要求书等文件。

2.专利申请的修改

专利申请的修改，可以由申请人自己主动提出修改，也可以根据国务院专利行政部门的要求进行修改。

3.专利申请的撤回

申请人可以在被授予专利权之前随时撤回其专利申请。申请人撤回其专利申请的，应当向国务院专利行政部门提出书面的撤回申请，写明发明创造的名称、申请号和申请日。

（三）专利申请的审查批准

1.发明专利申请的审查批准

（1）初步审查。国务院专利行政部门收到发明专利申请后，应当进行初步审查。

（2）申请公开。国务院专利行政部门对发明专利申请经初步审查认为符合专利法规定要求的，自申请日起满18个月，即行公布。

（3）实质审查。实质审查是国务院专利行政部门根据申请人的请求，对发明的新颖性、创造性、实用性等实质性条件进行的审查。

（4）授权决定。国务院专利行政部门对发明专利申请进行实质审查后，认为不符合专利法规定的，应当通知申请人，要求其在指定的期限内陈述意见，或者对其申请进行修改；无正当理由逾期不答复的，该申请即被视为撤回。

2.实用新型和外观设计专利申请的审查批准

国务院专利行政部门受理实用新型和外观设计专利申请后，只进行初步审查，不进行申请公开和实质审查程序。

二、专利权的保护

（一）专利权的保护范围

专利权的保护范围，是指专利权效力所及的发明创造的技术特征和技术幅度。因此，专利权的范围即是专利权的保护范围。

根据专利法的规定，发明或者实用新型专利权的保护范围以其权利要求的内容为准，说明书及附图可以用于解释权利要求的内容。外观设计专利权的保护范围以表示在图片或者照片中的该产品的外观设计为准，简要说明可以用于解释图片或者照片所表示的该产品的外观设计。

（二）侵害专利权的行为

根据专利法的规定，侵害专利权的行为主要包括以下几种：未经专利权人许可，实施其专利的行为；假冒专利的行为；以非专利产品冒充专利产品、以非专利方法冒充专利方法的行为；侵夺发明人或者设计人的非职务发明创造专利申请权以及其他权益的行为。

（三）侵害专利权行为的法律责任

侵害专利权行为的法律责任包括民事责任、行政责任和刑事责任。

1.民事责任

民事责任主要有停止侵害，赔偿损失，消除影响，恢复名誉等。

2.行政责任

行政责任主要有责令改正并予公告，没收违法所得，可以并处违法所得4倍以下的罚款；没有违法所得的，可以处20万元以下的罚款。

3.刑事责任

刑事责任主要针对假冒专利行为。我国专利法规定，假冒他人专利，构成犯罪的，依法追究刑事责任。我国刑法规定，假冒他人专利，情节严重的，处三年以下有期徒刑或者拘役，并处或者单处罚金。

⌕以案释法㉙

面膜外观设计专利权被侵案

【案情介绍】某品牌面膜是广州某化妆品有限公司生产的护肤产品，因种类丰富，宣传广泛，受到广大女性消费者的青睐。近年来，不仅在大型的商场、超市，甚至某些批发市场、药店的柜面上也出现了该品牌面膜。

2013年，面膜公司授权律师在吉林省某药房购买了标注为该公司生产的海洋冰泉补水面膜、豆质素控油清脂面膜、牛奶白滑润颜面膜、红酒亮肤焕颜面膜、野玫瑰紧肤舒颜面膜、玫瑰纯露亮白滋润面膜各一贴，申请公证封存。随后，在长春市中级人民法院提起侵害外观设计专利权之诉。

【以案释法】本案主审法官比对了原告提供的自己生产的面膜和在被告处购买的面膜，二者外观基本相同，仅在个别文字印制上有细微差别。结合产品价格、产品材质、防伪标志等因素，最终确认被告销售的产品对原告生产的产品构成侵权。结合本案涉及的专利权类型、侵权行为性质和情节等因素，法院确定了赔偿数额。本案一审判决被告立即停止侵犯原告的外观设计专利权；赔偿原告经济损失人民币12000元整。

第二节　技术创新成果如何许可实施

技术创新成果通常通过技术实施许可合同的方式许可实施，以下就技术许可实施的合同制度相关内容进行简要阐述。

一、技术许可的含义与合同形式

（一）技术转让与技术许可

1. 技术转让与技术许可的含义

技术转让又称技术转移，技术转移是指技术在国家、地区、行业内部或之间以及技术自身系统内输入与输出的活动过程。技术转移包括技术成果、信息、能力的转让、移植、产业化、引进、交流和推广普及等。

技术许可是指技术供方以技术许可协定的方式，将自己有权处置的某项技术许可受方按照合同约定的条件使用该项技术，并以此获得一定的使用费或者其他报酬的一种技术转移方式。

对不起，我们不能将该项专利技术转让给你们。

2. 技术转让与技术许可的区别

一般认为，技术许可与技术转让最重要的区别在于：前者不转移技术的专有权，不论是部分权利还是整体权利的许可，都不会发生专有权的转移；而后者要转移专有权，尽管有时转移的是整体专有权，有时只是转移部分专有权，但不论是技术许可还是技术转让，针对的都只能是专有技术，而不能是公有技术。前者主要包括专利技术和技术秘密，而后者则是任何人都可以自由取得和应用的。此外，在现实的技术贸易中，技术许可和转让往往是更为综合的知识产权贸易的核心部分。实际上许多技术转让中，都包含商标的转让或使用许可、有关技术资料版权的使用许可等，所以，技术转让或许可往往是将各种知识产权在贸易中加以综合利用的复杂行为。但是，单纯的货物买卖，即使有些货物可能是技术密集型的产品，也不能算作技术转让；同样，单纯的商标或版权的转让与许可，也都不能被视为技术转让活动。

（二）技术许可的合同形式

本质上，技术许可是对与技术有关的权益进行支配。具体来说，是指在保留专有权的前提下，为获得一定的经济利益，在一定范围内将与技术有关的专有权或其中的某些使用权交由他人行使。

通过技术许可进行的技术贸易，被称为许可证贸易。许可证贸易是实现国家间、企业间科技成果交流的重要途径之一，它是现代科技、市场经济高度发达的产物。许可证贸易一词源于英语中的 License。

License 这个词作名词用时，有许可证的意思；作动词用时，是发许可证给某人的意思；而 Licensing 则是 License 的动名词，从语法的角度，动名词既有名词的特征，同时又保留了动词的特征；在语意上，Licensing 也保留了发许可证给某人的意思，在技术许可的实践中，通过 Licensing——授予许可证（grant a license）——而达成的交易，被称为许可证贸易。

在该交易中，合同双方分别是：发许可证者（Licensor），俗称供方，即上述各有关权利的合法拥有者；许可证的受领者（Licensee），俗称受方，即所涉技术的拟利用者和相关使用费的缴纳者。双方通过谈判达成交易后，所缔结的法律文书被称为许可证合同（License Contract）或许可证协议（Licensing Agreement）。有关统计数据表明，通过许可证贸易方式所进行的技术交易，在整个技术贸易中占有重要的比重。因此，技术许可证贸易不仅受到不同经营主体的重视，而且也引起了学术界的广泛关注和政府有关主管部门的高度重视，国内以及国际领域早已将其纳入了法制化的管理轨道。

二、技术许可的利益与风险

与其他贸易活动一样，技术的供方与受方通过参与技术许可贸易，都希望实现相关的利益追求。但是，双方所期望的利益之具体表现各异，所要面对的相关风险也各不相同，他们在交易中各自要留意的地方差别也很大，也因此有着各自不同的具体"盘算"。

（一）利益

1. 供方在技术许可中的利益

从供方来讲，为什么要把自己研究和开发的技术成果许可给其他企业，甚至外国企业来实施？至少有四点益处促使他们这样做：（1）无须自己实施有关技术，就能收回研发成本，甚至取得更多的收入；（2）减少因过早更新技术与更新设备给本企业带来的损失；（3）利用受方相对廉价的原料或劳动力，降低产品的成本，增加产品的竞争力；（4）站稳和扩大本企业在国际上的有形商品市场。

2. 受方在技术许可中的利益

通过引进较为先进的技术加速一国或一个企业经济的发展，是受方参加技术贸易的目的。具体来说，受方在技术许可中也可以得到如下四点益处：（1）直接取得外国的技术成果，减少在同一技术领域的研究中可能付出的重复劳动，少走弯路；（2）与进口设备或进口其他硬件产品相比，引进技术投资少、见效快；（3）能够发挥本地在资源和劳动力方面的某些优势；（4）能够借助供方的力量培训自己的技术队伍。

（二）风险

1.供方可能受到的损失

提供先进技术给别人的企业，往往承担以下两种主要风险：（1）可能培育出与自己势均力敌或强于自己的竞争对手；（2）可能丧失自己的某些专有权。

2.受方可能受到的损失

引进技术对于受方的经济总的来讲是有益的，但也存在使其受到某些损失的风险：（1）造成在技术上依赖发达国家的可能性；（2）造成外汇短缺的可能性；（3）对国际技术许可的相关法规缺乏了解而吃亏上当的可能性；（4）对国际技术市场的行情缺乏了解而花冤枉钱的可能性。

三、"技术"的特点与许可的分类

技术许可贸易是一种综合的贸易形式，其中既涉及技术本身，又兼顾许可的不同法律形式。因此，我们不但需要对"技术"一词予以清楚的界定，而且要准确地把握不同类型的许可的法律意义。

（一）"技术"的特点

理解技术许可，首先要对"技术"本身予以界定，这里所说的"技术"有如下三个特点：

1."技术"须是特定的技术方案

即某一种产品、工艺、材料及系统或改进的方案。这一方案不能是抽象的或原理式的，而是要具备特定的名称、特定的技术指标、特定的功能、特定的适用范围、特定的使用或生产方法等具体特征。一句话，必须是最终完整的技术方案。

2."技术"须是现实、具体的技术方案

作为可以许可的技术，必须是供方已经掌握的技术方案。一项技术方案如果仅仅是一种设想，那么，无论其理论上多么完美、所设想的实用价值多大，在设想者本人尚未最后掌握的情形下，肯定无法应用于生产、科研实践，只能是有待进一步开发的技术，是无法许可给他人使用的。同样，作为正在开发过程中的技术，尚未被人们真正地掌握，其各种性能和技术指标尚未确定，也不能作为技术许可合同的标的。

3."技术"须是权利化的技术方案

所谓"权利化的技术方案"，是指那些通过法律或合同合法设定了专利申请权、专利权、专利实施许可权、技术秘密使用权及转让权的技术方案。技术的许可，从实质上讲，是对相关技术的使用权的处分。因此，技术许可的标的必须是具有权属的技术。普通技术人员已经掌握的技术、专利期满的技术或其他的属于社会公知的技术，都不能作为技术许可合同的标的。

（二）许可的分类

在国际和国内的相关实践中，技术许可或者说许可证贸易呈现出异常复杂的各种情形。在学理上，为了进一步对这些现象进行把握，一般可对其进行如下的分类：

1.独占许可、排他许可与普通许可

根据合同授权的程度或者被许可人在合同中的地位，可以将技术许可分为独占许可、排他许可与普通许可。

所谓独占许可，是指许可人在合同约定的范围内，授权被许可人独占性地利用相关技术，许可人不仅不能再将同一范围的技术授权给其他任何人，而且自己也不能利用合同约定范围内的技术。可见，在独占许可中，甚至排斥了许可人自己对该技术的使用权。

所谓排他许可，也称独家许可，是指许可人在合同约定的范围内，授权被许可人独家利用其技术，许可人不能再将同一范围的技术授权给第三人，但是他自己可以利用合同约定范围内的技术。排他许可与独占许可的差别在于，许可人自己能否在相同条件下利用被许可的技术。

所谓普通许可，也称一般许可或非独占许可，是指许可人在合同约定的范围内，授权被许可人利用相关技术；与此同时，许可人不仅自己可以利用合同约定范围内的技术，而且还可以再将同一范围的技术授权给第三人。

你们给的许可使用费也太低了。

在独占许可、排他许可与普通许可中，许可人和被许可人的合同权利与合同义务有着显而易见的重大区别。不仅如此，这三种许可合同中的被许可人在诉讼中的地位也不完全一样。

2.单向许可与交叉许可

根据当事人双方之间的许可关系，可将技术许可分为单向许可与交叉许可。

所谓单向许可，是指一方当事人向另一方当事人单方面发放的技术许可，此时一方是许可人，另一方是被许可人。

所谓交叉许可，是指双方当事人将各自拥有的技术相互向对方发放许可，此时双方当事人互为许可人与被许可人。交叉许可实质上是两个指向相反的单向许可，交叉许可在技术领域非常常见。双方当事人通过交叉许可相互交换使用技术，可以清除相互构成的技术障碍，有效整合双方互为补充的技术，提高双方技术的使用价值，同时也促进了技术的传播。交叉许可有自愿的，也有强制的。双方当事人可以根据合同，在互惠的基础上交换使用对方的技术，以达到最优的经济效果，此即自愿交叉许可。在合作开发合同、合作制造合同以及技术转移合同的反馈条款中，都有可能出现自愿的交叉许可。强制的交叉许可仅在法律特别规定的情况下才会出现，往往是法律基于对相关社会公共利益的维护而设置的一种对专利权的限制制度，比如在从属专利时的交叉许可。

3. 自愿许可与非自愿许可

根据许可人发放许可的意愿自由，可以将技术许可分为自愿许可与非自愿许可。

所谓自愿许可，是指技术专有权人根据自己的意愿选择发放的许可，包括自由决定是否发放许可、向谁发放许可、发放许可的权利内容等。

所谓非自愿许可，是指不论技术专有权人是否愿意，使用人不经权利人许可但在符合相关法律规定的情况下，利用所涉技术的许可形式。与技术有关的专有权是"私权"，其许可应当以自愿许可为一般原则，与之相对应的非自愿许可应当是特殊情况下的例外，比如为了社会公共利益需要的"强制许可"制度。

4. 基本许可与从属许可

根据两个许可之间的相互关系，可以将技术许可分为基本许可与从属许可。

所谓基本许可，也称主许可，是指不依赖于其他技术许可，可以独立存在的技术许可；与之相对应的从属许可，也称再许可或分许可，是指被许可人将其从许可人那里得到的技术再许可给第三人实施。

一般而言，被许可人未取得许可（基本许可）人的同意，无权擅自向第三人发放从属许可。

5. 个别许可与集中许可

根据许可的行使方式，可以将技术许可分为个别许可与集中许可。

所谓个别许可，也称单独许可，是指由技术专有权人向使用人个别发放的许可；所谓集中许可，也称集体许可，是指由集中管理技术专有权的机构向使用人集中发放的许可，最典型的如著作权集体管理组织所发放的相关许可。

在专利领域，专利联营可视为一种集体许可的模式。所谓专利联营，是指两个以上的专利权人将其拥有的多个专利集中到一个专门的机构，即专利集合体；各专利权人内部相互交叉许可，但统一对外发放许可证。可见，专利联营实质上是一种集中许可的形态。在当今的国际竞争中，建立专利联营的目的往往是为了构建技术标准，统一向外发放一揽子许可，攫取最大化的垄断利润。

第三节　如何实现技术创新成果的资本化

一、技术资本化

技术资本化指通过市场机制使技术创新成果转化为资本，进而实现技术创新成果市场化的过程。一般可分为两个阶段：一是技术的商品化阶段，也称为初级阶段；二是技术的资本化阶段，即高级阶段。

（一）技术资本化的特点

第一，技术资本作为投资，可以享有企业增值的利润，技术持有方还可通过交易和退出，将技术资本的价值转化为能再创造新的技术资本的资本。

第二，技术资本化对企业具有持续的创新性。新的研究、开发不断进行，新产品不断进入市场，解决了一次性技术转让的弊病。

第三，技术资本化对其他生产要素存量起着盘活和带动作用。

第四，技术资本具有控制性、垄断性，因而具有高回报性。

第五，技术资本化既有利于提高企业的创新和竞争能力，也有利于作为技术创新源的科研院所和高等院校的发展。

（二）技术资本化的弊端

以技术投资时，投资方可将技术转让的收益变成一笔固定数目的资本，并可按技术资本所占企业的股份比例分配利润，这样在整个合营期间内投资方所取得的利润，往往大大高于应得的技术转让费。

技术作为无形财产，其价值难以确定，作价高低，直接影响到资本化技术成本回收与获利多寡。作价若过高，对合营企业和引进方都是不利的。

技术有生命周期，一定时期后就会老化，它的价值将逐渐减少和消失。如将技术作为投资，等于把技术的价值固定化，尽管该技术在合营期内已失去价值或需要更新，因为它是股本，仍可参与利润分配。当今世界各国举办的合资企业，往往都是由发达国家提供技术，因此，技术资本化往往对引进技术的国家不利。有些发展中国家为了引进发达国家的先进技术，加速本国的技术改造，在法律上允许技术资本化，因而付出高昂代价。有些发展中国家对技术投资作了严格规定和限制，还有些国家法律规定不允许外国资本以技术投资。

（三）技术资本化的作用

第一，技术资本化是科技成果转化的主要途径。科技成果大多产生在科研机构和高等学校，开始时基本上都是实验室成果，要使其成为企业适用技术，必须进行中间试验或二次开发，而科研机构、高等学府缺乏相关的资金、设备和工程技术人员，也没有多少企业购买他们的科技成果或委托他们进行技术开发。要迅速改变这种状况，就需要通过资本使两个利益主体和行为主体"两心变一心"，变局部合作为整体合作，变单纯技术合作为全面合作。科技成果转化可以有多种途径，但技术资本化无疑是最有效的途径之一。

第二，技术资本化是产学研有效结合的纽带。技术资本化能引导大学和科研院所成为技术成果转移、转化的辐射源和孵化器，即引导科研人员以市场为导向，改变传统观念，把市场作为主要的追求。要充分认识只有市场认可的技术才是有价值的技术，技术只有在实现其市场价值时，才能成为资本，才能创造新的价值。如果有一大批科技人员经常琢磨技术怎样变为资本，资本怎样增值，那么在科技人员中蕴藏的巨大能量就能得以释放，这将对高新技术产业的发展产生巨大的推动和促进作用。

第三，技术资本化能够吸引国内外的智力资本，吸引优秀技术和管理人才。在东西部的合作过程中，技术资本化能够吸收国内外的智力资本，吸引优秀技术和管理人才。采用技术资本化这种方式不失为一种好的合作方式。

第四，技术资本化是高新技术产业发展的重要支撑和保证。高新技术产业发展需要技术、人才、资本、市场与环境的有效结合，知识、技术成为高新技术产业资本增值的源泉，资金成为资本增值的条件。随着高新技术的发展，技术持有人如果不能利用其成果富裕起来，则经济的发展和高新技术的产业化将缺乏动力。技术资本化是高新技术产业发展的重要支撑和保证。技术资本化使高新技术产业发展有了资本保障，有了充分利用存量资产进行虚拟生产的可能，产生了巨大的发展空间。

第五，技术资本化是现代企业不断创新发展的战略选择，也是传统产业发展的希望和出路所在。我国国有企业改革和传统产业改造，注入智力资本、技术资本，改变了传统的资本结构、组织结构，推进了企业的产权交易和债务重组，起到了激活其他生产要素的作用，有利于增强企业的创新能力和创新手段。

这是一种具有耐高温、高热特性的合成金属。

二、科技成果转化

科技成果转化，是指为提高生产力水平而对科学研究与技术开发所产生的具有实用价值的科技成果所进行的后续试验、开发、应用、推广直至形成新产品、新工艺、新材料，发展新产业等活动。通常所说的科技成果转化实际上仅指技术成果的转化，即将具有创新性的技术成果从科研单位转移到生产部门，使新产品增加，工艺改进，效益提高，最终经济得到进步。

（一）科技成果的直接转化

具体包括：科技人员自己创办企业；高校、科研机构与企业开展合作或合同研究；高校、研究机构与企业开展人才交流；高校、科研院所与企业沟通交流的网络平台。

（二）科技成果的间接转化

科技成果的间接转化主要是通过各类中介机构来开展的。机构类型和活动方式多种多样。在体制上，有官办的、民办的、官民合办的；在功能上，有大型多功能的机构（如既充当科技中介机构，又从事具体项目的开发等），也有小型单一功能的组织。

具体包括：通过专门机构实施科技成果转化；通过高校设立的科技成果转化机构实施转化；通过科技咨询公司开展科技成果转化活动。

三、知识产权出资

技术创新成果产业化的实现路径是多样的，其中，以技术作为一种投资标的的投资设立企业，从而实现其产业化是其中的一个重要路径。而技术创新成果资本化，首先取决于企业组织制度的立法取向。公司法第二十七条规定："股东可以用货币出资，也可以用实物、知识产权、土地使用权等可以用货币估价并可以依法转让的非货币财产作价出资；但是，法律、行政法规规定不得作为出资的财产除外。"第八十二条规定："发起人的出资方式，适用本法第二十七条的规定。"即股份有限公司的发起人可用现金、实物、知识产权、土地使用权作为股份有限公司的出资。通常来说，作为股份有限公司和有限责任公司，其出资条件是在各种企业组织形式中最为

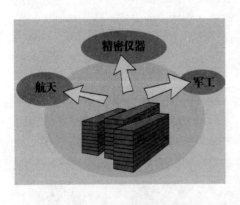

苛刻的。能够作为此两种公司形式出资标的的财产，当然可以用以向其他企业类型出资。因此，知识产权可以用于任何形式的企业出资。合伙企业法第十六条规定："合伙人可以用货币、实物、知识产权、土地使用权或者其他财产权利出资，也可以用劳务出资。"这一规定也充分印证了这一点。鉴于知识产权出资的主要形态为技术出资，故此处以知识产权出资为分析研究对象。

（一）知识产权出资的意义

知识产权出资，对于知识产权所有人或权利人、企业以及社会都具有积极的效应。

从权利人的角度来说，用知识产权出资可以减少投资者的现金出资，为其出资提供方便，同时使其获得丰富的投资利益，有助于推动进一步的科研开发；从接受方的角度来看，接受知识产权投资，可以直接获得先进的技术成果，取得市场竞争的技术优势，可以避免在同一技术领域的研究中可能付出的重复劳动，可以从接受投资的技术成果中得到启迪，确定下一步的研究目标和攻关计划，能够充分发挥本地在资源和劳动力方面的某些优势等。

对于整个社会而言，以知识产权投资，不但可以通过带动企业之间的良性竞争，提高社会各企业的整体水平，还能促进我国经济发展实现两个根本性的转变，尤其是生产方式由粗放型向集约型的转变，这对我国经济社会又好又快发展有着非同寻常的意义。

（二）知识产权出资的特点

以知识产权出资具有四个方面的特点：

1. 知识产权出资评价难度较大

相对于其他财产评估，知识产权的评估难度较大。这是因为知识产权的价值大小更多地受到外在因素的影响，包括市场流通状况、使用领域等。如何依据知识产权权利所处的时间效力阶段来正确判断其价值，在实践中非常困难。另外，目前我国尚未完整建立知识产权评估制度，缺乏明确的审查标准和审查程序，评估机构在权威性、专业性以及评估结果的可信度方面也存在问题。

2. 知识产权出资效力具有不确定性

知识产权出资效力的不确定性主要是由知识产权本身的特点造成的。知识产权作为企业的一项重要资产，其能否为企业带来经济效益及作用能否得到充分的发挥，不但取决于其发挥作用所依托的物质实体，更取决于接受知识产权的企业对该知识产权的维护、运营以及该企业所处的政治、经济、法律、技术、市场等多方面的综合因素，这些因素是多变的，不固定的，这也就决定了知识产权出资这一行为本身为接受该出资的企业所带来的经济效益亦是不确定的，随时都有可能出现变数。

此外，知识产权的取得，必须经过专门法律的确认或者授予，因此，知识产权在其有效期内也可能因为一定的法定事由而丧失。

另外，知识产权具有时间性、地域性。以地域性来举例，在外国拥有的知识产权若要在中国境内作为出资，必须获得中国法律承认、符合中国相关知识产权法律的规定，否则该项知识产权在中国就处于公有领域而不是知识产权领域，不得以知识产权的形式出资，这就是由地域性引发的效力不确定性。

3.知识产权出资的时效性

知识产权具有一定的时效性，包括其法定的时间性和一定的经济寿命。因此也就决定了知识产权一旦用来向企业出资，其出资效力也有一定的期限性。首先，就知识产权的法定时间性来讲，它涉及知识产权的权利有效性问题；其次，知识产权所处的时间阶段对于知识产权出资的效力也具有重要影响。

4.知识产权出资具有权利上的复杂性

这种复杂性主要体现在两个方面：

第一，权利上的复杂性体现为用作出资的权利的多样性。知识产权本身包括专利权和商标权两种不同的权利，他们各有特色，各有自己不同的涉及领域及表现形式，各自又包含许多具体的不同类型的权利，例如，根据我国专利法规定，专利权包括发明、实用新型和外观设计。

第二，权利上的复杂性还体现为当进行知识产权出资时，权利的让渡具有一定的层次性。这种层次性主要体现在知识产权的出资可以采取多种让渡形式，理论界探讨的主要包括以知识产权完全权利进行出资和以知识产权的许可使用权进行出资。

（三）知识产权出资方式

按照知识产权法的规定，知识产权人实现其权利一般有两种途径：一是自己直接运用自己的知识产权，二是将自己的知识产权转让或许可他人实施。用知识产权出资入股属于第二种知识产权实现的途径，所以出资的具体方式应当包括转让和许可两种方式。

1.知识产权所有人以转让知识产权所有权的方式出资

知识产权以转让的方式出资应当符合法律关于知识产权转让的规定。我国商标法和专利法都有出资方用商标或专利技术转让方式出资，均应将特定商标或专利权整体完全转让出资的规定。可以说这种出资方式和公司法人财产权的具体内涵是相适应的，所以不存在现实中的冲突问题，但是可否用知识产权部分转让的方式出资值得商榷。

咱们拿到了发明专利证书，值得庆贺啊！

选择知识产权转让方式向公司出资，无论从理论架构还是实际情况出发，其都符合公司享有由股东投资形成的法人财产权的基本原理，因为转让就意味着永久性转移，受让公司对该知识产权便享有最终所有权，因而也就拥有最终处分权，可以作为公司承担亏损和风险的资本担保。可以说用知识产权转让方式出资符合我国公司法出于资本信用考量的各种规定。

2.知识产权所有人以使用许可方式出资

知识产权主体若选择使用许可的方式进行出资，拟成立的公司必须以一种外在的表现形式，证明其拥有知识产权使用权的合法性以及排除其他人的不当使用权利。这种外在的表现方式，只能是出资登记或备案。通过工商局对商标权进行登记转让相较而言是比较简单的，目前在我国没有专利或商标用益出资的具体登记制度，投资者可以其个人的名义向相应的行政管理机关提出申请，且这种申请也往往会因没有先例可循面临失败的风险。

除此之外，知识产权权利人若以使用许可的方式向公司出资，则用作出资的知识产权不发生全部权利的转移，公司对该知识产权仅享有一定期限和一定范围的使用权。

（四）知识产权出资的风险及防范

知识产权出资作为一种特殊的现物出资，除了一般现物出资可能遭受的风险外，还因为知识产权这一无形资产本身的特殊性而存在着特殊风险。

1.知识产权出资范围认识不全面的法律风险及预防

根据法律规定，广义范围内的知识产权均可以作为出资的形式。因此，版权以及有关权利、商标、专利、非专有技术、厂商名称权、集成电路布图设计、未披露信息等都是可以利用的出资方式。

另外，即使可出资的知识产权种类众多，也面临具体出资形式选择的法律风险。因为知识产权种类不同，价值也可能不同，市场应用价值也可能存在区别，这些都是需要认真考虑的，必须选择相对成熟的并有广阔市场前景或商业价值的知识产权种类出资。因此，对于高新技术企业来说，在创建初期以知识产权出资为主，但可出资的范围是比较大的，未获得专利保护的非专有技术同样可以出资，不应仅仅局限在专利或商标方面。否则，将不能充分发挥知识产权的广泛性和价值性，降低出资成功的机会。

2.知识产权权利瑕疵的法律风险及预防

对于技术出资方而言，应避免其存在任何知识产权违法性、不完整性的法律风险。如果职务技术成果、软件职务作品等存在权属争议，将从根本上影响出资的成立。

因此，可考虑在投资协议或合同中写明："投资方保证，所投入的高新技术投资前是其独家拥有的技术成果，与之相关的各项财产权利是完的、充分的并且没有任何瑕疵"，并约定相应的缔约过失责任。

3.知识产权出资价值评估中的法律风险及预防

知识产权的评估价值关系到其市场应用及盈利价值，同时也关系到股权比例或控制权强度，所以依据客观、真实、全面的评估资料，选择科学合理的评估方法和专业评估机构是高新企业在技术出资过程中必须考虑的问题。

在评估过程中，忽视以下因素往往导致评估结果失误：（1）审核高新技术前期开发费用不实；（2）同类产品或技术的市场风险预测不准确，市场潜力和价值分析出现偏差；（3）后续开发费用投入预测失当。

如果评估失实或不当，技术出资方将在知识产权价值保护上承受重大不利。

4.知识产权出资比例的法律风险及预防

根据法律规定，知识产权出资的最高比例可达70%，这说明法律鼓励以知识产权出资，但过高或过低的出资比例同样存在着法律风险。因此，必须根据实际情况选择合适的出资比例。

5.知识产权有效期限制的法律风险及预防

以工业产权中的专利权和商标权出资都必须在其有效期内，如果超过期限，就属于出资瑕疵了，而以非专利技术出资就无期限限制了，这也是需要引起重视的地方。

6.出资后知识产权转移的法律风险及预防

出资各方即使知识产权权属不存在争议，也同样面临着对技术拥有方转让知识产权的制约问题，因为这关系到资金出资方的风险利益，不当的流转或者交易，将可能不利于知识产权价值的维护和利用。

控股一家企业对控股方来讲，不仅具有可以并表核算的会计意义，更具有能掌握经营管理主动权的控制意义。真正控股一家企业，除了控股方投资比例占绝对优势外，还必须由控股方担任董事长，另外还有委派总经理、财务总监的提名权。这样，就能更有效地贯彻实行企业董事会的决议和管理理念。对于投资控股一家高新技术企业，更深一层的意义还在于控股股东能真正掌握所投资的那项高新技术，防止高新技术被移花接木，偷梁换柱，给投资方造成巨大的投资损失。

因此，在合作协议中，当事人如忽略或轻视技术成果的权属问题，或者约定含混不明，容易导致争议发生。尤其是对技术开发方而言，会造成知识产权保护的重大障碍。这种隐患将可能导致技术成果的组成部分被不正当的利用、泄露，或完整性缺失。

防止高新技术被擅自转让，在投资合作协议或公司章程中可考虑采取如下措施：

（1）明确约定知识产权归公司所有。在组建高新技术企业的协议中列明高新技术投入前与投入后的所有权，并列入投资各方关于所投的高新技术的保证与承诺，以法律来约束投资各方处理高新技术成果的行为，而且只有知识产权出资在办理转让手续后，才真正能够属于企业所有和控制。

可在公司章程中列入投资"各方声明条款"：与该项高新技术有关的专有技术（包括但不限于特定的生产流程、工艺及其他依据法律和惯例应当被合理地视为专有技术组成的技术秘密）的所有权属于组建公司独家所有，各方承诺在任何时候、任何场合均不会提出相反意见，并不得以个人名义转让。

（2）明确约定各方具有知识产权保密义务。限制各方对相关知识产权资料、技术秘密的使用和保密，如果不限定保密义务，不采取相应的保密措施，将会导致各方可能发生任意使用、转让或泄露的风险。如果该高新技术被非法泄露，将严重影响到所设企业的商业存在价值和风险投资人的风险利益，因此可考虑在高新技术企业的合同章程中列入有关高新技术的保密义务和泄密处罚条款，并通过制定完善的企业商业秘密制度防止商业秘密的泄露。

（3）通过技术员工股权激励的方式保护知识产权。在股东利益的驱动下，科技人员带技术入股不仅有利于高新技术的运用，还有利于高新技术专利权的保护，同时使高新技术的后继发展也有了保障。

🔍 以案释法 ㉚

专利技术出资案

【案情介绍】甲公司拥有一项专利技术。为了完善和推广该专利技术，甲公司与乙公司签订了《合作推广专利技术协议书》。合作协议书中约定，甲乙双方联合组建丙公司。丙公司注册资本108万元，甲公司以专利技术的使用权投资，乙公司以货币资金投资。后丙公司依照公司法成立。

【以案释法】公司法第二十七条规定，股东可以用货币出资，也可以用实物、知识产权、土地使用权等可以用货币估价并可以依法转让的非货币财产作价出资；但是，法律、行政法规规定不得作为出资的财产除外。对作为出资的非货币财产应当评估作价，核实财产，不得高估或者低估作价。法律、行政法规对评估作价有规定的，从其规定。合伙企业法第十六条规定："合伙人可以用货币、实物、知识产权、土地使用权或者其他财产权利出资，也可以用劳务出资。"采用知识产权作为对合伙企业的出资符合法律规定。有限责任公司股东或者股份有限公司的发起人可以用货币、实物、知识产权、土地使用权等可以用货币估价并可以依法转让的非货币财产的一种或者几种出资，出资方式不再作任何限制，公司注册资本可以不用货币出资。

第四节　如何依法享受技术创新的税收优惠

一、税收

税收是国家为了实现其职能的需要，凭借政治权利，运用法律手段，强制地、无偿地、固定地集中一部分社会产品所形成的特定分配关系。国家之所以征税，是为了满足国家各项经费开支的需要，税收是国家财政收入的主要形式。国家征税又使得一部分经济资源从私人经济部门向政府部门转移，这样就会对私人部门的经济决策产生一定的影响。因此，税收就不仅仅是政府财政收入的主要来源，也是贯彻政府经济政策，有效实施宏观经济调控的重要工具。

二、税收优惠方式

税收优惠包括减税、免税、出口退税及其他一些内容。

减税，即依据税法规定减除纳税义务人一部分应纳税款。它是对某些纳税人进行扶持或照顾，以减轻其税收负担的一种特殊规定。一般分为法定减税、特定减税和临时减税三种方式。

免税，即对某些特殊纳税人免征某种（或某几种）税收的全部税款。一般分为法定免税、特定免税和临时免税三种方式。

延期纳税，是对纳税人应纳税款的部分或全部税款的缴纳期限适当延长的一种特殊规定。

出口退税，是指为了扩大出口贸易，增强出口货物在国际市场上的竞争力，按国际惯例对企业已经出口的产品退还在出口前各环节缴纳的国内流转税（主要是增值税和消费税）税款。

再投资退税，即对特定的投资者将取得的利润再投资于本企业或新办企业时，退还已纳税款。

即征即退，即对按税法规定缴纳的税款，由税务机关在征税时部分或全部退还纳税人。与出口退税先征后退、投资退税一并属于退税的范畴，其实质是一种特殊方式的免税和减税规定。目前，中国采取即征即退政策仅限于缴纳增值税的个别纳税人。

先征后返，即对按税法规定缴纳的税款，由税务机关征收入库后，再由财政部门按规定的程序给予部分或全部退税或返还已纳税款。它属于财政补贴范畴，其实质也是一种特定方式的免税或减免规定。目前，中国采取先征后返的办法主要适用于缴纳流转税和企业所得税的纳税人。

税收抵免，即对纳税人来源于国内外的全部所得或财产课征所得税时，允许以其在国外缴纳的所得税或财产税税款抵免应纳税额。它是解决国际间所得或财产重复课税的一种措施。税收抵免是世界各国的一种通行做法。

加计扣除，是对企业为开发新技术、新产品、新工艺的研究开发费用和企业安置残疾人员及其他国家鼓励安置就业人员所支付的工资，在实际发生数额的基础上，再加成一定比例，作为计算应纳税所得额时的扣除数的一种优惠政策。

加速折旧，即按税法规定对缴纳所得税的纳税人，准予采取缩短固定资产折旧年限、提高折旧率的办法，加快折旧速度，减少当期应纳税所得额。

减计收入，是指对企业综合利用资源取得的收入按一定比例计减应税收入。

投资抵免，是指对创业投资企业从事创业投资的投资额和企业购置用于环境保护、节能节水、安全生产等专用设备的投资额，按一定比例抵免应纳税所得额。

起征点，即对征税对象开始征税的起点规定一定的数额。征税对象达到起征点的就全额征税，未达到起征点的不征税。税法对某些税种规定了起征点。比如，根据财政部《关于修改〈中华人民共和国增值税暂行条例实施细则〉和〈中华人民共和国营业税暂行条例实施细则〉的决定》（财政部令第65号）规定，自2011年11月1日起，个人销售货物或应税劳务的，增值税起征点幅度为月销售额5000元～20000元；按次纳税的，增值税起征点为每次（日）销售额300元～500元。确定起征点，主要是为了照顾经营规模小、收入少的纳税人而采取的税收优惠。

免征额，即按一定标准从课税对象全部数额中扣除一定的数额，扣除部分不征税，只对超过的部分征税。

三、促进科技进步和自主创新的税收优惠政策

一是鼓励高新技术产业发展的税收优惠政策。对软件产品增值税实际税负超过3%的部分实行即征即退政策，新办软件、集成电路企业自获利年度起实行"两免三减半"，软件集成电路企业职工培训费税前全额扣除，集成电路企业实行再投资退税，规划布局重点软件企业适用10%的企业所得税税率。对国家需要重点扶持的高新技术企业，减按15%的税率征收企业所得税。

二是鼓励企业增加研发投入、提高自主创新能力的税收优惠政策。对企业开发新技术、新产品、新工艺发生的研发费用允许按实际发生额的150%在税前扣除。除国务院财政、税务主管部门另有规定外，企业发生的职工教育经费支出，不超过工资薪金总额2.5%的部分，准予扣除；超过部分，准予在以后纳税年度结转扣除。对企业为生产高新

技术产品以及承担国家重大科技专项、国家科技计划重点项目等进口的关键设备以及进口科研仪器和教学用品，免征进口关税和进口环节增值税。

三是鼓励先进技术推广和应用的税收优惠政策。一个纳税年度内，居民企业技术转让所得不超过500万元的部分，免征企业所得税；超过500万元的部分，减半征收企业所得税。对单位和个人从事技术转让、技术开发业务和与之相关的技术咨询、技术服务业务取得的收入，免征营业税。对转制的科研机构，在一定期限内免征企业所得税、房产税、城镇土地使用税。在一定期限内对科技企业孵化器、国家大学科技园，免征营业税、房产税和城镇土地使用税。

四是支持科普事业发展的税收优惠政策。对科技馆、自然博物馆、天文馆等科普基地的门票收入，免征营业税。

取得高新技术企业资格可享受企业所得税优惠

【案情介绍】北京某信息技术股份有限公司2015年2月6日发布《关于公司通过高新技术企业资格复审的公告》（公告编号2015～004）称其取得2014年10月30日签发的《高新技术企业证书》，"公司自2014年起3年内（即2014年～2017年）享受企业所得税减按15%的税率征收的优惠政策。"

【以案释法】根据新修订的《高新技术企业认定管理办法》规定，通过认定的高新技术企业，其资格自颁发证书之日起有效期为3年。《国家税务总局关于实施高新技术企业所得税优惠有关问题的通知》（国税函〔2009〕203号）进一步规定，认定（复审）合格的高新技术企业，自认定（复审）批准的有效期当年开始，可申请享受企业所得税优惠。

企业参加高新技术企业资格的评定往往在次年才能拿到证书，比如企业在2014年申请认定高新技术企业资格，2015年3月取得高新技术企业资格证书，证书载明的生效日期为2014年9月25日，企业在2015年3月取得证书后进行企业所得税优惠备案的年度依然是证书生效的年度起，即2014年1月1日～2016年12月31日，而不是2014年9月25日～2017年9月24日。有些企业会混淆高新技术企业资格证书企业所得税的优惠年度。比如上述公司发布的公告对优惠期表述就有误，3年优惠期指2014年～2016年，而非2014年～2017年。

此外，如果企业因疏忽而未进行优惠申请，在以后年度是否可以补申请？国家税务总局发布的《关于发布〈税收减免管理办法〉的公告》（国家税务总局公告2015年第43号）第六条规定，纳税人依法可以享受减免税待遇，但是未享受而多缴税款的，纳税人可以在税收征管法规定的期限内申请减免税，要求退还多缴的税款。所以，企业符合条件但未进行优惠申请的可以在税收征管法规定的期限（3年）补充申请减免税。

第五节　技术创新与相关竞争法建设

一、竞争法在我国社会经济建设中的作用

（一）鼓励与保护公平竞争

鼓励与保护公平竞争是竞争法的宗旨和基本任务，它主要通过以下途径来实现这一作用：

1. 创制、完善公平竞争的社会条件

市场经济的发展具有不平衡性，不同国家、不同地区以及不同时期的市场经济，由于社会环境、历史文化等的不同而各有特点。这些特点可能有利于市场竞争的开展，也可能不利于市场竞争的开展。因此，立法者总是试图通过竞争立法，扬长避短，不断创新，完善市场竞争条件，以此促进和保护公平竞争。

我们说好了，要公平竞争。

2. 确立公平竞争的原则和制度

竞争法建立包括主体地位平等、自愿竞争、公平竞争奖励等原则和制度，为具体竞争行为提供模式，以规范、引导竞争者公平竞争，在制度方面为公平竞争提供保障。

3. 保护竞争者的竞争权

一方面由竞争法明确规定竞争者的正当竞争权，界定竞争权的内容和范围，即予以授权；另一方面，具体规定当竞争者的公平竞争权受到侵犯时的救济措施与制度。

（二）制裁反竞争行为

竞争法在正面鼓励和保护竞争的同时，还从反面对包括非法垄断、限制竞争行为、不正当竞争行为在内的各种反竞争行为予以制裁和打击，净化公平竞争的外部环境，以充分实现其促进竞争的价值与功能。竞争法明确规定各种反竞争行为的性质、特征、表现形式及法律责任，综合运用民事责任、行政责任、刑事责任三种方法对各种反竞争行为予以严厉打击。同时，还建立了反竞争行为的检查监督制度，从检查监督的体制，到检查监督的主体；从检查监督的权限分工，到检查监督的方法、程序都有系统的法律规定，以保障对反竞争行为的全方位控制。

（三）保护经营者的合法权益

反竞争行为的客观存在，直接增加了正当经营者的竞争风险和成本。尤其是一些具体的不正当竞争行为如侵犯商业秘密、商业诽谤、假冒注册商标等，往往是不正当行为人直接针对竞争对手实施的侵权行为，多对竞争对手的合法利益造成严重伤害。因此，竞争法制裁、打击各种反竞争行为，可保护经营者的合法利益。

（四）保护消费者的合法利益

许多反竞争行为，在损害其他经营者合法利益的同时，还对消费者的利益造成严重危害。如通过假冒方式盗用他人商业信誉的不正当竞争行为，会引起消费者的误认、误购；通过经营者的联合固定价格的行为，会使消费者承担不合理的高价；通过搭售或附加来排挤竞争对手的不正当行为，严重侵害了消费者的自由选择权等。因此，竞争法通过对竞争的调控，为消费者提供最大可能、最优质量、最廉价格的消费实惠,以实现对消费者利益的保护。

(五)保护国家和社会公共利益

反竞争行为在损害经营者、消费者个体利益的同时,还严重破坏市场竞争秩序。弱化竞争行为达到一定程度时,会导致一国市场结构的严重失衡,甚至会动摇一国的经济基础。竞争法正是通过对竞争的有效保护,维护公平的竞争秩序,构建合理的市场结构,促进技术进步和国民经济的稳定增长,以实现对国家和社会整体利益的保护。

二、专利权滥用及我国的相关立法

总体上,在与技术创新有关的技术、制度和意识等综合实力上,我们与西方发达国家相比,基本的态势是"他强我弱",我们不但在技术、制度等硬指标方面远逊于对方,而且在技术创新经验和保护意识等软状态方面也存在着严重欠缺。下文将在以下两个方面展开论述:我国所面临的(跨国公司)专利权滥用的主要表现以及我国当前规制专利权滥用的立法现状。通过这些分析,目的在于指出我国现阶段技术创新法制完善的重点所在。

(一)专利权滥用的主要表现

从权利效力的角度,专利权首先表现为排他权,其次表现为支配权。作为支配权,专利权的效力体现在以下四个方面,即实施、许可、转让、追究侵权责任。同时,在这四个方面,专利权的滥用行为也都有表现。

我的专利,我想怎么用就怎么用。

1.在实施领域滥用专利权的行为

专利权人享有将其专利技术付诸商业实施的权利,或者以自己的行为主动实施,或者通过转让、许可等行为交由他人实施,自己收取转让费或许可费。在其主动实施的过程中,滥用专利权的行为主要表现为:相关的实施行为违背公序良俗或者违背法律的强制性规定,比如专利权人利用其专利技术制造毒品、赌博工具等。此外,获得专利权后,如果专利权人自己不实施专利权,同时也不许可他人实施,则也可能构成专利权滥用。

2.在转让、许可领域滥用专利权的行为

(1)拒绝许可。拒绝许可,即专利权人凭借其享有的专有权,对竞争者提出的合理的许可请求置之不理。拒绝许可的主要目的在于,通过排除其他人的竞争以巩固自己的垄断地位。

(2)搭售行为。搭售是指将两种或两种以上产品捆绑成一种产品进行销售,以致购买者为得到其所想要的产品就必须购买其他产品的行为。在我国市场上，某些跨国公司有过搭售的实例。

（3）价格歧视。价格歧视，也称为歧视性定价，是指企业在提供、接受产品或服务时，对不同的客户实行与成本无关的价格上的差别待遇。比如，卖方对购买相同等级、相同质量的产品或服务的买方要求支付不同的价格，或者买方对提供相同等级、相同质量的产品或服务的卖方支付不同的价格。如果他们是不合理的，即与成本无关，就会构成价格歧视。

（4）掠夺性定价。掠夺性定价也可称为低价倾销，是价格歧视的一种，是指经营者在依法降价处理商品之外，为排挤竞争对手或独占市场，以低于成本的价格销售商品，扰乱正常生产经营秩序，损害国家利益或者其他经营者合法权益的行为。

（5）过高定价。这里所称的过高定价，是指企业在正常竞争条件下所不可能获得的远远超出公平标准的价格。索取垄断性高价，实际上是利用市场支配地位对消费者和用户进行剥削的行为。本来在市场经济条件下，企业的定价水平是由市场调节的，对于一般企业的高价，反垄断法不予过问；但具有市场支配地位的企业垄断性高价，往往是市场支配地位滥用的表现（尤其是在市场进入存在明显障碍或者以过高定价作为拒绝交易的变相手段时），因此其也成为一些国家和地区反垄断法所规制的对象。

3. 在联营领域滥用专利权的行为

跨国公司经常会实施一些与专利许可有关的联合商业行为，最典型的如交叉许可与联合经营。交叉许可是指双方当事人相互许可对方使用自己的专利权的行为；联合经营则是指两个以上当事人，将他们在某一领域内的专利权集中在一起，相互予以许可，并许可第三人使用的行为。这些联营行为，有时会产生一些积极的结果，比如减少由于各自的专利权所产生的对技术使用的障碍；但这些行为也可能会产生对竞争不利的影响，尤其是当行为的目的主要是为了瓜分市场、集体定价或限制产量时，其违法性非常明显。

4. 在侵权领域滥用专利权的行为

（1）恶意诉讼。发现他人侵犯专利权后，提起诉讼是专利权人的一项基本权利。但在现实中，有的专利权人并无充足证据证明他人实施了侵权行为，但是基于拖垮竞争对手的目的而向人民法院起诉。另外，在诉讼过程中，专利权人也可能滥用法律所赋予的请求诉前、诉中禁令的权利；尤其对那些在经济上占优势的企业来说，通常愿意通过提供担保来换取禁令，以阻止他人的生产经营活动，从而获取时间上的优势，谋求不正当利益。

（2）滥用责令停止侵权的责任形式。应该说，维持专利权的完整性并不是最终目的，而仅是专利权人取得相关经济利益的必要手段。因此，如通过其他方式，既可以保证专利权之完整，又会顾及经济利益之实现，停止侵权将不再是最理想的选择。比如，为了准备实施专利技术，被告已经支出了较大的一笔投资，若适用责令停止侵权，将会给其带来巨大损失；在被告已经同意支付合理的赔偿金或许可使用费的情况下，原告如仍坚持原来的诉讼请求，将构成专利权的滥用。

（二）我国规制专利权滥用的现行立法

针对滥用知识产权、专利权的违法行为，我国的现行立法已经在一定程度上进行了规制，如技术进出口管理条例第二十九条，对外贸易法第三十条，以及反垄断法第五十五条等。但在制度的总体安排上，与技术创新有关的"相关竞争法"仍有待完善。

三、我国促进技术创新的相关竞争法建构

本着技术创新法制重构"本土化"的基本要求，我们的立法应该实现"准弱化"的专利法与"最强化"的相关竞争法的系统结合。总体上，在专利法部分，我们应该坚持弱化专利权保护的基本立场。在 TRIPs 协定的强制下，真正意义上的弱化已无法实现，但该方向应该是清楚的，确切地说是"准弱化"的专利法。

在竞争法部分，我们应该确立"最强化"的相关竞争法，以期有效地制约本已十分强大的西方国家的专利权，尤其是为根治各种专利权滥用行为提供法律依据。更何况，目前国际条约对与知识产权有关的各国竞争法的限制并不多，即使是发达国家内部在相关竞争法方面也存在着显著分歧，因此，我国可以较为"自由"地立法。

我国的反垄断法已于2008年8月开始实施，该法不但对规制我国经济生活中的各种垄断行为十分必要，而且也是有效治理知识产权滥用的基本法。该法第五十五条规定，经营者依照有关知识产权的法律、行政法规规定行使知识产权的行为，不适用本法；但是，经营者滥用知识产权，排除、限制竞争的行为，适用本法。

（一）全面规定专利权滥用的行为表现

专利权滥用有很多表现情形：在自己实施专利技术时，主要表现为使用相关技术制造违法产品；在销售专利产品时，主要表现为掠夺性定价、价格歧视等；在转让、许可他人实施时，主要表现为拒绝许可、许可附加不合理条件等；在侵权诉讼中，主要表现为恶意诉讼、滥用责令停止侵权的责任形式、以侵权相威胁等。这些行为中，如销售专利产品时的掠夺性定价、价格歧视，企业合并中的滥用等，可以由将来的反垄断法主要予以规制。对于"技术许可附加不合理条件"的滥用，反垄断法也可发挥作用，但许多国家往往通过制定操作性更强的、竞争性的单行法予以进一步规定；对限制性许可协议进行反垄断法审查，是这些国家相关竞争法的最主要部分。在我国未来的相关单行法中，对限制性许可协议所可能引发的专利权滥用，也应重点予以规制；但同时，对上述其他的专利权滥用，立法上也应严格惩治，因为这些行为同样危害无穷。例如，在专利懈怠的情况下，专利权人利用专利侵权诉讼时效规定不完善的漏洞，明知侵权行为的存在，仍采

取放任的态度，不及时提起侵权诉讼，待侵权人发展至一定规模时才提起侵权诉讼以索取高额赔偿。并且，由于其他人在专利懈怠的长时间内，因误信权利人放弃权利而进行决策，招致了除赔偿以外更广泛的损害。最后，除了尽可能规定各种专利权滥用行为之外，还须创立一个"一般规范"，以应对将来新的专利权滥用行为。

（二）严格专利权滥用责任承担的归责原则

依照我国民法通则规定，任何人或者法人承担民事责任一般应当有过错；没有过错，但法律规定应当承担民事责任的，应当承担民事责任。一般认为，侵犯专利权的行为，应属于后一种情形。因为专利法规定，未经专利权人的许可，实施其专利，即构成侵犯其专利权。条文中并未要求行为人有故意或者过失，可见是明确采取了无过错的归责原则。因此，专利权人控告他人侵权，无须证明实施专利的行为有故意或者过失。出于保护专利权人和保护他人利益、社会利益的平衡考虑，在规制专利权滥用时，考虑到专利权滥用行为的具体情形，采"混合归责原则"也许是更好的选择。对于"技术许可附加不合理条件"的滥用行为、滥用技术标准、专利权滥用行为等，可适用无过错归责原则，只要合同条款中有不当的限制性条款，就应当让其承担责任；至于其他的专利权滥用行为，大致可适用过错责任的归责原则，但也不应是简单的故意责任。

（三）加重专利权滥用的法律责任

参照我国的反垄断法、反不正当竞争法以及专利法中的相关规定，专利权滥用的法律责任大致包括刑事、行政、民事三种责任形式。以专利法为例对此予以说明。对于侵犯专利权的行为，权利人在起诉之前可以向人民法院申请采取责令停止有关侵权行为和财产保全、证据保全的措施；在民事赔偿数额的确

定上，以权利人的实际损失或侵权人的违法所得来确立赔偿的基本数额依据，若此二者无法计算清楚，则可参照专利许可使用费的合理倍数确定，若没有专利许可使用费或其明显不合理的，则最多可在人民币100万元以下确定赔偿数额；对于假冒他人专利的违法行为，除了应承担相应的民事责任以外，由相关行政部门适用责令改正并予公告、没收违法所得、罚款等行政处罚；对于假冒专利的违法行为，除承担相关的民事、行政责任之外，情节严重的，可处三年以下有期徒刑或者拘役，并处或单处罚金。

不正当竞争纠纷中的专利权滥用认定

【案情介绍】甲公司享有一项外观设计专利，认为乙公司生产的某系列产品侵犯了其专利权，遂向乙公司的经销商发送通知及律师函，要求经销商停止销售乙公司的该系列产品，后乙公司通过专利权无效宣告程序使甲公司的专利权被宣告无效，并经两审行政诉讼程序维持。于是，乙公司认为甲公司的行为构成了捏造、散布虚假事实，损害竞争对手商业信誉、商品声誉的不正当竞争行为，提起以不正当竞争纠纷为案由的诉讼，其中乙公司认为甲公司向其客户（经销商）散布通知及律师函的行为属于滥用专利权。

【以案释法】此案是一起不当发布警告函的典型案例。所谓发警告函行为，是指行为人以各种方式向其自身或竞争对手的交易相对人或潜在交易相对人，散发竞争对手侵害其专利权消息的行为。这种行为会造成不公平竞争，构成专利权滥用。虽然本案中甲公司散布警告函行为的非正当性并不直接体现在专利权的行使，而是表现为恶意散布消息损害竞争对手商誉的不正当竞争行为，但是从甲公司将该行为作为"维护"其专利权的一种手段来看，该行为与专利权的行使又有千丝万缕的联系，因此这种行为广义上属于专利权滥用行为，而反不正当竞争法体现的维护公平竞争秩序的立法目的与专利制度设立目的又有重合，因此认为反不正当竞争法可以规制专利权滥用行为。对于此类以反不正当竞争为案由的案件，法院审查重点在于对甲公司的行为是否符合损害商誉的反不正当竞争行为的构成要件，如：主观过错、捏造、散布虚假事实的行为、已经或可能造成商业信誉的损害、是否具有竞争关系等进行认定。滥发警告函以及恶意散布诉讼信息是专利权人滥用权利行为中较为典型的现象，援引反不正当竞争法保护也是此类案件受害者用来反击专利权人的主要手段。

第六节　创新中常见法律纠纷处理

一、著作权侵权纠纷

（一）著作权侵权纠纷的概念

著作权侵权是指一切违反著作权法侵害著作权人享有的著作人身权、著作财产权的行为。具体说来，凡行为人实施了著作权法第四十七条和第四十八条所规定的行为，侵犯了他人的著作权造成财产或非财产损失，都属于对著作权的侵权。

著作权侵权纠纷是指争议各方就行为人行为是否构成侵权，承担什么责任，以及由谁承担等问题而发生争执。

（二）著作权侵权的类型

1.侵权行为的种类

（1）著作权法第四十七条规定的侵权行为：①未经著作权人许可，发表其作品的；②未经合作作者许可，将与他人合作创作的作品当作自己单独创作的作品发表的；③没有参加创作，为谋取个人名利，在他人作品上署名的；④歪曲、篡改他人作品的；⑤剽窃他人作品的；⑥未经著作权人许可，以展览、摄制电影和以类似摄制电影的方法使用作品，或者以改编、翻译、注释等方式使用作品的，本法另有规定的除外；⑦使用他人作品，应当支付报酬而未支付的；⑧未经电影作品和以类似摄制电影的方法创作的作品、计算机软件、录音录像制品的著作权人或者与著作权有关的权利人许可，出租其作品或者录音录像制品的，本法另有规定的除外；⑨未经出版者许可，使用其出版的图书、期刊的版式设计的；⑩未经表演者许可，从现场直播或者公开传送其现场表演，或者录制其表演的；⑪其他侵犯著作权以及与著作权有关的权益的行为。

（2）著作权法第四十八条规定的侵权行为：①未经著作权人许可，复制、发行、表演、放映、广播、汇编、通过信息网络向公众传播其作品的，本法另有规定的除外；②出版他人享有专有出版权的图书的；③未经表演者许可，复制、发行录有其表演的录音录像制品，或者通过信息网络向公众传播其表演的，本法另有规定的除外；④未经录音录像制作者许可，复制、发行、通过信息网络向公众传播其制作的录音录像制品的，本法另有规定的除外；⑤未经许可，播放或者复制广播、电视的，本法另有规定的除外；⑥未经著作权人或者与著作权有关的权利人许可，故意避开或者破坏权利人为其作品、录音录像制品等采取的保护著作权或者与著作权有关的权利的技术措施的，法律、行政法规另有规定的除外；⑦未经著作权人或者与著作权有关的权利人许可，故意删除或者改变作品、录音录像制品等的权利管理电子信息的，法律、行政法规另有规定的除外；⑧制作、出售假冒他人署名的作品的。

2.侵害著作权人的人身权

侵害著作权人身权的行为有：（1）剽窃、抄袭；（2）未经许可发表著作权人的作品；（3）未经合作者许可，将与他人合作的作品当成自己单独创作的作品发表；（4）没有参加创作，为谋取个人利益，在他人作品上署名；（5）歪曲篡改假冒他人作品。

3.侵害著作权人的财产权

侵害著作权财产权的行为有：（1）擅自使用；（2）擅自复制；（3）制作出售假冒他人作品；（4）擅自制作、转播；（5）未按规定付酬。

（三）著作权侵权纠纷的处理

著作权人和邻接权人发现自己的权利遭受不法侵害时，可通过调解、仲裁、诉讼的方式解决侵权纠纷。

1.调解

调解，是指发生纠纷时，在调解组织的主持下当事人达成和解协议的纠纷解决方式。调解组织可以是著作权行政管理部门和其他部门，也可以是其他社会团体和群众组织。著作权侵权纠纷和合同纠纷都可以通过调解解决。调解协议不具有法律上的强制性，不能予以强制执行。达成协议后，一方反悔，不同意按调解协议执行的，调解协议即失去效力，当事人可通过诉讼来解决纠纷。

2.仲裁

仲裁，是指仲裁机构依照一定的仲裁程序对当事人的纠纷进行裁决的纠纷解决方式。著作权的仲裁由著作权仲裁机构进行，主要适用于对著作权合同纠纷的解决，而且在著作权合同中必须订有仲裁条款或者事后达成书面仲裁协议，如果没有仲裁条款或者事后未达成书面仲裁协议的，不能进行仲裁。著作权仲裁机构所作出的仲裁具有法律上的强制力，一方不履行仲裁裁决的，另一方可以申请人民法院强制执行。

3.诉讼

著作权的诉讼，是指通过向人民法院起诉，利用诉讼程序解决著作权纠纷的一种方式。诉讼是我国著作权法所规定的解决著作权纠纷的主要方式。当事人可以直接向人民法院起诉或者当事人之间调解不成以及调解达成协议后一方反悔的，也可向人民法院起诉。此外，执行仲裁申请的人民法院发现仲裁裁决违法的，有权不予执行，当事人也可以就合同纠纷向人民法院起诉。当事人向人民法院请求保护著作权的诉讼时效期间为2年，时效期间的起算日从著作权人知道或者应当知道权利被侵犯时开始计算。人民法院在审理案件过程中，对于侵犯著作权或者与著作权有关的权利的，可以没收违法所得、侵权复制品以及进行违法活动的财物。

我国著作权法规定了关于当事人在诉讼过程中的证据保全措施。为制止侵权行为，在证据可能灭失或者以后难以取得的情况下，著作权人或者与著作权有关的权利人可以在起诉前向人民法院申请保全证据。人民法院接受申请后，必须在48小时内作出裁定，裁定采取保全措施的，应当立即开始执行。当事人申请证据保全的，人民法院可以责令申请人提供担保，申请人不提供担保的，驳回申请。申请人在人民法院采取保全措施后15日内不起诉的，人民法院应当解除保全措施。保全措施的规定，有利于被侵权人权利的保护，也有利于法院对案件的审理。

我国著作权法还规定，著作权人或者与著作权有关的权利人有证据证明他人正在实施或者即将实施侵犯其权利的行为，如不及时制止将会使其合法权益受到难以弥补的损害的，可以在起诉前向人民法院申请采取责令停止有关行为和财产保全的措施。这样的规定有利于对著作权人利益更好的保护，使著作权人责令停止侵害的措施更加有效。

二、商标侵权纠纷

（一）商标侵权基本概念

商标侵权是指行为人未经商标权人许可，在相同或类似商品上使用与其注册商标相同或近似的商标，或者其他干涉、妨碍商标权人使用其注册商标，损害商标权人合法权益的其他行为。行为人销售明知或应知是假冒注册商标的商品，商标专用权被侵权的自然人或者法人在民事上有权要求侵权人停止侵害、消除影响、赔偿损失。

（二）商标侵权的构成要件

具备下述四个构成要件的，构成销售假冒注册商标商品的侵权行为：

第一，必须有违法行为存在，即指行为人实施了销售假冒注册商标商品的行为。

第二，必须有损害事实发生，即指行为人实施的销售假冒商标商品的行为造成了商标权人的损害后果。销售假冒他人注册商标的商品会给权利人造成严重的财产损失，同时也会给享有注册商标权的单位等带来商誉损害。无论是财产损失还是商誉损害都属损害事实。

第三，违法行为人主观上具有过错，即指行为人对所销售的商品属假冒注册商标的商品的事实已经知道或者应当知道。

第四，违法行为与损害后果之间必须有因果关系，即指不法行为人的销售行为与造成商标权人的损害结果存在前因后果的关系。

（三）商标侵权行为的种类

根据商标法第五十七条，规定了七种侵犯注册商标专用权的行为：第一，未经商标注册人的许可，在同一种商品上使用与其注册商标相同的商标的；第二，未经商标注册人的许可，在同一种商品上使用与其注册商标近似的商标，或者在类似商品上使用与其注册商标相同或近似的商标，容易导致混淆的；第三，销售侵犯注册商标专用权的商品的；第四，伪造、擅自制造他人注册商标标识或者销售伪造、擅自制造的注册商标标识的；第五，未经商标注册人同意，更换其注册商标并将该更换商标的商品又投入市场的；第六，故意为侵犯他人商标专用权行为提供便利条件，帮助他人实施侵犯商标专用权行为的；第七，给他人的注册商标专用权造成其他损害的。

（四）商标侵权纠纷的处理

根据我国商标法第六十条规定，有商标法第五十七条所列侵犯注册商标专用权行为之一，引起纠纷的，由当事人协商解决；不愿协商或者协商不成的，商标注册人或者利害关系人可以向人民法院起诉，也可以请求工商行政管理部门处理。可见，解决商标侵权纠纷，当事人可以协商解决，不愿协商或者协商不成的可以通过工商行政管理部门处理，也可以向人民法院提起诉讼。

1. 协商解决方式

商标法规定了商标侵权纠纷自行协商解决的程序，其目的在于：

首先，鉴于有些侵权行为仅仅侵犯了注册人的利益，并未给他人带来损害，注册人自行协商，可化解因此产生的争议。但应当注意，自行协商的商标侵权纠纷首先是未构成刑事犯罪行为的纠纷，对以假冒他人注册商标为主业且数额达到犯罪立案标准的行为人，必须追究刑事责任。

其次，自行协商解决的纠纷案件，其侵权行为一般情节比较轻微，后果不严重，可以免予行政处罚，即行政责任可予以免除。

2. 行政解决方式

（1）商标侵权案件的行政管辖，既可以是侵权人所在地的工商行政管理部门，也可以是侵权行为地的工商行政管理部门。

（2）县级以上工商行政管理部门在受理商标侵权案件后，通过调查取证，在认定事实的前提下，制止侵权行为，并根据侵权人违法事实和情节轻重、作出行政处罚。

（3）工商行政管理机关认为侵犯注册商标专用权的，在调查取证时可以行使下列职权：询问有关当事人；检查与侵犯活动有关的物品，必要时，可以责令封阅；调查与侵权活动有关的行为；查阅、复制与侵权活动有关的合同、账册等业务资料。

3. 诉讼解决方式

（1）管辖。商标侵权案件可以由侵权行为地或者侵权人所在地人民法院管辖。对此，被侵权人可以自主选择侵权行为地或侵权人所在地人民法院起诉。同时，由于商标侵权案件较为复杂，第一审商标民事案件，由中级以上人民法院及最高人民法院指定的基层人民法院管辖。

（2）人民法院在处理商标侵权案件时一般采用民事制裁的方式。基于被侵权人行使的禁止请求权、损失赔偿请求权、归还不当利益请求权、恢复信誉请求权，人民法院可单独采用或合并采用以下办法：①责令侵权人立即停止侵害；②消除影响，恢复被侵权人的信誉，如责令被侵权人在报刊杂志上登载道歉声明等，以恢复被侵权人的商业信誉；③赔偿被侵权人的损失，赔偿额的计算办法为侵权人在侵权期间因侵权所获得的利润或者被侵权人在被侵权期间因被侵权所受到的损失，另外，被侵权人因调查、取证、聘请诉讼代理人或非诉讼代理人所花的费用，侵权人也应予以赔偿；④除上述主要办法外，人民法院还可以采取训诫、责令具结悔过、没收非法所得、罚款或拘留等措施。

（3）商标侵权案件的诉讼解决适用民事诉讼程序。商标被侵权人必须依法向人民法院起诉，才能发动诉讼。人民法院对于经审查符合法律规定的起诉，应当立案受理，在审理商标侵权案件时，必须依法定程序进行。

三、专利侵权纠纷

（一）基本概念

专利侵权是指未经专利权人许可，以生产经营为目的，实施了依法受保护的有效专利的违法行为。

专利侵权纠纷是指专利权人与未经其许可实施其专利的侵权行为人发生的争议。

（二）专利侵权纠纷的类型

1. 未经专利权人许可实施其专利的侵权行为

这里所说的"实施"针对不同性质的专利，其含义也有所不同。一般情况下，非法实施他人专利比较隐蔽，有时是改头换面，将原来专利进行非实质性改动，看似不同，实则没有新内容；有时只是部分侵权，侵权人的产品可能比原专利技术更进步，效果更好，但确实使用了他人专利，不论使用的程度有多大，都构成侵权。对侵权行为，专利权人或利害关系人可以请求管理专利工作的部门处理，也可以直接向人民法院起诉。诉讼时效为2年，自专利权人或者利害关系人知道或应当知道侵权行为之日起计算。

2. 假冒他人专利的侵权行为

假冒他人专利是指在非专利技术产品上或广告宣传中注明专利权人的专利标记和专利号，使公众误认为是他人的专利产品的行为。被假冒的专利是客观存在的有效专利，因此这种行为直接危害专利权人的利益，欺骗消费者，扰乱了专利管理秩序，它比第一种专利侵权行为情节更为严重。

（三）专利侵权纠纷的处理

1. 当事人协商解决

专利侵权纠纷是民事纠纷，由当事人自行协商解决，有利于平息纷争，化解矛盾。专利法第六十条首先提倡这种解决方式。当事人不愿意协商的，可以直接通过行政或司法程序处理侵权纠纷。

2. 行政处理

由管理专利工作的部门处理专利侵权纠纷是实现专利权保护的重要途径。依专利法第六十条规定，专利管理机关处理侵权纠纷时，有权认定侵权行为是否成立，认定侵权行为成立的，有权责令侵权人立即停止侵权。对专利管理机关的处理决定，当事人不服的，可以在收到处理通知之日起15日内向法院提起行政诉讼。侵权人期满不起诉又不停止侵权行为的，专利管理机关可以申请人民法院强制执行。

专利管理机关也可以对侵犯专利权的损害赔偿问题进行调解。但损害赔偿属于典型的民事救济方式，专利管理机关只能应当事人的请求进行调解，不作处理决定。调解不成的，当事人可向人民法院提起专利侵权的民事诉讼。

3.司法解决

所谓专利权纠纷的司法解决是指为了有效地对侵犯专利权行为予以制裁，给权利人以适当的补救，维护市场秩序，司法机关给予专利权人以必要的司法救济。当专利权受到不法侵害时，专利权人可以直接向人民法院起诉。依照最高人民法院的规定，专利纠纷第一审案件由各省、自治区、直辖市人民政府所在地的中级人民法院和最高人民法院指定的中级人民法院管辖。最高人民法院根据实际情况，可以指定基层人民法院管辖第一审专利纠纷案件。

4.诉前临时措施

诉前临时措施，是指在诉讼开始之前为制止正在实施或即将实施的侵权行为所采取的措施。我国专利法第六十六条规定，专利权人或者利害关系人有证据证明他人正在实施或者即将实施侵犯其专利权的行为，如不及时制上将会使其合法权益受到难以弥补的损害的，可以在诉前向人民法院申请采取责令停止有关行为的措施。专利法第六十七条规定，为了制止专利侵权行为，在证据可能灭失或者以后难以取得的情况下，专利权人或者利害关系人可以在起诉前向人民法院申请保全证据。

四、网络知识产权侵权纠纷

（一）基本概念

网络知识产权就是由数字网络发展引起的或与其相关的各种知识产权。著作权包括版权和邻接权，工业产权包括专利、发明、实用新型，外观设计、商标等。

网络知识产权侵权纠纷是指在网络环境下发生的侵权行为所产生的纠纷。

（二）网络知识产权的侵权方式

网络知识产权的侵权行为方式按照传统的知识产权的分类方式，可以分为以下几种：

1.网上侵犯著作权的主要方式

根据我国著作权法的规定，凡未经著作权人许可，有不符合法律规定的条件，擅自利用受著作权法保护的作品的行为，即为侵犯著作权的行为。网络著作权内容侵权一般可分为三类：一是对其他网页内容完全复制；二是虽对其他网页的内容稍加修改，但仍然严重损害被抄袭网站的良好形象；三是侵权人通过技术手段偷取其他网站的数据，非法做一个和其他网站一样的网站，严重侵犯其他网站的权益。

2.网上侵犯商标权主要方式

随着信息技术的发展，网络销售也成为贸易的手段之一，在网络交易中，我们了解网络商品的唯一途径就是浏览网页，点击图片，而网络的宣传通常难以辨别真假，而对于明知是假冒注册商标的商品仍然进行销售，或者利用注册商标用于商品、商品的包装、广告宣传或者展览自身产品，即以偷梁换柱的行为用来增加自己的营业收入，这是网上侵犯商标权的典型表现。网购行为的广泛性，使得网店经营者越来

越多，从电器到家具，从服装到配饰，应有尽有，而一些网店经营者更是公然在网络中低价销售假冒注册商标的商品，有的销售行为甚至触犯刑法，构成犯罪。

3. 网上侵犯专利权主要方式

互联网上侵犯专利权主要有下列四种表现行为：未经许可，在其制造或者销售的产品、产品的包装上标注他人专利号的；未经许可，在广告或者其他宣传材料中使用他人的专利号，使人将所涉及的技术误认为是他人专利技术的；未经许可，在合同中使用他人的专利号，使人将合同涉及的技术误认为是他人专利技术的；伪造或者变造他人的专利证书、专利文件或者专利申请文件的。

（三）网络知识产权纠纷的处理

1. 民间调解

随着社会结构不断变迁，新型民间组织不断涌现，在此类民间组织中培育调解机构解决知识产权纠纷，是将中国特色的人民调解制度引入知识产权纠纷解决机制的一条可行之路。虽然知识产权纠纷多涉及文学、艺术、科学领域，专业性程度较高，纠纷较为复杂，但仍可适用民间调解方式解决一些争议较小、涉及金额较少的知识产权权属纠纷或许可使用合同纠纷。基于知识产权强烈的专业性，人民调解委员会的组成应由相关技术领域专家、知识产权实践经验丰富的律师或退休法官及具有较高社会声望之人担任。条件成熟时，调解机构也可包括民间自律形式的行业协会等协调机构。民间调解是纠纷双方同意由第三方居中协调，力图在双方之间达成和解协议，因而私密性较强，应注意保密。

2. 仲裁裁决

仲裁解决知识产权纠纷具有独特优势：程序简化，一裁终局；仲裁员多具备专业技术能力，专业权威性使仲裁结果更加具有说服力；仲裁程序的不公开审理有利于保护当事人的商业秘密；对涉外知识产权的仲裁结果有利于克服知识产权保护的地域性和地方保护主义，更有利于承认和执行。从权利属性上看，知识产权是私权，权利主体可自行选择用诉讼或者仲裁的方式来解决纠纷。仲裁适用的前提是当事人在纠纷发生前或发生后形成的仲裁合意。

3. 行政机关裁决

我国目前知识产权领域实行"司法保护为主，行政保护为辅"的双规保护模式，使得我国知识产权执法体制区别于世界其他国家。立法者当初期望通过强有力的行政执法迅速建立起高效便捷的知识产权保护体制，在全社会迅速普及知识产权保护的法制观念。但行政机关以公权力处理私权纠纷应受合理限制，行政机关有权管辖的主要是权属纠纷、申请权纠纷以及侵权纠纷等与公共秩序或公共利益相关的纠纷。因此较多使用在专利、商标纠纷案件中，较少涉及著作权纠纷。行政机关的介入并非最终救济手段，只是救济链条中的一个环节，如当事人对商标评审委员会作出的裁决不服，可向法院起诉。另外，一些私权性质较为明显的民事纠纷，如知识产权侵权纠纷、知识产权许可合同纠纷，在当事人一方或双方请求下，采取行政解决方式化解纠纷固然可行，但其解决结果不具有法律强制力。对于当事人之间的赔偿关系及赔偿数额的确定，行政机关只能居中调解。

4. 法院判决

我国在知识产权纠纷审判中实行审判和调解相结合的制度，但是"边审边调"的诉讼调解背离了调解的中立性本质，既不符合纠纷解决规律，且操作性也较差。而在纠纷被提交至法院后至庭审前的时间是一个调解的高效时机。可以在法院附设知识产权调解委员会来运行纠纷的调解程序，将相关技术领域专家、知识产权法专家、专利代理人及具有相当审判经验的专职调解员组成专家库，由委员会提供给当事人进行选择。法院附设知识产权调解委员会在庭审之前的调解程序，使当事人明晰专家对其纠纷的利益分析，向其提供非诉解决方式的机会。通过审前调解程序所达成的调解协议具有法律强制力，与法院审判中达成的调解或判决具有相同法律效力。但此类审前调解应当只适用知识产权一审案件，对于上诉与再审案件，不适用审前调解。

◯以案释法 ㉝

商标权侵权纠纷案件

【案情介绍】A公司系核定使用商品为第19类的某品牌图文组合商标、某图形商标、某文字商标的注册人，其中图文组合商标曾被国家商标局认定为中国驰名商标，该三项商标也曾被佛山中院、广东高院个案认定为驰名商标，该品牌地砖产品还多次被评为"广东省名牌产品"，2010～2013年广告费用达到9600余

万元。A公司从C公司淘宝店购得的某品牌填缝剂系由B公司生产、销售,被控侵权商品包装上印有与上述三项商标相同或者近似的标识。A公司请求在本案中认定三项注册商标为驰名商标,并请求法院判令B公司和C公司停止侵权、登报消除影响、共同赔偿经济损失50万元及合理费用6.5万元。

【以案释法】法院经审理后认为,瓷砖与瓷砖填缝剂属于搭配使用的装修用主料和辅料,两者关联程度极为紧密,在使用场所、销售渠道、消费对象等方面存在重合之处,故应认定为类似商品,为此,在本案中不具有认定驰名商标的必要性。B公司的行为属于在类似商品上使用与注册商标相同或者近似商标且易导致混淆的商标侵权行为,C公司的行为属于销售侵犯注册商标专用权商品行为,故判令B公司与C公司停止侵权,B公司登报消除影响,赔偿A公司包括合理费用在内的经济损失18万元,C公司对其中的5000元承担连带赔偿责任。

本案被控侵权商品与注册商标核定使用商品系关联商品,两者是否系类似商品的判断直接影响到本案中是否需要将驰名商标认定作为处理案件需要认定之事实,本案对在商标侵权案件中如何慎重把握"个案按需认定"原则具有一定的示范意义。另外,尽管被控侵权商品价值不高,但考虑到B公司系生产商,故在确定赔偿数额时体现了对侵权商品源头的打击力度。

 思考题

1. 专利申请的原则有几种?
2. 技术许可可分为哪几类?
3. 技术资本化有什么作用?
4. 科技成果转化有哪几种途径?
5. 知识产权有哪几种出资方式?
6. 高新技术企业如何依法享受技术创新税收优惠?
7. 如何处理专利侵权纠纷?

万众创新常见法律问题处理

第六章 创业创新常见刑事犯罪预防

★创业创新过程中会遇到很多法律问题，稍有不慎就可能触犯刑法，构成犯罪，因此我们要认清创业创新过程中常见的刑事犯罪，采取积极有效的措施，预防犯罪。

★本章对创业创新者在设立、融资、生产经营、财务管理等过程中，以及其管理人员常见的典型犯罪进行介绍。通过对本章的学习，创业创新者应自觉增强法律意识，预防和减少刑事犯罪。

第一节　创业企业常见刑事犯罪预防

一、企业设立中的常见犯罪及预防

（一）虚报注册资本罪

虚报注册资本罪，是指行为人申请公司登记使用虚假证明文件或者采用其他欺诈手段，虚报注册资本，欺骗公司登记主管部门取得公司登记，虚报注册资本数额巨大、后果严重或者有其他严重情节的行为。

虚报注册资本是指公司股东的实际出资额低于申请公司登记的法定最低出资额而谎称已经达到了法定出资额的情形；虚假证明文件是指申请公司登记时提供内容失实或者有虚假内容的证明文件；其他欺诈手段是指除虚假证明文件之外的其他骗取公司登记的方法。

1.虚报注册资本罪的犯罪构成

虚报注册资本罪侵犯的客体是国家对公司的登记管理秩序；犯罪主体是特殊主体，即公司登记的申请人，公司登记申请人既包括自然人，也包括单位；主观方面是故意；行为人的目的是为了骗取公司登记。

2.虚报注册资本罪的处罚

根据刑法第一百五十八条的规定，犯虚报注册资本罪的，处3年以下有期徒刑或者拘役，并处或者单处虚报注册资本金额1%以上5%以下罚金。单位犯本罪的，实行双罚制，即对单位判处罚金，并对其直接负责的主管人员或者其他直接责任人员，处3年以下有期徒刑或者拘役。

（二）虚假出资、抽逃出资罪

虚假出资、抽逃出资罪，是指公司发起人、股东违反公司法规定，未交付货币、实物或者未转移财产权，虚假出资，或者在公司成立后又抽逃其出资，数额巨大、后果严重或者有其他严重情节的行为。

1.虚假出资、抽逃出资罪的犯罪构成

虚假出资、抽逃出资罪侵犯的客体是国家对公司注册资本的管理秩序；本罪的客观方面表现为未交付货币、实物或者未转移财产权，虚假出资或者在公司成立后又抽逃出资；犯罪主体是特殊主体，即公司发起人和股东，发起人和股东既包括自然人，也包括单位；主观方面是故意。

2.虚假出资、抽逃出资罪的处罚

根据刑法第一百五十九条的规定，犯虚假出资、抽逃出资罪的，处5年以下有期徒刑或者拘役，并处或者单处虚假出资金额或者抽逃出资金额2%以上10%以下罚金。单位犯本罪的，实行双罚制，即对单位判处罚金，并对其直接负责的主管人员和其他直接责任人员，处5年以下有期徒刑或者拘役。

（三）企业设立中常见犯罪的预防

出资是刑事犯罪的高发环节，在这个环节中，公司发起人要按期、足额、真实地缴纳公司章程中规定的各自所认缴、认购的出资额、股本额，这样就会避免引发刑事风险。要控制和防范公司设立中的刑事风险，要了解公司设立中的虚报注册资本罪和虚假出资、抽逃出资的主体界限、行为界限和立案标准。同时，还要认真学习有关公司设立方面的法律法规，掌握公司设立的法定条件和程序，不断提高法律意识，树立依法经营的理念，防刑事风险于未然。

🔍 以案释法 ㉞

刘某虚报注册资本案

【案情介绍】2004年9月20日，刘某在明知自己没有注册资金成立某畜产品经贸公司的情况下，为了取得公司登记，找王某让其帮忙出资为自己注册公司。王某从刘某处收取0.8万元后，提供注册资金30万元，并向工商部门出具了虚报的验资报告。刘某领取某畜产品经贸有限公司营业执照后，提取30万元还给王某。

【以案释法】本案中刘某虽然借了王某30万作为注册资金，但在骗取公司登记后又将这30万拿出来给了王某，实际上他并没有出资，而是采取虚假出资的手段，虚报注册资本，欺骗公司登记主管部门，取得公司登记，所以说其行为已构成虚报注册资本罪。

二、企业融资中常见的犯罪及预防

（一）贷款诈骗罪

贷款诈骗罪，是指以非法占有为目的，采用虚构事实、隐瞒真相的方法，诈骗银行或者其他金融机构的贷款，数额较大的行为。

1. 贷款诈骗罪的犯罪构成

贷款诈骗罪侵犯的客体既包括国家对金融的管理秩序，又包括公共财产所有权。客观方面表现为采用虚构事实、隐瞒真相的方法，诈骗银行或者其他金融机构的贷款，数额较大的行为，具体包括下述五种情形：（1）编造引进资金、项目等虚假理由的；（2）使用虚假的经济合同的；（3）使用虚假的证明文件的；（4）使用虚假的产权证明作担保或者超出抵押物价值重复担保的；（5）以其他方法诈骗贷款的。犯罪主体是一般主体，主观方面是故意并以非法占有为目的。

2. 贷款诈骗罪的处罚

根据刑法第一百九十三条的规定，犯贷款诈骗罪，数额较大的，处5年以下有期徒刑或者拘役，并处2万元以上20万元以下罚金；数额巨大或者有其他严重情节的，处5年以上10年以下有期徒刑，并处5万元以上50万元以下罚金；数额特别巨大或者有其他特别严重情节的，处10年以上有期徒刑或者无期徒刑，并处5万元以上50万元以下罚金或者没收财产。

（二）高利转贷罪

高利转贷罪，是指以转贷牟利为目的，套取金融机构信贷资金高利转贷他人，违法所得数额较大的行为。

1. 高利转贷罪的犯罪构成

高利转贷罪侵犯的客体是国家正常的金融管理秩序；客观方面表现为套取金融机构信贷资金高利转贷他人；犯罪主体是一般主体，既包括自然人，也包括单位；主观方面是故意，而且具有高利转贷他人牟利的目的。

2. 高利转贷罪的处罚

根据刑法第一百七十五条的规定，犯高利转贷罪，数额较大的，处3年以下有期徒刑或者拘役，并处违法所得1倍以上5倍以下罚金；数额巨大的，处3年以上7年以下有期徒刑，并处违法所得1倍以上5倍以下罚金。单位犯本罪的，实行双罚制，即对单位判处罚金，并对其直接负责的主管人员和其他直接责任人员，处3年以下有期徒刑或者拘役。

（三）欺诈发行股票、债券罪

欺诈发行股票、债券罪，是指在招股说明书、认股书或者公司、企业债券募集办法中隐瞒重要事实或者编造重大虚假内容，发行股票或者公司、企业债券，数额巨大、后果严重或者有其他严重情节的行为。

1. 欺诈发行股票、债券罪的犯罪构成

欺诈发行股票、债券罪侵犯的客体是复杂客体，既包括国家对股票、公司、企业债券的管理制度，又包括股东或者其他债权人的合法权益；客观方面表现为在招股说明书、认股书或者公司、企业债券募集办法中隐瞒重要事实或者编造重大虚假内容；犯罪主体是特殊主体，即股票或者公司、企业债券的发行人，既包括自然人，也包括单位；主观方面是故意，而且行为人具有非法募集资金的目的。

2. 欺诈发行股票、债券罪的处罚

根据刑法第一百六十条的规定，犯欺诈发行股票、债券罪的，处5年以下有期徒刑或者拘役，并处或者单处非法募集资金金额1%以上5%以下罚金。单位犯本罪的，实行双罚制，即对单位判处罚金，并对其直接负责的主管人员和其他直接责任人员，处5年以下有期徒刑或者拘役。

（四）企业融资中常见犯罪的预防

向金融机构贷款是企业进行融资的一个重要途径，但在贷款融资的过程中，如果不加注意，有可能引发贷款诈骗罪和高利转贷罪等刑事风险，为了控制和预防上述刑事风险，企业应当严格遵守商业银行法、中国人民银行贷款通则等法律法规中关于贷款方面的规定，严格按照法定条件和程序申请贷款，并按照约定的用途使用贷款，按照约定的利率、期限、方式归还贷款。

此外，要控制和防范欺诈发行股票、债券罪，要从内部控制和外部防范两方面着手，内部控制是针对融资方而言的，外部防范则是针对投资方而言的。作为融资方，公司企业及其人员应当防范欺诈发行证券引发承担刑事责任的风险；作为投资方，公司企业及其人员应当防范购买欺诈发行证券而遭受损失的风险。

🔍 以案释法 ㉟

欺诈发行股票案

【案情介绍】1998年年初，时任四川省某市茶叶公司法定代表人的陈某为使公司顺利改制为股份公司募集更多资金，指使员工虚拟211名自然人出资1828万元为发起人，与四川某市茶叶公司等5家法人共同发起成立四川L茶业股份有限公司，并伪造了发起人协议书、发起人认购股份表以及211名自然人股东的签名等。

1998年4月，经四川省体改委批复同意该股份公司成立，批复文件同时明确规定，自公司成立之日起3年内，所有股份不得转让。

1998年5月，L公司成立后，陈某即带领龚某等人到以前某茶叶公司集资户较多的干休所等处向集资户进行债转股和现金购买股票的宣传，吸引了大量集资户和社会公众来办理业务。此外，龚某等人还在某科学城等地设点发售L公司股票。通过一系列宣传、发售活动，L公司迅速将所谓的自然人股东持有的1828万股股票全部发售完毕。

2000年，L公司正式更名为L集团，其股票须计零后变更名称重新托管。陈某等人趁机将某茶叶公司持有的法人股票全部量化到若干个人名下，并安排员工联系对外发售了近1000万股并办理了过户手续。同年6月，L集团将股票陆续转至成都托管中心进行托管。因该中心要求股票构成须与发起设立时一致，陈某等人遂将前阶段出售的近1000万股股票暂时收回。后陈某利用一份虚构的市体改委文件于2001年10月和2002年2月分两次在成都托管中心将2000万股法人持有股量化到若干个人名下。其中1000余万股用于交还上述暂收回的股票外，其余均被用于偿还企业债务或出售。

2006年2月，经四川省某司法鉴定所对L公司1998年及1999年对外发行股票的12本凭证进行查证，发现其以L公司名义发行股票共计2200多万股，获取现金2200多万元。

【以案释法】L集团股份有限公司在股票发行的过程中，隐瞒重要事实，编造重大虚假内容，发行股票数额巨大，且不能及时清退，后果严重，社会影响恶劣，其行为已构成欺诈发行股票罪；陈某、龚某作为该公司直接负责的主管人员和其他直接责任人员，其行为亦构成欺诈发行股票罪。

三、企业生产运作中的常见犯罪及预防

（一）生产、销售伪劣产品罪

生产、销售伪劣产品罪，是指生产者、销售者违反国家产品质量管理法规，在生产、销售的产品中掺杂、掺假，以假充真，以次充好，或者以不合格产品冒充合格产品，销售金额较大的行为。

1.生产、销售伪劣产品罪的犯罪构成

生产、销售伪劣产品罪侵犯的客体是复杂客体，既包括国家的产品质量管理制度和市场管理制度，又包括消费者的合法权益；生产、销售伪劣产品罪在客观方面最显著的特征是行为人在客观上实施了生产、销售伪劣产品的行为，生产、销售伪劣产品，指行为人故意在生产销售的产品中掺杂、掺假，以假充真，以次充好或者以不合格产品冒充合格产品的情形；本罪的犯罪主体是一般主体，既包括自然人，也包括单位；本罪的主观方面是故意。

2.生产、销售伪劣产品罪的处罚

根据刑法第一百四十条、一百五十条的规定，犯生产、销售伪劣产品罪，销售

金额5万元以上不满20万元的，处2年以下有期徒刑或者拘役，并处或者单处销售金额50%以上2倍以下罚金；销售金额20万元以上不满50万元的，处2年以上7年以下有期徒刑，并处销售金额50%以上2倍以下罚金；销售金额50万元以上不满200万元的，处7年以上有期徒刑，并处销售金额50%以上2倍以下罚金；销售金额200万元以上的，处15年有期徒刑或者无期徒刑，并处销售金额50%以上2倍以下罚金或者没收财产。单位犯本罪的，实行双罚制，即对单位判处罚金，并对其直接负责的主管人员和其他直接责任人员，按照相关规定处罚。

（二）假冒注册商标罪

假冒注册商标罪，是指违反商标管理法规，未经注册商标所有人许可，在同一种商品上使用与其注册商标相同的商标，情节严重的行为。

1.假冒注册商标罪的犯罪构成

假冒注册商标罪侵犯的客体既包括国家对商标的管理秩序，又包括注册商标所有人的注册商标专用权；客观方面表现为违反商标管理法规，未经注册商标所有人许可，在同一种商品上使用与其注册商标相同商标的行为；犯罪主体是一般主体，既包括自然人，也包括单位；主观方面是故意。

2.假冒注册商标罪的处罚

根据刑法第二百一十三条、二百二十条的规定，犯假冒注册商标罪，情节严重的，处3年以下有期徒刑或者拘役，并处或者单处罚金；情节特别严重的，处3年以上7年以下有期徒刑，并处罚金。单位犯本罪的，实行双罚制，即对单位判处罚金，并对其直接负责的主管人员和其他直接责任人员，按照相关规定处罚。

（三）侵犯商业秘密罪

侵犯商业秘密罪，是指采取不正当手段，获取、使用、披露或者允许他人使用权利人的商业秘密，给商业秘密的权利人造成重大损失的行为。

1.侵犯商业秘密罪的犯罪构成

侵犯商业秘密罪侵犯的客体既包括国家对商业秘密的管理制度，又包括商业秘密权利人享有的合法权利。客观方面表现为四种行为方式：一是以盗窃、利诱、胁迫或者其他不正当手段获取权利人的商业秘密；二是披露、使用或者允许他人使用以前项手段获取的权利人的商业秘密；三是违反约定或者违反权利人有关保守商业秘密的要求，披露使用或者允许他人使用其所掌握的商业秘密；四是明知或应知是上述行为而获取、使用或者披露他人的商业秘密。犯罪主体是一般主体，既包括自然人，也包括单位。主观方面是故意。

2.侵犯商业秘密罪的处罚

根据刑法第二百一十九条、二百二十条的规定，犯侵犯商业秘密罪，给商业秘密的权利人造成重大损失的，处3年以下有期徒刑或者拘役，并处或者单处罚金；造成特别严重后果的，处3年以上7年以下有期徒刑，并处罚金。单位犯本罪的，实行双罚制，即对单位判处罚金，并对其直接负责的主管人员和其他直接责任人员，按照相关规定处罚。

应当注意的是，根据最高人民法院、最高人民检察院的司法解释，单位实施侵犯知识产权的行为，按照司法解释规定的相应个人犯罪的定罪量刑标准的3倍定罪量刑。

（四）企业生产运作常见犯罪的预防

企业在生产运作过程中，应当依法加强对产品质量的管理和控制，如果违反国家产品质量法，生产销售不符合质量标准的伪劣产品，就可能引发生产、销售伪劣产品罪的风险。要控制和防范这些方面的刑事风险，作为企业的工作人员，尤其是管理人员，应当熟悉相关罪名的主体界限、行为界限，从这几个方面杜绝刑事风险的产生。除此之外，树立以质量取胜的经营理念，加强对产品质量的管理和控制，是防范刑事法律风险的治本之策。

针对知识产权领域的刑事风险，企业管理人员应当提高法律意识和树立守法经营的理念，避免贪图一时的利益而引发的刑事风险，同时还应当通过法律学习，熟悉和掌握相关罪名的主体界限和行为界限，自觉规范自己的经营行为，杜绝刑事风险的产生。除此之外，企业在生产运作过程中，应当加以特别注意，除了自觉杜绝主动实施侵犯他人知识产权的行为，还要辨清合理使用与侵权行为的界限，避免超出合理使用的范围而跃入侵权领域，引发刑事风险。

🔍 以案释法 ㊱

季某销售伪劣产品案

【案情介绍】2008年5月，被告人季某向上海某高压管业有限公司租借了该市某仓库，作为其存放卷烟的地点，从事销售各类假冒卷烟。2009年1月8日，上海市公安局普陀分局会同上海市烟草专卖局普陀分局前往该仓库，抓获被告人季某并当场查获中华牌卷烟350条、三五牌卷烟2625条、红双喜牌卷烟350条。经鉴定，上述卷烟均系假冒伪劣卷烟；经估价，货值金额为人民币526725元。

上海市普陀区人民检察院起诉时指控：被告人季某已经着手实行犯罪，由于其意志以外的原因而未得逞，系犯罪未遂，依法可以比照既遂犯减轻处罚；同时他自愿认罪，确有悔罪表现，依法可以酌情从轻处罚并适用缓刑。

上海市普陀区人民法院经审理，作出如下判决：一、被告人季某犯销售伪劣产品罪，判处有期徒刑2年6个月，缓刑2年6个月，并处罚金人民币8万元，被告人季某回到社区后应当遵守法律法规，服从监督管理，接受教育，完成公益劳动，做一名有益社会的公民；二、扣押在案的假冒伪劣卷烟依法没收。

【以案释法】被告人符合本案的主体要件，同时其购买存储待销售的香烟经有关部门鉴定为假冒伪劣卷烟，属于犯罪构成客观方面的第二种情形，其主观上是明知这些香烟是假冒伪劣产品而予以销售的，存在犯罪故意和牟利目的（后者并不是构成要件，但是足以认定犯罪故意的存在），因而关键之处在于销售金额的满足与否。根据最高法和最高检出台的解释，虽未销售，但是货值金额达到销售金额要求的三倍以上即构成该罪的未遂形态，而本案中查处的被告人存储的待售的香烟货值金额达到了50万之多，显然已经符合15万的额度要求，因而被告人构成销售伪劣产品罪。

四、企业财务管理中常见的犯罪及预防

（一）逃税罪

逃税罪，是指纳税人采取欺骗、隐瞒手段进行虚假纳税申报或者不申报，逃避缴纳税款数额较大并且占应纳税额10%以上以及数额巨大并且占应纳税额30%以上的行为以及扣缴义务人采取欺骗、隐瞒手段，不缴或者少缴已扣、已收税款，数额较大的行为。

不得擅自变造账簿

1. 逃税罪的犯罪构成

逃税罪侵犯的客体是国家对税收的管理制度。逃税罪的客观方面有如下内容：（1）采取欺骗、隐瞒手段进行虚假纳税申报，常见行为方式有伪造、变造、隐匿、擅自销毁账簿、记账凭证，在账簿上多列支出或者不列、少列收入，缴纳税款后以假报出口或者其他欺骗手段骗取所缴纳的税款，使用假发票；（2）不进行纳税申报：包括不进行税务登记、不申报纳税或经税务机关通知后拒不申报。逃税罪的主体是特殊主体，即纳税人、扣缴义务人。逃税罪的主观方面是故意。

2. 逃税罪的处罚

根据刑法第二百零一条、二百一十一条的规定，纳税人犯逃税罪，逃避缴纳税款数额较大并且占应纳税额10%以上的，处3年以下有期徒刑或者拘役，并处罚金；数额巨大并且占应纳税额30%以上的，处3年以上7年以下有期徒刑，并处罚金。扣缴义务人犯逃税罪，不缴或者少缴已扣、已收税款，数额较大的，依照上述规定处罚。对多次实施前两款行为，未经处理的，按照累计数额计算。有上述行为，经税务机关依法下达追缴通知后，补缴应纳税款，缴纳滞纳金，已受行政处罚的，不予追究

刑事责任。但是，5年内因逃避缴纳税款受过刑事处罚或者被税务机关给予二次以上行政处罚的除外。单位犯本罪的，实行双罚制，即对单位判处罚金，并对其直接负责的主管人员和其他直接责任人员按照相关规定处罚。

（二）抗税罪

抗税罪，是指纳税人、扣缴义务人违反国家税收征管法规，以暴力、威胁方法拒不缴纳税款的行为。

1. 抗税罪的认定

抗税罪侵犯的客体既包括国家对税收的征管制度，又包括执行征税职务活动的税务人员的人身权利。

在认定这类案件性质时，需要注意以下两个问题：

（1）区分罪与非罪的界限。抗税罪的手段表现为以暴力、威胁方法拒不缴纳税款，如果行为人没有使用暴力、威胁方法，而是以谩骂、耍赖等方法以达到拖欠税款目的的，不构成抗税罪。

（2）区分抗税罪与因抗税而导致其他犯罪的界限。抗税的行为人使用暴力方法拒不缴纳税款，因暴力方法而故意造成税务人员伤害或者死亡的，其暴力方法已经超出了抗税罪的范围，应当按照故意伤害罪、故意杀人罪定罪处罚。如果因暴力方法而过失造成税务人员重伤或者死亡的，仍然应当以抗税罪定罪处罚。

2. 抗税罪的处罚

根据刑法第二百零二条、二百一十二条的规定，犯本罪的，处3年以下有期徒刑或者拘役，并处拒缴税款1倍以上5倍以下罚金；情节严重的，处3年以上7年以下有期徒刑，并处拒缴税款1倍以上5倍以下罚金。所谓"情节严重"是指：（1）聚众抗税的首要分子；（2）抗税数额在10万元以上的；（3）多次抗税的；（4）故意伤害致人轻伤的；（5）具有其他严重情节。

犯本罪被判处罚金的，在执行前，应当先由税务机关追缴税款。

（三）企业财务管理中常见犯罪的预防

要控制和防范上述刑事风险，企业管理人员要熟悉和掌握以上犯罪的主体界限和行为标准，杜绝刑事风险的产生。除此之外，加强和完善税务管理，是防范缴税工作风险的治本之策，企业要从以下几个方面加强和完善税务管理：第一，加强依法纳税的意识，这是从意识上控制和防范刑事风险；第二，学习法律、法规，掌握纳税的规定和流程；第三，依法保存和管理账簿，保证账簿清楚科学；第四，与税务机关建立良好的沟通平台，寻求技术支持；第五，定期进行税务检查，防患于未然。

周某逃税案

【案情介绍】1993年至1996年间，周某承包本村某木器加工厂。按照其与本村经济合作社签订的企业承包合同，1993年周某应得奖金342338元，当年未兑现。1995年9月12日周某为逃避纳税，书写一张应付给周某1993年南小区附属工程材料费342338元的证明。1996年9月，周持此证明从本村领走该笔奖金，村财务将该证明作为记账凭证列入支出账目，据此奖金周某应缴纳个人收入调节税而未缴纳。2001年4月2日，周某接到地方税务局税收违法行为限期改正通知书后，只申报和缴纳了其出租房屋所得收入应缴纳税款及罚款、滞纳金，没有申报税务机关尚不掌握的其于1996年9月取得的1993年奖金收入。2001年4月20日，地税局接群众举报周某在1992年至1995年间，其承包某木器加工厂后未交纳过税款。2001年4月25日，地税局向周某送达税务检查通知书，同年4月26日地税局稽查人员就周某在承包村某木器加工厂期间所获取的奖金收入未纳税的问题进行调查，周某以该木器加工厂的账目丢失为由拒不协助检查，税务机关遂将案件移送公安机关，周某被查获。

【以案释法】周某构成逃税罪，应予相应的处罚。理由是我国税收征收管理法第六十三条、刑法第二百零一条的规定。逃税罪，是指纳税人采取欺骗、隐瞒手段进行虚假纳税申报或者不申报，逃避缴纳税款数额较大并且占应纳税额10%以上以及数额巨大并且占应纳税额30%以上的行为以及扣缴义务人采取欺骗、隐瞒手段，不缴或者少缴已扣、已收税款，数额较大的行为。周某于1996年9月因承包企业取得奖金收入，依国家税收征收管理法及税收法规的有关规定，其作为纳税义务人应当及时向税务机关报送纳税申报表，缴纳个人收入调节税，但周某故意违反国家税收征收管理法及税收法规的规定，采用伪造应付给周某1993年南小区附属工程材料费342338元记账凭证领取奖金，不缴纳个人收入调节税的行为已构成逃税罪。

第二节　创业创新者常见刑事犯罪预防

一、职务侵占罪

职务侵占罪，是指公司、企业或者其他单位的人员，利用职务上的便利，将本单位财物非法占为己有，数额较大的行为。

（一）职务侵占罪的客观表现

职务侵占罪在客观方面表现为三个特征：一是行为人必须利用了职务上的便利，即利用自己职务上所具有的管理、经手本单位财物的方便条件；二是实施了非法占有本单位财物的行为，非法占有的方式可以是侵吞、盗窃、骗取等各种手段，如果非法占有的并不是本单位的财物则不能构成本罪；三是必须达到数额较大的，才能构成本罪。

（二）职务侵占罪的处罚

根据刑法第二百七十一条的规定，犯职务侵占罪，数额较大的，处5年以下有期徒刑或者拘役；数额巨大的，处5年以上有期徒刑，可以并处没收财产。

二、挪用资金罪

挪用资金罪，是指公司、企业或者其他单位的工作人员，利用职务上的便利，挪用单位资金归个人使用或者借贷给他人，数额较大、超过3个月未还的，或者虽然未超过三个月，但数额较大，进行营利活动或者非法活动的行为。

（一）挪用资金罪的犯罪构成

挪用资金罪所侵害的客体是公司、企业或者其他单位资金的使用收益权，对象则是本单位的资金。所谓本单位的资金，是指由单位所有或实际控制使用的一切以货币形式表现出来的财产。

挪用资金罪在客观方面表现为行为人利用职务上的便利，挪用本单位资金归个人使用或者借贷给他人，数额较大、超过3个月未还的或者虽未超过3个月，但数额较大、进行营利活动的，或者进行非法活动的行为。

挪用资金罪的主体为特殊主体，即公司、企业或者其他单位的工作人员。

挪用资金罪在主观方面只能出于故意，即行为人明知自己在挪用或借贷本单位资金，并且利用了职务上的便利，而仍故意为之。

（二）挪用资金罪的处罚

根据刑法第二百七十二条的规定，犯挪用资金罪，数额较大的，处3年以下有期徒刑或者拘役；数额巨大或者数额较大不退还的，处3年以上10年以下有期徒刑。

三、非国家工作人员受贿罪

非国家工作人员受贿罪，是指公司、企业或者其他单位的工作人员利用职务上的便利，索取他人财物或者非法收受他人财物，为他人谋取利益，数额较大的行为。

（一）非国家工作人员受贿罪的犯罪构成

本罪侵犯的客体是国家对公司、企业以及非国有事业单位、其他组织的工作人员职务活动的管理制度；客观方面表现为利用职务上的便利，索取他人财物或非法收受他人财物，为他人谋取利益，数额较大的行为；犯罪主体是特殊主体，即公司、企业或者其他单位的工作人员；主观方面表现为故意，即公司、企业、其他单位人员故意利用其职务之便接受或索取贿赂，为他人谋取利益。

（二）非国家工作人员受贿罪的处罚

根据刑法第一百六十三条的规定，犯非国家工作人员受贿罪，受贿数额较大的，处5年以下有期徒刑或者拘役；受贿数额巨大的，处5年以上有期徒刑，可以并处没收财产。

四、单位受贿罪

单位受贿罪，是指国家机关、国有公司、企业、事业单位、人民团体，索取、非法收受他人财物，为他人谋取利益，情节严重的行为。

根据刑法第三百八十七条的规定，犯单位受贿罪的，对单位判处罚金，并对直接负责的主管人员和其他直接责任人员，处5年以下有期徒刑或者拘役。

五、行贿罪

行贿罪，是指为谋取不正当利益，给予国家工作人员以财物的行为。

（一）行贿罪的犯罪构成

行贿罪侵犯的客体是国家机关的声誉和国家工作人员职务行为的廉洁性；客观

方面表现为为谋取不正当利益，给予国家工作人员以财物的行为，在经济往来中，违反国家规定，给予国家工作人员以财物，数额较大的，或者违反国家规定，给予国家工作人员以各种名义的回扣、手续费的，以行贿论；犯罪主体是一般主体；主观方面是故意，并且具有谋取不正当利益的目的。

（二）行贿罪的处罚

根据刑法第三百九十条的规定，对犯行贿罪的，处5年以下有期徒刑或者拘役，并处罚金；因行贿谋取不正当利益，情节严重的，或者使国家利益遭受重大损失的，处5年以上10年以下有期徒刑，并处罚金；情节特别严重的，或者使国家利益遭受特别重大损失的，处10年以上有期徒刑或者无期徒刑，并处罚金或者没收财产。行贿人在被追诉前主动交待行贿行为的，可以从轻或者减轻处罚。其中，犯罪较轻的，对侦破重大案件起关键作用的，或者有重大立功表现的，可以减轻或者免除处罚。

六、单位行贿罪

单位行贿罪，是指单位为谋取不正当利益而行贿，或者违反国家规定，给予国家工作人员以回扣、手续费，情节严重的行为。

（一）单位行贿罪的认定

在认定这类案件性质时，要注意区分单位行贿罪与行贿罪的界限。区别在于主体不同。单位行贿罪的主体是单位，行贿罪的主体是自然人。个人为了谋取不正当利益，用单位的财物或者以单位的名义给国家工作人员等个人行贿，因行贿取得的违法所得归个人所有的，应当以行贿罪论处。

（二）单位行贿罪的处罚

根据刑法第三百九十三条的规定，犯单位行贿罪的，情节严重的，对单位判处罚金，并对其直接负责的主管人员和其他直接责任人员，处5年以下有期徒刑或者拘役。

七、非法经营罪

非法经营罪，是指未经许可经营专营、专卖物品或其他限制买卖的物品，买卖进出口许可证、进出口原产地证明以及其他法律、行政法规规定的经营许可证或者批准文件，以及从事其他非法经营活动，扰乱市场秩序，情节严重的行为。

（一）非法经营罪的犯罪构成

非法经营罪侵犯的客体应该是市场秩序，为了保证限制买卖物品和进出口物品市场，国家实行上述物品的经营许可制度；客观方面表现为未经许可经营专营、专卖物品或者其他限制买卖的物品、买卖进出口许可证、进出口原产地证明以及其他法律、行政法规规定的经营许可证或者批准文件，以及从事其他非法经营活动，扰乱市场秩序，情节严重的行为；本罪的主体是一般主体，即一切达到刑事责任年龄，具有刑事责任能力的自然人；主观方面由故意构成，并且具有谋取非法利润的目的。如果行为人没有以谋取非法利润为目的，而是由于不懂法律法规的规定，买卖经营许可证的，不应当以本罪论处，应当由主管部门对其追究行政责任。

（二）非法经营罪的处罚

刑法第二百二十五条规定，违反国家规定，有下列非法经营行为之一，扰乱市场秩序，情节严重的，处5年以下有期徒刑或者拘役，并处或者单处违法所得1倍以上5倍以下罚金；情节特别严重的，处5年以上有期徒刑，并处违法所得1倍以上5倍以下罚金或者没收财产：未经许可经营法律、行政法规规定的专营、专卖物品或者其他限制买卖的物品的；买卖进出口许可证、进出口原产地证明以及其他法律、行政法规规定的经营许可证或者批准文件的；未经国家有关主管部门批准非法经营证券、期货、保险业务的，或者非法从事资金支付结算业务的；其他严重扰乱市场秩序的非法经营行为。

八、侵犯公民个人信息罪

侵犯公民个人信息罪是指违反国家有关规定，向他人出售或者提供公民个人信息的行为。

（一）侵犯公民个人信息罪的犯罪构成

在主观上，侵犯个人信息罪的犯罪嫌疑人必须是故意所为；侵犯个人信息罪的主体要件是一般公民，单位也可成为本罪的主体；在客观上，行为人实施了危害行为，也就是说，违反国家有关规定，向他人出售或者提供公民个人信息；该罪侵犯的客体是他人人身安全和社会秩序。

（二）侵犯公民个人信息罪的处罚

刑法第二百五十三条之一规定，违反国家有关规定，向他人出售或者提供公民个人信息，情节严重的，处3年以下有期徒刑或者拘役，并处或者单处罚金；情节特别严重的，处3年以上7年以下有期徒刑，并处罚金。

违反国家有关规定，将在履行职责或者提供服务过程中获得的公民个人信息，出售或者提供给他人的，依照前款的规定从重处罚。

窃取或者以其他方法非法获取公民个人信息的，依照第一款的规定处罚。

单位犯前三款罪的，对单位判处罚金，并对其直接负责的主管人员和其他直接责任人员，依照各该款的规定处罚。

九、创业创新者常见刑事犯罪的预防

创业创新者在创业经营过程中，可能会引发上述一系列刑事犯罪，如果创业创新者在创业经营过程中构成了上述犯罪，那么其所在的企业也将面临遭受利益损失的风险，因此不论是企业工作人员还是企业本身都要从以下几个方面对这些风险进行控制和防范：第一，加强法律学习，树立法制观念，从思想上和行动上控制和防范刑事风险的发生；第二，健全内控制度，加强监督机制；第三，加强廉政文化建设，完善廉洁从业制度；第四，树立公平竞争意识，规范员工业务行为；第五，加强忠实义务，建立监督机制。

🔍 以案释法 ㊳

注册公司销售未上市公司股票，被判以非法经营罪

【案情介绍】2005年6月，金某以未上市的某科技股份有限公司等五家公司的股票短期即可上市并可获取高额回报为名，利用股市回暖的趋势，向他人推销上述公司的股票。金某的婆婆张某也是这家公司的员工，张某曾收取一定的股权转让费、服务费，并办理转让协议书的手续，除此以外还承担发放公司员工工资等职责。2005年6月至2006年8月，他们共向31名投资者销售上述5家非上市公司的股票总股数达42.2万股，销售总金额人民币1755600元，收取服务费人民币4290元。

【以案释法】一审法院审理后判决金某犯非法经营罪，判处有期徒刑5年6个月，并处罚金人民币10万元；张某犯非法经营罪，免除处罚；金某、张某的违法所得予以追缴。判决后，检察机关认为不应该免除张某的刑事处罚，提起抗诉。但在诉讼中，张某一改之前担任财务、收取钱款等供述，自称并非公司财务人员，只是清洁工。

二审法院审理后认为，金某、张某未经法定机关批准，从事向公众代理转让未上市公司股权的经营活动，扰乱国家证券市场秩序，非法经营额达人民币175万余元，其行为已构成非法经营罪，且属情节特别严重。根据多名证人证言、辨认笔录、书证以及张某本人到案后的供述证实，张某曾收取一定的股权转让费、服务费，并办理转让协议书的手续，除此以外还承担发放公司员工工资等职责。张某到案后避重就轻地供述自己的犯罪行为，案发后没有任何退赃表现等悔罪情形，尤其对于股权转让金的钱款去向至今无法查清，致使案发后给他人造成无法挽回的经济损失，具有一定的社会危害性，不属于情节较轻的情形。遂认定对金某的量刑恰当，对张某免于刑事处罚的量刑不恰当。

二审裁决以非法经营罪判处金某有期徒刑5年6个月，并处罚金10万元；以非法经营罪判处张某有期徒刑9个月，并处罚金5万元；对两人的违法所得予以追缴。

以案释法 ㊴

黄某非法经营案

【案情介绍】黄某于2007年9月至11月间，违反国家规定，采用人民币结算在境内、港币结算在境外的非法外汇交易方式，将人民币8亿元直接或通过北京某商业咨询有限公司转入深圳市某实业有限公司等单位，通过郑某等人私自兑购并在香港得到港币8.22亿余元（折合美元1.05亿余元）。黄某犯非法经营罪，判处有期徒刑八年，并处没收个人部分财产人民币2亿元。

【以案释法】本案中黄某因犯非法经营罪被判刑，并处罚金。结合本案例来探讨，企业的经营行为，主要是指从事某项能够为自己带来利益的活动。

按照法律的规定，非法经营罪一般是指违反国家规定，未取得经营方面的行政许可，而从事的扰乱市场经营秩序的行为。包括非法经营烟草、非法经营食盐、非法经营证券、期货、保险、非法出版等。一般而言，构成非法经营罪是需要违反前置法，未获得审批、许可而经营的行为。

以案释法 ㊵

某公司行贿案

【案情介绍】1994年初至1995年6月，广西某实业发展公司为获取某停车购物城工程的承建权、压低工程用地的土地出让金及获取银行贷款，经法定代表人周某决定，该公司向某自治区委员会副书记、人民政府主席的成某及香港商人李某行贿人民币20211597元。

1996年上半年至1998年5月，该公司为获取某工程的项目开发建设权及解决工程建设资金，经法定代表人周某决定，公司先后向成某、李某行贿人民币900万元、港币804万元。

成某收受上述贿赂后，利用职务便利为该公司谋取了上述利益。周某为了表示感谢，经其决定，该公司还于1994年至1997年间，多次向成某行贿，计有人民币2万元、港币2万元、美元2万元、金砖1块、工艺品黄金狮子1对、黄金钻戒1对、劳力士牌情侣表1对、劳力士牌男表1块，款、物共合计人民币559428元。

【以案释法】本案中，某公司向成某和李某行贿虽未经集体研究决定，而是由其负责人周某决定，但周某是该公司的法定代表人，其履行公司职务时的意思表示代表公司的意思表示。因此，周某为使该公司获取某停车购物城工程和某工程项目的承建权、地价、贷款、资金等一系列不正当的利益而向国家工作人员行贿，事实上该公司也因其行贿行为取得了一系列不正当利益，且行贿的数额特别巨大，情节特别严重。故人民法院以单位行贿罪，对该公司及周某定罪处罚是正确的。

思考题

1. 什么是虚报注册资本罪，本罪的构成要件是什么？
2. 企业在融资过程中有哪些常见的犯罪行为？
3. 什么是逃税罪，哪些行为构成逃税罪？
4. 职务侵占罪有哪些客观表现？
5. 什么是非法经营罪，非法经营罪的构成要件是什么？

附录

中共中央 国务院转发《中央宣传部、司法部关于在公民中开展法治宣传教育的第七个五年规划（2016—2020年）》的通知

各省、自治区、直辖市党委和人民政府，中央和国家机关各部委，解放军各大单位、中央军委机关各部门，各人民团体：

《中央宣传部、司法部关于在公民中开展法治宣传教育的第七个五年规划（2016—2020年）》（以下简称"七五"普法规划）已经中央同意，现转发给你们，请结合实际认真贯彻执行。

全民普法和守法是依法治国的长期基础性工作。深入开展法治宣传教育，是贯彻落实党的十八大和十八届三中、四中、五中全会精神的重要任务，是实施"十三五"规划、全面建成小康社会的重要保障。各级党委和政府要把法治宣传教育纳入当地经济社会发展规划，进一步健全完善党委领导、人大监督、政府实施的法治宣传教育工作领导体制，确保"七五"普法规划各项目标任务落到实处。要坚持把领导干部带头学法、模范守法作为树立法治意识的关键，完善国家工作人员学法用法制度，把法治观念强不强、法治素养好不好作为衡量干部德才的重要标准，把能不能遵守法律、依法办事作为考察干部的重要内容，切实提高领导干部运用法治思维和法治方式深化改革、推动发展、化解矛盾、维护稳定的能力。坚持从青少年抓起，把法治教育纳入国民教育体系，引导青少年从小掌握法律知识、树立法治意识、养成守法习惯。要坚持法治宣传教育与法治实践相结合，深化基层组织和部门、行业依法治理，深化法治城市、法治县（市、区）等法治创建活动，全面提高全社会法治化治理水平。要推进法治教育与道德教育相结合，促进实现法律和道德相辅相成、法治和德治相得益彰。要健全普法宣传教育机制，实行国家机关"谁执法谁普法"的普法责任制，健全媒体公益普法制度，推进法治宣传教育工作创新，不断增强法治宣传教育的实效。要通过深入开展法治宣传教育，传播法律知识，弘扬法治精神，建设法治文化，充分发挥法治宣传教育在全面依法治国中的基础作用，推动全社会树立法治意识，为顺利实施"十三五"规划、全面建成小康社会营造良好的法治环境。

中共中央　国务院

2016年3月25日

中央宣传部、司法部关于
在公民中开展法治宣传教育的第七个
五年规划（2016—2020年）

在党中央、国务院正确领导下，全国第六个五年法制宣传教育规划（2011—2015年）顺利实施完成，法治宣传育工作取得显著成效。以宪法为核心的中国特色社会主义法律体系得到深入宣传，法治宣传教育主题活动广泛开展，多层次多领域依法治理不断深化，法治创建活动全面推进，全社会法治观念明显增强，社会治理法治化水平明显提高，法治宣传教育在建设社会主义法治国家中发挥了重要作用。

党的十八大以来，以习近平同志为总书记的党中央对全面依法治国作出了重要部署，对法治宣传教育提出了新的更高要求，明确了法治宣传教育的基本定位、重大任务和重要措施。十八届三中全会要求"健全社会普法教育机制"；十八届四中全会要求"坚持把全民普法和守法作为依法治国的长期基础性工作，深入开展法治宣传教育"；十八届五中全会要求"弘扬社会主义法治精神，增强全社会特别是公职人员尊法学法守法用法观念，在全社会形成良好法治氛围和法治习惯"。习近平总书记多次强调"领导干部要做尊法学法守法用法的模范"，要求法治宣传教育"要创新宣传形式，注重宣传实效"，为法治宣传教育工作指明了方向，提供了基本遵循。与新形势新任务的要求相比，有的地方和部门对法治宣传教育重要性的认识还不到位，普法宣传教育机制还不够健全，实效性有待进一步增强。深入开展法治宣传教育，增强全民法治观念，对于服务协调推进"四个全面"战略布局和"十三五"时期经济社会发展，具有十分重要的意义。为做好第七个五年法治宣传教育工作，制定本规划。

一、指导思想、主要目标和工作原则

第七个五年法治宣传教育工作的指导思想是：高举中国特色社会主义伟大旗帜，全面贯彻党的十八大和十八届三中、四中、五中全会精神，以马克思列宁主义、毛泽东思想、邓小平理论、"三个代表"重要思想、科学发展观为指导，深入贯彻习近平总书记系列重要讲话精神，坚持"四个全面"战略布局，坚持创新、协调、绿色、开放、共享的发展理念，按照全面依法治国新要求，深入开展法治宣传教育，扎实推进依法治理和法治创建，弘扬社会主义法治精神，建设社会主义法治文化，推进法治宣传教育与法治实践相结合，健全普法宣传教育机制，推动工作创新，充分发挥法治宣传教育在全面依法治国中的基础作用，推动全社会树立法治意识，为"十三五"时期经济社会发展营造良好法治环境，为实现"两个一百年"奋斗目标和

中华民族伟大复兴的中国梦作出新的贡献。

第七个五年法治宣传教育工作的主要目标是：普法宣传教育机制进一步健全，法治宣传教育实效性进一步增强，依法治理进一步深化，全民法治观念和全体党员党章党规意识明显增强，全社会厉行法治的积极性和主动性明显提高，形成守法光荣、违法可耻的社会氛围。

第七个五年法治宣传教育工作应遵循以下原则：

——坚持围绕中心，服务大局。围绕党和国家中心工作开展法治宣传教育，更好地服务协调推进"四个全面"战略布局，为全面实施国民经济和社会发展"十三五"规划营造良好法治环境。

——坚持依靠群众，服务群众。以满足群众不断增长的法治需求为出发点和落脚点，以群众喜闻乐见、易于接受的方式开展法治宣传教育，增强全社会尊法学法守法用法意识，使国家法律和党内法规为党员群众所掌握、所遵守、所运用。

——坚持学用结合，普治并举。坚持法治宣传教育与依法治理有机结合，把法治宣传教育融入立法、执法、司法、法律服务和党内法规建设活动中，引导党员群众在法治实践中自觉学习、运用国家法律和党内法规，提升法治素养。

——坚持分类指导，突出重点。根据不同地区、部门、行业及不同对象的实际和特点，分类实施法治宣传教育。突出抓好重点对象，带动和促进全民普法。

——坚持创新发展，注重实效。总结经验，把握规律，推动法治宣传教育工作理念、机制、载体和方式方法创新，不断提高法治宣传教育的针对性和时效性，力戒形式主义。

二、主要任务

（一）深入学习宣传习近平总书记关于全面依法治国的重要论述。党的十八大以来，习近平总书记站在坚持和发展中国特色社会主义全局的高度，对全面依法治国作了重要论述，提出了一系列新思想、新观点、新论断、新要求，深刻回答了建设社会主义法治国家的重大理论和实践问题，为全面依法治国提供了科学理论指导和行动指南。要深入学习宣传习近平总书记关于全面依法治国的重要论述，增强走中国特色社会主义道路的自觉性和坚定性，增强全社会厉行法治的积极性和主动性。深入学习宣传以习近平同志为总书记的党中央关于全面依法治国的重要部署，宣传科学立法、严格执法、公正司法、全民守法和党内法规建设的生动实践，使全社会了解和掌握全面依法治国的重大意义和总体要求，更好地发挥法治的引领和规范作用。

（二）突出学习宣传宪法。坚持把学习宣传宪法摆在首要位置，在全社会普遍开展宪法教育，弘扬宪法精神，树立宪法权威。深入宣传依宪治国、依宪执政等理念，宣传党的领导是宪法实施的最根本保证，宣传宪法确立的国家根本制度、根本任务和我国的国体、政体，宣传公民的基本权利和义务等宪法基本内容，宣传宪法的实施，实行宪法宣誓制度，认真组织好"12·4"国家宪法日集中宣传活动，推动宪法家喻户晓、深入人心，提高全体公民特别是各级领导干部和国家机关工作人员的宪法意识，教育引导一切组织和个人都必须以宪法为根本活动准则，增强宪法观念，坚决维护宪法尊严。

（三）深入宣传中国特色社会主义法律体系。坚持把宣传以宪法为核心的中国特色社会主义法律体系作为法治宣传教育的基本任务，大力宣传宪法相关法、民法商法、行政法、经济法、社会法、刑法、诉讼与非诉讼程序法等多个法律部门的法律法规。大力宣传社会主义民主政治建设的法律法规，提高人民有序参与民主政治的意识和水平。大力宣传保障公民基本权利的法律法规，推动全社会树立尊重和保障人权意识，促进公民权利保障法治化。大力宣传依法行政领域的法律法规，推动各级行政机关树立"法定职责必须为、法无授权不可为"的意识，促进法治政府建设。大力宣传市场经济领域的法律法规，推动全社会树立保护产权、平等交换、公平竞争、诚实信用等意识，促进大众创业、万众创新，促进经济在新常态下平稳健康运行。大力宣传有利于激发文化创造活力、保障人民基本文化权益的相关法律法规，促进社会主义精神文明建设。大力宣传教育、就业、收入分配、社会保障、医疗卫生、食品安全、扶贫、慈善、社会救助和妇女儿童、老年人、残疾人合法权益保护等方面法律法规，促进保障和改善民生。大力宣传国家安全和公共安全领域的法律法规，提高全民安全意识、风险意识和预防能力。大力宣传国防法律法规，提高全民国防观念，促进国防建设。大力宣传党的民族、宗教政策和相关法律法规，维护民族地区繁荣稳定，促进民族关系、宗教关系和谐。大力宣传环境保护、资源能源节约利用等方面的法律法规，推动美丽中国建设。大力宣传互联网领域的法律法规，教育引导网民依法规范网络行为，促进形成网络空间良好秩序。大力宣传诉讼、行政复议、仲裁、调解、信访等方面的法律法规，引导群众依法表达诉求、维护权利，促进社会和谐稳定。在传播法律知识的同时，更加注重弘扬法治精神、培育法治理念、树立法治意识，大力宣传宪法法律至上、法律面前人人平等、权由法定、权依法使等基本法治理念，破除"法不责众"、"人情大于国法"等错误认识，引导全民自觉守法、遇事找法、解决问题靠法。

（四）深入学习宣传党内法规。适应全面从严治党、依规治党新形势新要求，切实加大党内法规宣传力度。突出宣传党章，教育引导广大党员尊崇党章，以党章为根本遵循，坚决维护党章权威。大力宣传《中国共产党廉洁自律准则》、《中国共产党纪律处分条例》等各项党内法规，注重党内法规宣传与国家法律宣传的衔接和协调，坚持纪在法前、纪严于法，把纪律和规矩挺在前面，教育引导广大党员做党章党规党纪和国家法律的自觉尊崇者、模范遵守者、坚定捍卫者。

（五）推进社会主义法治文化建设。以宣传法律知识、弘扬法治精神、推动法治实践为主旨，积极推进社会主义法治文化建设，充分发挥法治文化的引领、熏陶作用，使人民内心拥护和真诚信仰法律。把法治文化建设纳入现代公共文化服务体系，推动法治文化与地方文化、行业文化、企业文化融合发展。繁荣法治文化作品创作推广，把法治文化作品纳入各级文化作品评奖内容，纳入艺术、出版扶持和奖励基金内容，培育法治文化精品。利用重大纪念日、民族传统节日等契机开展法治文化活动，组织开展法治文艺展演展播、法治文艺演出下基层等活动，满足人民群众日益增长的法治文化需求。把法治元素纳入城乡建设规划设计，加强基层法治文化公共设施建设。

（六）推进多层次多领域依法治理。坚持法治宣传教育与法治实践相结合，把法律条文变成引导、保障经济社会发展的基本规则，深化基层组织和部门、行业依法治理，深化法治城市、法治县（市、区）等法治创建活动，提高社会治理法治化水平。深入开展民主法治示范村（社区）创建，进一步探索乡村（社区）法律顾问制度，教育引导基层群众自我约束、自我管理。发挥市民公约、乡规民约、行业规章、团体章程等社会规范在社会治理中的积极作用，支持行业协会商会类社会组织发挥行业自律和专业服务功能，发挥社会组织对其成员的行为导引、规则约束、权益维护作用。

（七）推进法治教育与道德教育相结合。坚持依法治国和以德治国相结合的基本原则，以法治体现道德理念，以道德滋养法治精神，促进实现法律和道德相辅相成、法治和德治相得益彰。大力弘扬社会主义核心价值观，弘扬中华传统美德，培育社会公德、职业道德、家庭美德、个人品德，提高全民族思想道德水平，为全面依法治国创造良好人文环境。强化规则意识，倡导契约精神，弘扬公序良俗，引导人们自觉履行法定义务、社会责任、家庭责任。发挥法治在解决道德领域突出问题中的作用，健全公民和组织守法信用记录，完善守法诚信褒奖机制和违法失信行为惩戒机制。

三、对象和要求

法治宣传教育的对象是一切有接受教育能力的公民，重点是领导干部和青少年。

坚持把领导干部带头学法、模范守法作为树立法治意识的关键。完善国家工作人员学法用法制度，把宪法法律和党内法规列入党委（党组）中心组学习内容，列为党校、行政学院、干部学院、社会主义学院必修课；把法治教育纳入干部教育培训总体规划，纳入国家工作人员初任培训、任职培训的必训内容，在其他各类培训课程中融入法治教育内容，保证法治培训课时数量和培训质量，切实提高领导干部运用法治思维和法治方式深化改革、推动发展、化解矛盾、维护稳定的能力。加强党章和党内法规学习教育，引导党员领导干部增强党章党规党纪意识，严守政治纪律和政治规矩，在廉洁自律上追求高标准，自觉远离违纪红线。健全日常学法制度，创新学法形式，拓宽学法渠道。健全完善重大决策合法性审查机制，积极推行法律顾问制度，各级党政机关和人民团体普遍设立公职律师，企业可设立公司律师。把尊法学法守法用法情况作为考核领导班子和领导干部的重要内容。把法治观念强不强、法治素养好不好作为衡量干部德才的重要标准，把能不能遵守法律、依法办事作为考察干部的重要内容。

坚持从青少年抓起。切实把法治教育纳入国民教育体系，制定和实施青少年法治教育大纲，在中小学设立法治知识课程，确保在校学生都能得到基本法治知识教育。完善中小学法治课教材体系，编写法治教育教材、读本，地方可将其纳入地方课程义务教育免费教科书范围，在小学普及宪法基本常识，在中、高考中增加法治知识内容，使青少年从小树立宪法意识和国家意识。将法治教育纳入"中小学幼儿园教师国家级培训计划"，加强法治课教师、分管法治教育副校长、法治辅导员培训。充分利用第二课堂和社会实践活动开展青少年法治教育，在开学第一课、毕业仪式中有机融入法治教育内容。加强对高等院校学生的法治教育，增强其法治观念和参与法治实践的能力。强化学校、家庭、社会"三位一体"的青少年法治教育格局，加强青少年法治教育实践基地建设和网络建设。

各地区各部门要根据实际需要，从不同群体的特点出发，因地制宜开展有特色的法治宣传教育。突出加强对企业经营管理人员的法治宣传教育，引导他们树立诚信守法、爱国敬业意识，提高依法经营、依法管理能力。加强对农民工等群体的法治宣传教育，帮助、引导他们依法维权，自觉运用法律手段解决矛盾纠纷。

四、工作措施

第七个法治宣传教育五年规划从2016年开始实施，至2020年结束。各地区各部门要根据本规划，认真制定本地区本部门规划，深入宣传发动，全面组织实施，确保第七个五年法治宣传教育规划各项目标任务落到实处。

（一）健全普法宣传教育机制。各级党委和政府要加强对普法工作的领导，宣传、文化、教育部门和人民团体要在普法教育中发挥职能作用。把法治教育纳入精神文明创建内容，开展群众性法治文化活动。人民团体、社会组织要在法治宣传教育中发挥积极作用，健全完善普法协调协作机制，根据各自特点和实际需要，有针对性地组织开展法治宣传教育活动。积极动员社会力量开展法治宣传教育，加强各级普法讲师团建设，选聘优秀法律和党内法规人才充实普法讲师团队伍，组织开展专题法治宣讲活动，充分发挥讲师团在普法工作中的重要作用。鼓励引导司法和行政执法人员、法律服务人员、大专院校法律专业师生加入普法志愿者队伍，畅通志愿者服务渠道，健全完善管理制度，培育一批普法志愿者优秀团队和品牌活动，提高志愿者普法宣传水平。加强工作考核评估，建立健全法治宣传教育工作考评指导标准和指标体系，完善考核办法和机制，注重考核结果的运用。健全激励机制，认真开展"七五"普法中期检查和总结验收，加强法治宣传教育先进集体、先进个人表彰工作。围绕贯彻中央关于法治宣传教育的总体部署，健全法治宣传教育工作基础制度，加强地方法治宣传教育条例制定和修订工作，制定国家法治宣传教育法。

（二）健全普法责任制。实行国家机关"谁执法谁普法"的普法责任制，建立普法责任清单制度。建立法官、检察官、行政执法人员、律师等以案释法制度，在执法司法实践中广泛开展以案释法和警示教育，使案件审判、行政执法、纠纷调解和法律服务的过程成为向群众弘扬法治精神的过程。加强司法、行政执法案例整理编辑工作，推动相关部门面向社会公众建立司法、行政执法典型案例发布制度。落实"谁主管谁负责"的普法责任，各行业、各单位要在管理、服务过程中，结合行业特点和特定群体的法律需求，开展法治宣传教育。健全媒体公益普法制度，广播电视、报纸期刊、互联网和手机媒体等大众传媒要自觉履行普法责任，在重要版面、重要时段制作刊播普法公益广告，开设法治讲堂，针对社会热点和典型案（事）例开展及时权威的法律解读，积极引导社会法治风尚。各级党组织要坚持全面从严治党、依规治党，切实履行学习宣传党内法规的职责，把党内法规作为学习型党组织建设的重要内容，充分发挥正面典型倡导和反面案例警示作用，为党内法规的贯彻实施营造良好氛围。

（三）推进法治宣传教育工作创新。创新工作理念，坚持服务党和国家工作大局、服务人民群众生产生活，努力培育全社会法治信仰，增强法治宣传教育工作实效。针对受众心理，创新方式方法，坚持集中法治宣传教育与经常性法治宣传教育相结合，深化法律进机关、进乡村、进社区、进学校、进企业、进单位的"法律六进"主题活动，完善工作标准，建立长效机制。创新载体阵地，充分利用广场、公园等公共场所开展法治宣传教育，有条件的地方建设宪法法律教育中心。在政府机关、社会服务机构的服务大厅和服务窗口增加法治宣传教育功能。积极运用公共活动场所电子显示屏、服务窗口触摸屏、公交移动电视屏、手机屏等，推送法治宣传教育内容。充分运用互联网传播平台，加强新媒体新技术在普法中的运用，推进"互联网＋法治宣传"行动。开展新媒体普法益民服务，组织新闻网络开展普法宣传，更好地运用微信、微博、微电影、客户端开展普法活动。加强普法网站和普法网络集群建设，建设法治宣传教育云平台，实现法治宣传教育公共数据资源开放和共享。适应我国对外开放新格局，加强对外法治宣传工作。

五、组织领导

（一）切实加强领导。各级党委和政府要把法治宣传教育纳入当地经济社会发展规划，定期听取法治宣传教育工作情况汇报，及时研究解决工作中的重大问题，把法治宣传教育纳入综合绩效考核、综治考核和文明创建考核内容。各级人大要加强对法治宣传教育工作的日常监督和专项检查。健全完善党委领导、人大监督、政府实施的法治宣传教育工作领导体制，加强各级法治宣传教育工作组织机构建设。高度重视基层法治宣传教育队伍建设，切实解决人员配备、基本待遇、工作条件等方面的实际问题。

（二）加强工作指导。各级法治宣传教育领导小组每年要将法治宣传教育工作情况向党委（党组）报告，并报上级法治宣传教育工作领导小组。加强沟通协调，充分调动各相关部门的积极性，发挥各自优势，形成推进法治宣传教育工作创新发展的合力。结合各地区各部门工作实际，分析不同地区、不同对象的法律需求，区别对待、分类指导，不断增强法治宣传教育的针对性。坚持问题导向，深入基层、深入群众调查研究，积极解决问题，努力推进工作。认真总结推广各地区各部门开展法治宣传教育的好经验、好做法，充分发挥先进典型的示范和带动作用，推进法治宣传教育不断深入。

（三）加强经费保障。各地区要把法治宣传教育相关工作经费纳入本级财政预算，切实予以保障，并建立动态调整机制。把法治宣传教育列入政府购买服务指导性目录。积极利用社会资金开展法治宣传教育。

中国人民解放军和中国人民武装警察部队的第七个五年法治宣传教育工作，参照本规划进行安排部署。

全国人民代表大会常务委员会
关于开展第七个五年法治宣传教育的决议

（2016年4月28日第十二届全国人民代表大会常务委员会第二十次会议通过）

2011年至2015年，我国法制宣传教育第六个五年规划顺利实施，法治宣传教育在服务经济社会发展、维护社会和谐稳定、建设社会主义法治国家中发挥了重要作用。为深入学习宣传习近平总书记关于全面依法治国的重要论述，全面推进依法治国，顺利实施"十三五"规划，全面建成小康社会，推动全体公民自觉尊法学法守法用法，推进国家治理体系和治理能力现代化建设，从2016年至2020年在全体公民中开展第七个五年法治宣传教育，十分必要。通过开展第七个五年法治宣传教育，使全社会法治观念明显增强，法治思维和依法办事能力明显提高，形成崇尚法治的社会氛围。特作决议如下：

一、突出学习宣传宪法。坚持把学习宣传宪法摆在首要位置，在全社会普遍开展宪法宣传教育，重点学习宣传宪法确立的我国的国体、政体、基本政治制度、基本经济制度、公民的基本权利和义务等内容，弘扬宪法精神，树立宪法权威。实行宪法宣誓制度，组织国家工作人员在宪法宣誓前专题学习宪法。组织开展"12·4"国家宪法日集中宣传活动，教育引导一切组织和个人以宪法为根本活动准则。

二、深入学习宣传国家基本法律。坚持把学习宣传宪法相关法、民法商法、行政法、经济法、社会法、刑法、诉讼与非诉讼程序法等法律法规的基本知识，作为法治宣传教育的基本任务，结合学习贯彻创新、协调、绿色、开放、共享发展理念，加强对相关法律法规的宣传教育。在全社会树立宪法法律至上、法律面前人人平等、权由法定、权依法使等基本法治理念。

三、推动全民学法守法用法。一切有接受教育能力的公民都要接受法治宣传教育。坚持把全民普法和守法作为依法治国的长期基础性工作，加强农村和少数民族地区法治宣传教育，以群众喜闻乐见、易于接受的方式开展法治宣传教育，引导公民努力学法、自觉守法、遇事找法、解决问题靠法，增强全社会厉行法治的积极性、主动性和自觉性。大力弘扬法治精神，培育法治理念，树立法治意识，共同维护法律的权威和尊严。

四、坚持国家工作人员带头学法守法用法。坚持把各级领导干部带头学法、模范守法、严格执法作为全社会树立法治意识的关键。健全国家工作人员学法用法制度，将法治教育纳入干部教育培训总体规划。坚持把依法办事作为检验国家工作人员学法用法的重要标准，健全重大决策合法性审查机制，推行政府法律顾问制度，推动行政机关依法行政，促进司法机关公正司法。坚持把尊法学法守法用法情况作为考核领导班子和领导干部的重要内容。

五、切实把法治教育纳入国民教育体系。坚持从青少年抓起，制定青少年法治教育大纲，设立法治知识课程，完善法治教材体系，强化学校、家庭、社会"三位一体"的青少年法治教育格局，加强青少年法治教育实践基地建设，增强青少年的法治观念。

六、推进社会主义法治文化建设。把法治文化建设纳入现代公共文化服务体系，繁荣法治文化作品创作推广，广泛开展群众性法治文化活动。大力弘扬社会主义核心价值观，推动法治教育与道德教育相结合，促进法律的规范作用和道德的教化作用相辅相成。健全公民和组织守法信用记录，建立和完善学法用法先进集体、先进个人宣传表彰制度。

七、推进多层次多领域依法治理。坚持法治宣传教育与法治实践相结合，把法律规定变成引领保障经济社会发展的基本规范。深化基层组织和部门、行业依法治理，深入开展法治城市、法治县（市、区）、民主法治示范村（社区）等法治创建活动，提高社会治理法治化水平。

八、推进法治宣传教育创新。遵循现代传播规律，推进法治宣传教育工作理念、方式方法、载体阵地和体制机制等创新。结合不同地区、不同时期、不同群体的特点和需求，分类实施法治宣传教育，提高法治宣传教育的针对性和实效性，力戒形式主义。充分发挥报刊、广播、电视和新媒体新技术等在普法中的作用，推进互联网＋法治宣传教育行动。建立法官、检察官、行政执法人员、律师等以案释法制度，充分运用典型案例，结合社会热点，开展生动直观的法治宣传教育。加强法治宣传教育志愿者队伍建设。深化法律进机关、进乡村、进社区、进学校、进企业、进单位等活动。

九、健全普法责任制。一切国家机关和武装力量、各政党和各人民团体、企业事业组织和其他社会组织都要高度重视法治宣传教育工作，按照"谁主管谁负责"的原则，认真履行普法责任。实行国家机关"谁执法谁普法"的普法责任制，建立普法责任清单制度。健全媒体公益普法制度，落实各类媒体的普法责任，在重要频道、重要版面、重要时段开展公益普法。把法治宣传教育纳入当地经济社会发展规划，进一步健全完善党委领导、人大监督、政府实施、部门各负其责、全社会共同参与的法治宣传教育工作体制机制。

十、加强组织实施和监督检查。各级人民政府要积极开展第七个五年法治宣传教育工作，强化工作保障，做好中期检查和终期评估，并向本级人民代表大会常务委员会报告。各级人民代表大会及其常务委员会要充分运用执法检查、听取和审议工作报告以及代表视察、专题调研等形式，加强对法治宣传教育工作的监督检查，保证本决议得到贯彻落实。

国务院关于大力推进大众创业万众创新若干政策措施的意见

（国发〔2015〕32号）

各省、自治区、直辖市人民政府，国务院各部委、各直属机构：

推进大众创业、万众创新，是发展的动力之源，也是富民之道、公平之计、强国之策，对于推动经济结构调整、打造发展新引擎、增强发展新动力、走创新驱动发展道路具有重要意义，是稳增长、扩就业、激发亿万群众智慧和创造力，促进社会纵向流动、公平正义的重大举措。根据2015年《政府工作报告》部署，为改革完善相关体制机制，构建普惠性政策扶持体系，推动资金链引导创业创新链、创业创新链支持产业链、产业链带动就业链，现提出以下意见。

一、充分认识推进大众创业、万众创新的重要意义

——推进大众创业、万众创新，是培育和催生经济社会发展新动力的必然选择。随着我国资源环境约束日益强化，要素的规模驱动力逐步减弱，传统的高投入、高消耗、粗放式发展方式难以为继，经济发展进入新常态，需要从要素驱动、投资驱动转向创新驱动。推进大众创业、万众创新，就是要通过结构性改革、体制机制创新，消除不利于创业创新发展的各种制度束缚和桎梏，支持各类市场主体不断开办新企业、开发新产品、开拓新市场，培育新兴产业，形成小企业"铺天盖地"、大企业"顶天立地"的发展格局，实现创新驱动发展，打造新引擎、形成新动力。

——推进大众创业、万众创新，是扩大就业、实现富民之道的根本举措。我国有13亿多人口、9亿多劳动力，每年高校毕业生、农村转移劳动力、城镇困难人员、退役军人数量较大，人力资源转化为人力资本的潜力巨大，但就业总量压力较大，结构性矛盾凸显。推进大众创业、万众创新，就是要通过转变政府职能、建设服务型政府，营造公平竞争的创业环境，使有梦想、有意愿、有能力的科技人员、高校毕业生、农民工、退役军人、失业人员等各类市场创业主体"如鱼得水"，通过创业增加收入，让更多的人富起来，促进收入分配结构调整，实现创新支持创业、创业带动就业的良性互动发展。

——推进大众创业、万众创新，是激发全社会创新潜能和创业活力的有效途径。目前，我国创业创新理念还没有深入人心，创业教育培训体系还不健全，善于创造、

勇于创业的能力不足，鼓励创新、宽容失败的良好环境尚未形成。推进大众创业、万众创新，就是要通过加强全社会以创新为核心的创业教育，弘扬"敢为人先、追求创新、百折不挠"的创业精神，厚植创新文化，不断增强创业创新意识，使创业创新成为全社会共同的价值追求和行为习惯。

二、总体思路

按照"四个全面"战略布局，坚持改革推动，加快实施创新驱动发展战略，充分发挥市场在资源配置中的决定性作用和更好发挥政府作用，加大简政放权力度，放宽政策、放开市场、放活主体，形成有利于创业创新的良好氛围，让千千万万创业者活跃起来，汇聚成经济社会发展的巨大动能。不断完善体制机制、健全普惠性政策措施，加强统筹协调，构建有利于大众创业、万众创新蓬勃发展的政策环境、制度环境和公共服务体系，以创业带动就业、创新促进发展。

——坚持深化改革，营造创业环境。通过结构性改革和创新，进一步简政放权、放管结合、优化服务，增强创业创新制度供给，完善相关法律法规、扶持政策和激励措施，营造均等普惠环境，推动社会纵向流动。

——坚持需求导向，释放创业活力。尊重创业创新规律，坚持以人为本，切实解决创业者面临的资金需求、市场信息、政策扶持、技术支撑、公共服务等瓶颈问题，最大限度释放各类市场主体创业创新活力，开辟就业新空间，拓展发展新天地，解放和发展生产力。

——坚持政策协同，实现落地生根。加强创业、创新、就业等各类政策统筹，部门与地方政策联动，确保创业扶持政策可操作、能落地。鼓励有条件的地区先行先试，探索形成可复制、可推广的创业创新经验。

——坚持开放共享，推动模式创新。加强创业创新公共服务资源开放共享，整合利用全球创业创新资源，实现人才等创业创新要素跨地区、跨行业自由流动。依托"互联网+"、大数据等，推动各行业创新商业模式，建立和完善线上与线下、境内与境外、政府与市场开放合作等创业创新机制。

三、创新体制机制，实现创业便利化

（一）完善公平竞争市场环境。进一步转变政府职能，增加公共产品和服务供给，为创业者提供更多机会。逐步清理并废除妨碍创业发展的制度和规定，打破地方保护主义。加快出台公平竞争审查制度，建立统一透明、有序规范的市场环境。依法反垄断和反不正当竞争，消除不利于创业创新发展的垄断协议和滥用市场支配地位以及其他不正当竞争行为。清理规范涉企收费项目，完善收费目录管理制度，制定事中事后监管办法。建立和规范企业信用信息发布制度，制定严重违法企业名单管理办法，把创业主体信用与市场准入、享受优惠政策挂钩，完善以信用管理为基础的创业创新监管模式。

（二）深化商事制度改革。加快实施工商营业执照、组织机构代码证、税务登记证"三证合一"、"一照一码"，落实"先照后证"改革，推进全程电子化登记和电子营业执照应用。支持各地结合实际放宽新注册企业场所登记条件限制，推动"一址多照"、集群注册等住所登记改革，为创业创新提供便利的工商登记服务。建立市场准入等负面清单，破除不合理的行业准入限制。开展企业简易注销试点，建立便捷的市场退出机制。依托企业信用信息公示系统建立小微企业名录，增强创业企业信息透明度。

（三）加强创业知识产权保护。研究商业模式等新形态创新成果的知识产权保护办法。积极推进知识产权交易，加快建立全国知识产权运营公共服务平台。完善知识产权快速维权与维权援助机制，缩短确权审查、侵权处理周期。集中查处一批侵犯知识产权的大案要案，加大对反复侵权、恶意侵权等行为的处罚力度，探索实施惩罚性赔偿制度。完善权利人维权机制，合理划分权利人举证责任，完善行政调解等非诉讼纠纷解决途径。

（四）健全创业人才培养与流动机制。把创业精神培育和创业素质教育纳入国民教育体系，实现全社会创业教育和培训制度化、体系化。加快完善创业课程设置，加强创业实训体系建设。加强创业创新知识普及教育，使大众创业、万众创新深入人心。加强创业导师队伍建设，提高创业服务水平。加快推进社会保障制度改革，破除人才自由流动制度障碍，实现党政机关、企事业单位、社会各方面人才顺畅流动。加快建立创业创新绩效评价机制，让一批富有创业精神、勇于承担风险的人才脱颖而出。

四、优化财税政策，强化创业扶持

（五）加大财政资金支持和统筹力度。各级财政要根据创业创新需要，统筹安排各类支持小微企业和创业创新的资金，加大对创业创新支持力度，强化资金预算执行和监管，加强资金使用绩效评价。支持有条件的地方政府设立创业基金，扶持创业创新发展。在确保公平竞争前提下，鼓励对众创空间等孵化机构的办公用房、用水、用能、网络等软硬件设施给予适当优惠，减轻创业者负担。

（六）完善普惠性税收措施。落实扶持小微企业发展的各项税收优惠政策。落实科技企业孵化器、大学科技园、研发费用加计扣除、固定资产加速折旧等税收优惠政策。对符合条件的众创空间等新型孵化机构适用科技企业孵化器税收优惠政策。按照税制改革方向和要求，对包括天使投资在内的投向种子期、初创期等创新活动的投资，统筹研究相关税收支持政策。修订完善高新技术企业认定办法，完善创业投资企业享受70%应纳税所得额税收抵免政策。抓紧推广中关村国家自主创新示范区税收试点政策，将企业转增股本分期缴纳个人所得税试点政策、股权奖励分期缴纳个人所得税试点政策推广至全国范围。落实促进高校毕业生、残疾人、退役军人、登记失业人员等创业就业税收政策。

（七）发挥政府采购支持作用。完善促进中小企业发展的政府采购政策，加强对采购单位的政策指导和监督检查，督促采购单位改进采购计划编制和项目预留管理，增强政策对小微企业发展的支持效果。加大创新产品和服务的采购力度，把政府采购与支持创业发展紧密结合起来。

五、搞活金融市场，实现便捷融资

（八）优化资本市场。支持符合条件的创业企业上市或发行票据融资，并鼓励创业企业通过债券市场筹集资金。积极研究尚未盈利的互联网和高新技术企业到创业板发行上市制度，推动在上海证券交易所建立战略新兴产业板。加快推进全国中小企业股份转让系统向创业板转板试点。研究解决特殊股权结构类创业企业在境内上市的制度性障碍，完善资本市场规则。规范发展服务于中小微企业的区域性股权市场，推动建立工商登记部门与区域性股权市场的股权登记对接机制，支持股权质押融资。支持符合条件的发行主体发行小微企业增信集合债等企业债券创新品种。

（九）创新银行支持方式。鼓励银行提高针对创业创新企业的金融服务专业化水平，不断创新组织架构、管理方式和金融产品。推动银行与其他金融机构加强合作，对创业创新活动给予有针对性的股权和债权融资支持。鼓励银行业金融机构向创业企业提供结算、融资、理财、咨询等一站式系统化的金融服务。

（十）丰富创业融资新模式。支持互联网金融发展，引导和鼓励众筹融资平台规范发展，开展公开、小额股权众筹融资试点，加强风险控制和规范管理。丰富完善创业担保贷款政策。支持保险资金参与创业创新，发展相互保险等新业务。完善知识产权估值、质押和流转体系，依法合规推动知识产权质押融资、专利许可费收益权证券化、专利保险等服务常态化、规模化发展，支持知识产权金融发展。

六、扩大创业投资，支持创业起步成长

（十一）建立和完善创业投资引导机制。不断扩大社会资本参与新兴产业创投计划参股基金规模，做大直接融资平台，引导创业投资更多向创业企业起步成长的前端延伸。不断完善新兴产业创业投资政策体系、制度体系、融资体系、监管和预警体系，加快建立考核评价体系。加快设立国家新兴产业创业投资引导基金和国家中小企业发展基金，逐步建立支持创业创新和新兴产业发展的市场化长效运行机制。发展联合投资等新模式，探索建立风险补偿机制。鼓励各地方政府建立和完善创业投资引导基金。加强创业投资立法，完善促进天使投资的政策法规。促进国家新兴产业创业投资引导基金、科技型中小企业创业投资引导基金、国家科技成果转

化引导基金、国家中小企业发展基金等协同联动。推进创业投资行业协会建设，加强行业自律。

（十二）拓宽创业投资资金供给渠道。加快实施新兴产业"双创"三年行动计划，建立一批新兴产业"双创"示范基地，引导社会资金支持大众创业。推动商业银行在依法合规、风险隔离的前提下，与创业投资机构建立市场化长期性合作。进一步降低商业保险资金进入创业投资的门槛。推动发展投贷联动、投保联动、投债联动等新模式，不断加大对创业创新企业的融资支持。

（十三）发展国有资本创业投资。研究制定鼓励国有资本参与创业投资的系统性政策措施，完善国有创业投资机构激励约束机制、监督管理机制。引导和鼓励中央企业和其他国有企业参与新兴产业创业投资基金、设立国有资本创业投资基金等，充分发挥国有资本在创业创新中的作用。研究完善国有创业投资机构国有股转持豁免政策。

（十四）推动创业投资"引进来"与"走出去"。抓紧修订外商投资创业投资企业相关管理规定，按照内外资一致的管理原则，放宽外商投资准入，完善外资创业投资机构管理制度，简化管理流程，鼓励外资开展创业投资业务。放宽对外资创业投资基金投资限制，鼓励中外合资创业投资机构发展。引导和鼓励创业投资机构加大对境外高端研发项目的投资，积极分享境外高端技术成果。按投资领域、用途、募集资金规模，完善创业投资境外投资管理。

七、发展创业服务，构建创业生态

（十五）加快发展创业孵化服务。大力发展创新工场、车库咖啡等新型孵化器，做大做强众创空间，完善创业孵化服务。引导和鼓励各类创业孵化器与天使投资、创业投资相结合，完善投融资模式。引导和推动创业孵化与高校、科研院所等技术成果转移相结合，完善技术支撑服务。引导和鼓励国内资本与境外合作设立新型创业孵化平台，引进境外先进创业孵化模式，提升孵化能力。

（十六）大力发展第三方专业服务。加快发展企业管理、财务咨询、市场营销、人力资源、法律顾问、知识产权、检验检测、现代物流等第三方专业化服务，不断丰富和完善创业服务。

（十七）发展"互联网＋"创业服务。加快发展"互联网＋"创业网络体系，建设一批小微企业创业创新基地，促进创业与创新、创业与就业、线上与线下相结合，降低全社会创业门槛和成本。加强政府数据开放共享，推动大型互联网企业和基础电信企业向创业者开放计算、存储和数据资源。积极推广众包、用户参与设计、云设计等新型研发组织模式和创业创新模式。

（十八）研究探索创业券、创新券等公共服务新模式。有条件的地方继续探索通过创业券、创新券等方式对创业者和创新企业提供社会培训、管理咨询、检验检测、软件开发、研发设计等服务，建立和规范相关管理制度和运行机制，逐步形成可复制、可推广的经验。

八、建设创业创新平台，增强支撑作用

（十九）打造创业创新公共平台。加强创业创新信息资源整合，建立创业政策集中发布平台，完善专业化、网络化服务体系，增强创业创新信息透明度。鼓励开展各类公益讲坛、创业论坛、创业培训等活动，丰富创业平台形式和内容。支持各类创业创新大赛，定期办好中国创新创业大赛、中国农业科技创新创业大赛和创新挑战大赛等赛事。加强和完善中小企业公共服务平台网络建设。充分发挥企业的创新主体作用，鼓励和支持有条件的大型企业发展创业平台、投资并购小微企业等，支持企业内外部创业者创业，增强企业创业创新活力。为创业失败者再创业建立必要的指导和援助机制，不断增强创业信心和创业能力。加快建立创业企业、天使投资、创业投资统计指标体系，规范统计口径和调查方法，加强监测和分析。

（二十）用好创业创新技术平台。建立科技基础设施、大型科研仪器和专利信息资源向全社会开放的长效机制。完善国家重点实验室等国家级科研平台（基地）向社会开放机制，为大众创业、万众创新提供有力支撑。鼓励企业建立一批专业化、市场化的技术转移平台。鼓励依托三维（3D）打印、网络制造等先进技术和发展模式，开展面向创业者的社会化服务。引导和支持有条件的领军企业创建特色服务平台，面向企业内部和外部创业者提供资金、技术和服务支撑。加快建立军民两用技术项目实施、信息交互和标准化协调机制，促进军民创新资源融合。

（二十一）发展创业创新区域平台。支持开展全面创新改革试验的省（区、市）、国家综合配套改革试验区等，依托改革试验平台在创业创新体制机制改革方面积极探索，发挥示范和带动作用，为创业创新制度体系建设提供可复制、可推广的经验。依托自由贸易试验区、国家自主创新示范区、战略性新兴产业集聚区等创业创新资源密集区域，打造若干具有全球影响力的创业创新中心。引导和鼓励创业创新型城市完善环境，推动区域集聚发展。推动实施小微企业创业基地城市示范。鼓励有条件的地方出台各具特色的支持政策，积极盘活闲置的商业用房、工业厂房、企业库房、物流设施和家庭住所、租赁房等资源，为创业者提供低成本办公场所和居住条件。

九、激发创造活力，发展创新型创业

（二十二）支持科研人员创业。加快落实高校、科研院所等专业技术人员离岗创业政策，对经同意离岗的可在3年内保留人事关系，建立健全科研人员双向流动机制。进一步完善创新型中小企业上市股权激励和员工持股计划制度规则。鼓励符

合条件的企业按照有关规定，通过股权、期权、分红等激励方式，调动科研人员创业积极性。支持鼓励学会、协会、研究会等科技社团为科技人员和创业企业提供咨询服务。

（二十三）支持大学生创业。深入实施大学生创业引领计划，整合发展高校毕业生就业创业基金。引导和鼓励高校统筹资源，抓紧落实大学生创业指导服务机构、人员、场地、经费等。引导和鼓励成功创业者、知名企业家、天使和创业投资人、专家学者等担任兼职创业导师，提供包括创业方案、创业渠道等创业辅导。建立健全弹性学制管理办法，支持大学生保留学籍休学创业。

（二十四）支持境外人才来华创业。发挥留学回国人才特别是领军人才、高端人才的创业引领带动作用。继续推进人力资源市场对外开放，建立和完善境外高端创业创新人才引进机制。进一步放宽外籍高端人才来华创业办理签证、永久居留证等条件，简化开办企业审批流程，探索由事前审批调整为事后备案。引导和鼓励地方对回国创业高端人才和境外高端人才来华创办高科技企业给予一次性创业启动资金，在配偶就业、子女入学、医疗、住房、社会保障等方面完善相关措施。加强海外科技人才离岸创业基地建设，把更多的国外创业创新资源引入国内。

十、拓展城乡创业渠道，实现创业带动就业

（二十五）支持电子商务向基层延伸。引导和鼓励集办公服务、投融资支持、创业辅导、渠道开拓于一体的市场化网商创业平台发展。鼓励龙头企业结合乡村特点建立电子商务交易服务平台、商品集散平台和物流中心，推动农村依托互联网创业。鼓励电子商务第三方交易平台渠道下沉，带动城乡基层创业人员依托其平台和经营网络开展创业。完善有利于中小网商发展的相关措施，在风险可控、商业可持续的前提下支持发展面向中小网商的融资贷款业务。

（二十六）支持返乡创业集聚发展。结合城乡区域特点，建立有市场竞争力的协作创业模式，形成各具特色的返乡人员创业联盟。引导返乡创业人员融入特色专业市场，打造具有区域特点的创业集群和优势产业集群。深入实施农村青年创业富民行动，支持返乡创业人员因地制宜围绕休闲农业、农产品深加工、乡村旅游、农村服务业等开展创业，完善家庭农场等新型农业经营主体发展环境。

（二十七）完善基层创业支撑服务。加强城乡基层创业人员社保、住房、教育、医疗等公共服务体系建设，完善跨区域创业转移接续制度。健全职业技能培训体系，加强远程公益创业培训，提升基层创业人员创业能力。引导和鼓励中小金融机构开展面向基层创业创新的金融产品创新，发挥社区地理和软环境优势，支持社区创业者创业。引导和鼓励行业龙头企业、大型物流企业发挥优势，拓展乡村信息资源、物流仓储等技术和服务网络，为基层创业提供支撑。

十一、加强统筹协调，完善协同机制

（二十八）加强组织领导。建立由发展改革委牵头的推进大众创业万众创新部际联席会议制度，加强顶层设计和统筹协调。各地区、各部门要立足改革创新，坚持需求导向，从根本上解决创业创新中面临的各种体制机制问题，共同推进大众创业、万众创新蓬勃发展。重大事项要及时向国务院报告。

（二十九）加强政策协调联动。建立部门之间、部门与地方之间政策协调联动机制，形成强大合力。各地区、各部门要系统梳理已发布的有关支持创业创新发展的各项政策措施，抓紧推进"立、改、废"工作，将对初创企业的扶持方式从选拔式、分配式向普惠式、引领式转变。建立健全创业创新政策协调审查制度，增强政策普惠性、连贯性和协同性。

（三十）加强政策落实情况督查。加快建立推进大众创业、万众创新有关普惠性政策措施落实情况督查督导机制，建立和完善政策执行评估体系和通报制度，全力打通决策部署的"最先一公里"和政策落实的"最后一公里"，确保各项政策措施落地生根。

各地区、各部门要进一步统一思想认识，高度重视、认真落实本意见的各项要求，结合本地区、本部门实际明确任务分工、落实工作责任，主动作为、敢于担当，积极研究解决新问题，及时总结推广经验做法，加大宣传力度，加强舆论引导，推动本意见确定的各项政策措施落实到位，不断拓展大众创业、万众创新的空间，汇聚经济社会发展新动能，促进我国经济保持中高速增长、迈向中高端水平。

国务院

2015年6月11日

最新全国"七五"普法系列读物

总顾问：张苏军　　总主编：李林　陈甦　陈泽宪　莫纪宏

名　称	规格	定价
全国"七五"普法统编教材（以案释法版，共25册）		
宪法知识党员干部读本（以案释法版）	16开	28
宪法知识中小学生读本（以案释法版）	16开	18
宪法知识公民读本（以案释法版）	16开	18
全面推进依法治国党员干部读本（以案释法版）	16开	28
领导干部法治思维和法治方式读本（以案释法版）	16开	28
党委(党组)理论学习中心组法治学习读本（以案释法版）	16开	38
领导干部学法用法读本（以案释法版）	16开	38
公务员学法用法读本（以案释法版）	16开	38
事业单位人员学法用法读本（以案释法版）	16开	38
企业经营管理人员学法用法读本（以案释法版）	16开	38
非公有制企业和商会学法用法读本（以案释法版）	16开	38
职工学法用法读本（以案释法版）	16开	28
农民工学法用法读本（以案释法版）	16开	24
社区居委会干部学法用法读本（以案释法版）	16开	28
社区居民学法用法读本（以案释法版）	16开	24
农村"两委"干部学法用法读本（以案释法版）	16开	32
农民学法用法读本（以案释法版）	16开	24
公民学法用法读本（以案释法版）	16开	28
青少年法治教育（以案释法小学版）	16开	12
青少年法治教育（以案释法初中版）	16开	15
青少年法治教育（以案释法高中版）	16开	18
教职工法治教育读本（以案释法版）	16开	38
"大众创业万众创新"法律知识读本（以案释法版）	16开	28
"一带一路"法律知识读本（以案释法版）	16开	28
党内法规学习宣传读本（以案释法版）	16开	28
新时期法治宣传教育工作丛书（共30册）		
新时期法治宣传教育立法	16开	48
新时期县市区和乡镇法治宣传教育	16开	48
新时期网络和新媒体法治宣传教育	16开	48
新时期法治城市和法治县(市、区)创建	16开	48
新时期法治文化和法治阵地建设	16开	48
新时期"谁执法谁普法"和"以案释法"工作	16开	38

新时期媒体公益法治宣传教育	16 开	48
新时期"法律六进"活动	16 开	38
新时期行业(部门)法治宣传教育	16 开	48
新时期机关（单位）法治宣传教育	16 开	38
新时期农村法治宣传教育	16 开	38
新时期社区法治宣传教育	16 开	38
新时期青少年(学校)法治宣传教育	16 开	48
新时期企业法治宣传教育	16 开	38
新时期公民法治宣传教育	16 开	28
新时期特殊场所法治宣传教育	16 开	28
新时期"12·4"国家宪法日暨法制宣传日宣传教育	16 开	38
新时期法治政府建设和政府法律顾问工作	16 开	48
新时期领导干部公务员法治宣传教育	16 开	38
新时期事业单位人员国企经营管理人员法治宣传教育	16 开	38
新时期协会商会民营企业个体工商户法治宣传教育	16 开	38
新时期流动人口农民工新市民法治宣传教育	16 开	28
新时期特殊人群法治宣传教育	16 开	28
新时期法治社会建设和全民守法工作	16 开	38
新时期普法骨干培训教材	16 开	48
新时期普法讲师团成员培训教材	16 开	38
新时期法制副校长培训教材	16 开	38
新时期村(居)委法制副主任一村(居)一法律顾问培训教材	16 开	10
新时期普法志愿者培训教材	16 开	10
新时期法律明白人培训教材	16 开	10
"谁执法谁普法"系列丛书（以案释法版，共70册）		
审判法律知识读本（以案释法版）	16 开	28
检察法律知识读本（以案释法版）	16 开	28
监察法律知识读本（以案释法版）	16 开	28
政府法制法律知识读本（以案释法版）	16 开	28
保密法律知识读本（以案释法版）	16 开	28
档案法律知识读本（以案释法版）	16 开	28
信访法律知识读本（以案释法版）	16 开	28
国防法律知识读本（以案释法版）	16 开	28
发展改革法律知识读本（以案释法版）	16 开	28
粮食法律知识读本（以案释法版）	16 开	28
能源法律知识读本（以案释法版）	16 开	28
教育法律知识读本（以案释法版）	16 开	28
体育法律知识读本（以案释法版）	16 开	28
科技法律知识读本（以案释法版）	16 开	28
工业和信息化法律知识读本（以案释法版）	16 开	28
烟草法律知识读本（以案释法版）	16 开	28

国防科工法律知识读本（以案释法版）	16 开	28
民族法律知识读本（以案释法版）	16 开	28
宗教法律知识读本（以案释法版）	16 开	28
公安法律知识读本（以案释法版）	16 开	28
国家安全法律知识读本（以案释法版）	16 开	28
民政法律知识读本（以案释法版）	16 开	28
司法行政法律知识读本（以案释法版）	16 开	28
财政法律知识读本（以案释法版）	16 开	28
审计法律知识读本（以案释法版）	16 开	28
人力资源和社会保障法律知识读本（以案释法版）	16 开	28
编制法律知识读本（以案释法版）	16 开	28
国土管理法律知识读本（以案释法版）	16 开	28
海洋法律知识读本（以案释法版）	16 开	28
环保法律知识读本（以案释法版）	16 开	28
住房和城乡建设法律知识读本（以案释法版）	16 开	28
交通法律知识读本（以案释法版）	16 开	28
铁路法律知识读本（以案释法版）	16 开	28
民航法律知识读本（以案释法版）	16 开	28
邮政法律知识读本（以案释法版）	16 开	28
商务法律知识读本（以案释法版）	16 开	28
农业法律知识读本（以案释法版）	16 开	28
林业法律知识读本（以案释法版）	16 开	28
水利法律知识读本（以案释法版）	16 开	28
文化法律知识读本（以案释法版）	16 开	28
文物法律知识读本（以案释法版）	16 开	28
新闻出版广电法律知识读本（以案释法版）	16 开	28
卫生法律知识读本（以案释法版）	16 开	28
计划生育法律知识读本（以案释法版）	16 开	28
中医药法律知识读本（以案释法版）	16 开	28
人民银行法律知识读本（以案释法版）	16 开	28
外汇管理法律知识读本（以案释法版）	16 开	28
海关法律知识读本（以案释法版）	16 开	28
国资管理法律知识读本（以案释法版）	16 开	28
税务法律知识读本（以案释法版）	16 开	28
工商行政管理法律知识读本（以案释法版）	16 开	28
质量检验检疫法律知识读本（以案释法版）	16 开	28
安全生产监督法律知识读本（以案释法版）	16 开	28
食品药品监督法律知识读本（以案释法版）	16 开	28
统计法律知识读本（以案释法版）	16 开	28
知识产权法律知识读本（以案释法版）	16 开	28
旅游法律知识读本（以案释法版）	16 开	28

港澳台侨权益保护法律知识读本（以案释法版）	16 开	28
地震法律知识读本（以案释法版）	16 开	28
气象法律知识读本（以案释法版）	16 开	28
银行业监督管理法律知识读本（以案释法版）	16 开	28
证券监督管理法律知识读本（以案释法版）	16 开	28
保险监督管理法律知识读本（以案释法版）	16 开	28
供销合作社法律知识读本（以案释法版）	16 开	28
工会法律知识读本（以案释法版）	16 开	28
共青团法律知识读本（以案释法版）	16 开	28
妇联法律知识读本（以案释法版）	16 开	28
文联作协法律知识读本（以案释法版）	16 开	28
残联法律知识读本（以案释法版）	16 开	28
红十字会法律知识读本（以案释法版）	16 开	28
"谁执法谁普法"系列宣传册（漫画故事版，共70册）		
审判普法宣传册（漫画故事版）	大 32	8
检察普法宣传册（漫画故事版）	大 32	8
监察普法宣传册（漫画故事版）	大 32	8
政府法制普法宣传册（漫画故事版）	大 32	8
保密普法宣传册（漫画故事版）	大 32	8
档案普法宣传册（漫画故事版）	大 32	8
信访普法宣传册（漫画故事版）	大 32	8
国防普法宣传册（漫画故事版）	大 32	8
发展改革普法宣传册（漫画故事版）	大 32	8
粮食普法宣传册（漫画故事版）	大 32	8
能源普法宣传册（漫画故事版）	大 32	8
教育普法宣传册（漫画故事版）	大 32	8
体育普法宣传册（漫画故事版）	大 32	8
科技普法宣传册（漫画故事版）	大 32	8
工业和信息化普法宣传册（漫画故事版）	大 32	8
烟草普法宣传册（漫画故事版）	大 32	8
国防科工法律知识读本（以案释法版	大 32	8
民族普法宣传册（漫画故事版）	大 32	8
宗教普法宣传册（漫画故事版）	大 32	8
公安普法宣传册（漫画故事版）	大 32	8
国家安全普法宣传册（漫画故事版）	大 32	8
民政普法宣传册（漫画故事版）	大 32	8
司法行政普法宣传册（漫画故事版）	大 32	8
财政普法宣传册（漫画故事版）	大 32	8
审计普法宣传册（漫画故事版）	大 32	8
人力资源和社会保障普法宣传册（漫画故事版）	大 32	8
编制普法宣传册（漫画故事版）	大 32	8

国土管理普法宣传册（漫画故事版）	大32	8
海洋普法宣传册（漫画故事版）	大32	8
环保普法宣传册（漫画故事版）	大32	8
住房和城乡建设普法宣传册（漫画故事版）	大32	8
交通普法宣传册（漫画故事版）	大32	8
铁路普法宣传册（漫画故事版）	大32	8
民航普法宣传册（漫画故事版）	大32	8
邮政普法宣传册（漫画故事版）	大32	8
商务普法宣传册（漫画故事版）	大32	8
农业普法宣传册（漫画故事版）	大32	8
林业普法宣传册（漫画故事版）	大32	8
水利普法宣传册（漫画故事版）	大32	8
文化普法宣传册（漫画故事版）	大32	8
文物普法宣传册（漫画故事版）	大32	8
新闻出版广电普法宣传册（漫画故事版）	大32	8
卫生普法宣传册（漫画故事版）	大32	8
计划生育普法宣传册（漫画故事版）	大32	8
中医药普法宣传册（漫画故事版）	大32	8
人民银行普法宣传册（漫画故事版）	大32	8
外汇管理普法宣传册（漫画故事版）	大32	8
海关普法宣传册（漫画故事版）	大32	8
国资管理普法宣传册（漫画故事版）	大32	8
税务普法宣传册（漫画故事版）	大32	8
工商行政管理普法宣传册（漫画故事版）	大32	8
质量检验检疫普法宣传册（漫画故事版）	大32	8
安全生产监督普法宣传册（漫画故事版）	大32	8
食品药品监督普法宣传册（漫画故事版）	大32	8
统计普法宣传册（漫画故事版）	大32	8
知识产权普法宣传册（漫画故事版）	大32	8
旅游普法宣传册（漫画故事版）	大32	8
港澳台侨权益保护普法宣传册（漫画故事版）	大32	8
地震普法宣传册（漫画故事版）	大32	8
气象普法宣传册（漫画故事版）	大32	8
银行业监督管理普法宣传册（漫画故事版）	大32	8
证券监督管理普法宣传册（漫画故事版）	大32	8
保险监督管理普法宣传册（漫画故事版）	大32	8
供销合作社普法宣传册（漫画故事版）	大32	8
工会普法宣传册（漫画故事版）	大32	8
共青团普法宣传册（漫画故事版）	大32	8
妇联普法宣传册（漫画故事版）	大32	8
文联作协普法宣传册（漫画故事版）	大32	8

残联普法宣传册（漫画故事版）	大 32	8
红十字会普法宣传册（漫画故事版）	大 32	8
青少年《法治教育》系列教材（法治实践版，共 30 册）		
法治教育（法治实践版·小学一年级注音版上）	16 开	6.8
法治教育（法治实践版·小学一年级注音版下）	16 开	6.8
法治教育（法治实践版·小学二年级注音版上）	16 开	6.8
法治教育（法治实践版·小学二年级注音版下）	16 开	6.8
法治教育（法治实践版·小学三年级上）	16 开	8.8
法治教育（法治实践版·小学三年级下）	16 开	8.8
法治教育（法治实践版·小学四年级上）	16 开	8.8
法治教育（法治实践版·小学四年级下）	16 开	8.8
法治教育（法治实践版·小学五年级上）	16 开	8.8
法治教育（法治实践版·小学五年级下）	16 开	8.8
法治教育（法治实践版·小学六年级上）	16 开	8.8
法治教育（法治实践版·小学六年级下）	16 开	8.8
法治教育（法治实践版·初中一年级上）	16 开	10.8
法治教育（法治实践版·初中一年级下）	16 开	10.8
法治教育（法治实践版·初中二年级上）	16 开	10.8
法治教育（法治实践版·初中二年级下）	16 开	10.8
法治教育（法治实践版·初中三年级上）	16 开	10.8
法治教育（法治实践版·初中三年级下）	16 开	10.8
法治教育（法治实践版·高中一年级上）	16 开	12.8
法治教育（法治实践版·高中一年级下）	16 开	12.8
法治教育（法治实践版·高中二年级上）	16 开	12.8
法治教育（法治实践版·高中二年级下）	16 开	12.8
法治教育（法治实践版·高中三年级上）	16 开	12.8
法治教育（法治实践版·高中三年级下）	16 开	12.8
法治教育（法治实践版·中职中专一年级）	16 开	14.8
法治教育（法治实践版·中职中专二年级）	16 开	14.8
法治教育（法治实践版·中职中专三年级）	16 开	14.8
法治教育（法治实践版·大学一年级）	16 开	19.8
法治教育（法治实践版·大学二年级）	16 开	19.8
法治教育（法治实践版·大学三年级）	16 开	19.8
"七五"普法书架—"以案释法"丛书（共 60 册）	16 开	2160
《公民权益保护法律指南》丛书（10 册/套）	16 开	360
公民权利义务法律指南（以案释法版）	16 开	（量大时
未成年人权益保护法律指南（以案释法版）	16 开	外包装纸
妇女权益保护法律指南（以案释法版）	16 开	盒上可署
老年人权益保护法律指南（以案释法版）	16 开	名**编印
务工人员权益保护法律指南（以案释法版）	16 开	或**捐
军人权益保护法律指南（以案释法版）	16 开	赠，订 60

消费者维权法律指南（以案释法版）	16 开	
征地拆迁维权法律指南（以案释法版）	16 开	
监狱罪犯维权法律指南（以案释法版）	16 开	
国家赔偿法律指南（以案释法版）	16 开	
《大众创业风险防范法律指导》丛书（10 册/套）	16 开	360（量大时外包装纸盒上可署名**编印或**捐赠，订60册全套增书架一幅）
合同纠纷防范法律指导（以案释法版）	16 开	
民间借贷纠纷防范法律指导（以案释法版）	16 开	
合伙纠纷防范法律指导（以案释法版）	16 开	
公司设立与股权纠纷防范法律指导（以案释法版）	16 开	
企业税收风险防范法律指导（以案释法版）	16 开	
抵押担保纠纷防范法律指导（以案释法版）	16 开	
商标、专利纠纷防范法律指导（以案释法版）	16 开	
票据存单纠纷防范法律指导（以案释法版）	16 开	
委托理财纠纷防范法律指导（以案释法版）	16 开	
企业改制与破产清算纠纷防范法律指导（以案释法版）	16 开	
《一生中要远离这些违法犯罪》丛书（10 册/套）	16 开	360（量大时外包装纸盒上可署名**编印或**捐赠，订60册全套增书架一幅）
什么是违法（以案释法版）	16 开	
什么是犯罪（以案释法版）	16 开	
哪些行为构成危害公共安全罪（以案释法版）	16 开	
哪些行为构成破坏社会主义市场经济秩序罪（以案释法版）	16 开	
哪些行为构成侵犯公民人身权利、民主权利罪（以案释法版）	16 开	
哪些行为构成侵犯财产罪（以案释法版）	16 开	
哪些行为构成妨害社会管理秩序罪（以案释法版）	16 开	
哪些行为构成贪污贿赂罪（以案释法版）	16 开	
哪些行为构成渎职罪（以案释法版）	16 开	
违法犯罪后如何辩护代理（以案释法版）	16 开	
《民事纠纷法律适用指南》丛书（10 册/套）	16 开	360（量大时外包装纸盒上可署名**编印或**捐赠，订60册全套增书架一幅）
人身伤害赔偿纠纷法律适用指南（以案释法版）	16 开	
医疗事故赔偿纠纷法律适用指南（以案释法版）	16 开	
环境污染赔偿纠纷法律适用指南（以案释法版）	16 开	
工伤赔偿与劳动合同纠纷法律适用指南（以案释法版）	16 开	
交通事故赔偿纠纷法律适用指南（以案释法版）	16 开	
婚姻家庭纠纷法律适用指南（以案释法版）	16 开	
收养、抚养、赡养与继承纠纷法律适用指南（以案释法版）	16 开	
房屋纠纷法律适用指南（以案释法版）	16 开	
宅基地与土地承包纠纷法律适用指南（以案释法版）	16 开	
民事证据与民事诉讼法律适用指南（以案释法版）	16 开	
《"法治创建"法律适用指导》丛书（10 册/套）	16 开	360（量大时外包装纸盒上可署
安全生产法律适用指导（以案释法版）	16 开	
食品安全法律适用指导（以案释法版）	16 开	
道路交通安全法律适用指导（以案释法版）	16 开	

工程建设质量与安全法律适用指导（以案释法版）	16 开	
环境污染赔偿法律适用指导（以案释法版）	16 开	
治安管理法律适用指导（以案释法版）	16 开	
村民自治法律适用指导（以案释法版）	16 开	
农村治安法律适用指导（以案释法版）	16 开	
社区矫正法律适用指导（以案释法版）	16 开	
人民调解法律适用指导（以案释法版）	16 开	
《阳光执法适用指导》丛书（10 册/套）	16 开	360（量大时外包装纸盒上可署名**编印或**捐赠，订60册全套增书架一幅）
公安执法监督适用指导（以案释法版）	16 开	
环保执法监督适用指导（以案释法版）	16 开	
食药品监督管理适用指导（以案释法版）	16 开	
安全生产监督管理适用指导（以案释法版）	16 开	
行政处罚适用指导（以案释法版）	16 开	
行政复议适用指导（以案释法版）	16 开	
行政证据收集、举证、审查适用指导（以案释法版）	16 开	
行政诉讼适用指导（以案释法版）	16 开	
冤错案件的防范与纠正适用指导（以案释法版）	16 开	
国家赔偿适用指导（以案释法版）	16 开	
普法连续出版物《普法漫画》（合订本）	48 辑	1440
全国普法办审定《普法漫画》月刊（1-12 辑）	12 辑	360
全国普法办审定《普法漫画》月刊（13-24 辑）	12 辑	360
全国普法办审定《普法漫画》月刊（25-36 辑）	12 辑	360
全国普法办审定《普法漫画》月刊（37-48 辑）	12 辑	360
普法连续出版物《普法音像》（合订本）	48 辑	19200
全国普法办监制《普法音像》月刊（1-12 辑）	12 辑	4800
全国普法办监制《普法音像》月刊（13-24 辑）	12 辑	4800
全国普法办监制《普法音像》月刊（25-36 辑）	12 辑	4800
全国普法办监制《普法音像》月刊（37-48 辑）	12 辑	4800
普法连续出版物《普法挂图》（合订本）	48 辑	960
《普法挂图》月刊（1-12 辑）	24 张	240
《普法挂图》月刊（13-24 辑）	24 张	240
《普法挂图》月刊（25-36 辑）	24 张	240
《普法挂图》月刊（37-48 辑）	24 张	240
"七五"普法挂图系列（45 种）		
《中华人民共和国国家安全法》挂图	2 张	20
《中华人民共和国食品安全法(修订版)》挂图	2 张	20
《中华人民共和国广告法》挂图	2 张	20
《中华人民共和国立法法》挂图	2 张	20
《中华人民共和国行政许可法》挂图	2 张	20
《中华人民共和国行政复议法》挂图	2 张	20
《中华人民共和国行政处罚法》挂图	2 张	20

《中华人民共和国社会救助暂行办法》挂图	2张	20
《中华人民共和国水污染防治法》挂图	2张	20
《中华人民共和国药品管理法》挂图	2张	20
《工伤保险条例》挂图	2张	20
《不动产登记暂行条例》挂图	2张	20
《中华人民共和国社会保险法》挂图	2张	20
《中华人民共和国突发事件应对法》挂图	2张	20
《中华人民共和国劳动合同法》挂图	2张	20
《中华人民共和国土地管理法》挂图	2张	20
《中华人民共和国禁毒法》挂图	2张	20
《中华人民共和国刑事诉讼法》挂图	2张	20
《校车安全管理条例》挂图	2张	20
《中华人民共和国道路交通安全法》挂图	2张	20
《中华人民共和国民事诉讼法》（修正案)挂图	2张	20
《中华人民共和国老年人权益保障法》挂图	2张	20
《中华人民共和国预防未成年人犯罪法》挂图	2张	20
《国有土地上房屋征收与补偿条例》挂图	2张	20
《中华人民共和国物权法》挂图	2张	20
《中华人民共和国治安管理处罚法》挂图	2张	20
《中华人民共和国教师法》挂图	2张	20
《中华人民共和国劳动法》挂图	2张	20
《中华人民共和国农业法》挂图	2张	20
《中华人民共和国旅游法》挂图	2张	20
《中华人民共和国消费者权益保障法》挂图	2张	20
《中华人民共和国职业病防治法》挂图	2张	20
《中华人民共和国村民委员会组织法》挂图	2张	20
《社区矫正实施办法》挂图	2张	20
《信访条例》挂图	2张	20
《法律援助条例》挂图	2张	20
《中华人民共和国环境保护法(修订版)》挂图	2张	20
《中华人民共和国劳动争议调解仲裁法》挂图	2张	20
《中华人民共和国侵权责任法》挂图	2张	20
《中华人民共和国国家赔偿法》挂图	2张	20
《中华人民共和国安全生产法(修订版)》挂图	2张	20
《中华人民共和国教育法》挂图	2张	20
《中华人民共和国著作权法》挂图	2张	20
《中华人民共和国人民调解法》挂图	4张	30
《中华人民共和国反家庭暴力法》挂图	2张	20
"七五"普法·"法律六进"系列普法挂图	72张	720
《法律进农村》系列普法挂图	12张	120
《法律进社区》系列普法挂图	12张	120

《法律进学校》系列普法挂图	12 张	120
《法律进企业》系列普法挂图	12 张	120
《法律进单位》系列普法挂图	12 张	120
《法律进机关》系列普法挂图	12 张	120
"七五"普法·新时期法治宣传教育微讲座		
《立法法修正解读与立法实务操作》高端讲座	12DVD	1800
《行政执法能力提升培训》高端讲座	12DVD	2900
《宪法知识微讲座100讲》	10DVD	980
《法治思维100例》（领导干部、公务员、事业、国企、村居）	10DVD	1980
《公职人员法律和廉政风险防范讲座·领导干部篇》	2DVD	396
《公职人员法律和廉政风险防范讲座·公务员篇》	2DVD	396
《公职人员法律和廉政风险防范讲座·事业单位人民团体篇》	2DVD	396
《公职人员法律和廉政风险防范讲座·国企经营管理人员篇》	2DVD	396
《公职人员法律和廉政风险防范讲座·基层村（居）干部篇》	2DVD	396
《开心普法——校园篇》电视情景短剧30集	10DVD	1800
"七五"普法·法学名家讲座系列（75讲）		
《全面推进依法治国基本方略》（中国社科院莫纪宏）	2DVD	200
《宪法的价值和我国宪法的实施》（中国社科院陈云生）	2DVD	200
《坚持依法行政建设法治政府》（国家行政学院杨伟东）	1DVD	100
《行政许可法讲座》（国家行政学院杨伟东）	1DVD	100
《行政处罚法讲座》（中国政法大学解志勇）	1DVD	100
《行政复议法讲座》（国家行政学院杨伟东）	1DVD	100
《行政强制法讲座》（全国人大法工委李援）	2DVD	200
《行政诉讼法(修订)讲座》（首都经贸大兰燕卓）	2DVD	200
《国家赔偿法讲座》（中国政法大学解志勇）	1DVD	100
《突发事件应对法讲座》（中国政法大学王敬波）	2DVD	200
《公共应急体制和应急预案体系》（中国政法大学林鸿潮）	1DVD	100
《义务教育法》讲座(中国劳动学院宋艳慧)	1DVD	100
《未成年人保护法》讲座(北京外国语大学姚金菊)	1DVD	100
《校车安全管理条例》讲座(中国政法大学王敬波)	1DVD	100
《预防未成年人犯罪法》讲座(中国政法大学皮艺军)	1DVD	100
《中小学幼儿园安全管理办法》讲座(中国政法大学王敬波)	1DVD	100
《未成年人保护法》讲座(中国政法大学皮艺军)	1DVD	100
《中小学公共安全教育指导纲要》讲座(中国政法大学王敬波)	1DVD	100
《教师法》讲座(北京外国语大学姚金菊)	1DVD	100
《学生伤害事故处理办法》讲座(中国政法大学王敬波)	1DVD	100
《消防法》讲座(中国劳动学院颜峻)	1DVD	100
《治安管处罚法》讲座(中国公安大学陈天本)	1DVD	100
《禁毒法》讲座(国家禁毒委领导专家)	4DVD	400
《侵权责任法》讲座(中国人民大学邢海宝)	2DVD	200
《精神卫生法》讲座(北京大学医学部刘瑞爽)	1DVD	100

《全国人民代表大会和地方各级人民代表大会代表法》（莫纪	2DVD	200
《村民委员会组织法》讲座(民政部基层司汤晋苏)	1DVD	100
《保守国家秘密法(修订)》讲座(全国人大法工委孙镇平)	1DVD	100
《出境入境管理法》讲座(北京理工大学刘国福)	2DVD	200
《物权法》讲座(中国社科院法学所渠涛)	2DVD	200
《公司法(修订)》讲座(中国人民大学贾林青)	2DVD	200
《合伙企业法》讲座(中国社科院法学所崔勤之)	2DVD	200
《消费者权益保护法》讲座(中国人民大学刘俊海)	2DVD	200
《商标法》讲座(中国政法大学冯晓青)	2DVD	200
《著作权法》讲座(中国政法大学杨利华)	2DVD	200
《专利法》讲座(中国政法大学陈丽苹)	1DVD	100
《信息网络传播权的保护》(中国政法大学冯晓青)	2DVD	200
《非物质文化遗产法》讲座(全国人大法工委李文阁)	1DVD	100
《税收征收管理法实施细则》讲座(北京大学翟继光)	2DVD	200
《征信业管理条例》讲座(中国人民大学刘俊海)	2DVD	200
《安全生产法》讲座(国务院发展研究中心常纪文)	2DVD	200
《药品管理法》讲座(南开大学宋华琳)	1DVD	100
《食品安全法与食品安全法制建设》讲座(全国人大李援)	1DVD	100
《环境保护法》讲座(国务院发展研究中心常纪文)	1DVD	100
《节约能源法》讲座(首都经贸大学高桂林)	1DVD	100
《清洁生产促进法》讲座(中国青年政治学院刘映春)	1DVD	100
《循环经济促进法》讲座(中国人民大学周珂)	1DVD	100
《水环境与水资源法律制度》讲座(中国人民大学周珂)	1DVD	100
《水土保持法》讲座(中国人民大学周珂)	1DVD	100
《渔业法》讲座(国务院发展研究中心常纪文)	1DVD	100
《土地管理法》讲座(北京立天律师事务所张捷)	1DVD	100
《国有土地上房屋征收与补偿条例》讲座(最高法院原法官王	3DVD	300
《城市房地产管理法》讲座(中国政法大学符启林)	2DVD	200
《物业管理条例》讲座(中国政法大学薛克刚)	1DVD	100
《农村土地承包法》讲座(中国社科院法学所刘海波)	1DVD	100
《农村土地承包经营纠纷调解仲裁法》讲座(社科院法学所刘	1DVD	100
《旅游法》讲座(对外经贸大学苏号朋)	2DVD	200
《保险法》讲座(对外经贸大学李青武)	1DVD	100
《交强险条例》讲座(中国人民大学贾林青)	2DVD	200
《劳动合同法》讲座(北京市劳动仲裁委吴立华)	2DVD	200
《劳动争议调解仲裁法》讲座(北京市劳动仲裁委梁桂琴)	1DVD	100
《职业病防治法》讲座(中国劳动学院孟燕华)	1DVD	100
《社会保险法》讲座(人社部政策研究司李月田)	1DVD	100
《军人保险法》讲座(中国人民大学邢海宝)	1DVD	100
《婚姻法司法解释(三)》讲座(中国社科院法学所薛宁兰)	2DVD	200
《老年人权益保障法》讲座(河北经贸大学田宝会)	1DVD	100

《妇女权益保障法》讲座(河北经贸大学梁洪杰)	1DVD	100
《残疾人权益保障法》讲座(河北经贸大学梁洪杰)	1DVD	100
《刑法修正案(八)》讲座(中国政法大学阮齐林)	2DVD	200
《刑事诉讼法(修订)》讲座(中国社科院冀祥德)	2DVD	200
《民事诉讼法(修订)》讲座(中国政法大学肖建华)	2DVD	200
《刑事法律援助制度的发展和实施》(中国政法大学顾永忠)	2DVD	200
《人民调解法》讲座(中国人民大学范愉)	1DVD	100
《调解制度在司法实践中的运用》(国家法官学院徐继军)	2DVD	200
《社区矫正的理论与实务》讲座(司法部预防犯罪所陈志海)	4DVD	400
行业普法讲座资源库（每张 DVD 单价 100）		
"法治政府"法学名家讲座库	16DVD	1600
"法治机关"法学名家讲座库	20DVD	2000
"法治校园"法学名家讲座库	19DVD	1900
"法治企业"法学名家讲座库	28DVD	2800
"法治农村"法学名家讲座库	38DVD	3800
"法治社区"法学名家讲座库	58DVD	5800
"法治公安"法学名家讲座库	30DVD	3000
"法治环保"法学名家讲座库	20DVD	2000
"法治社保"法学名家讲座库	29DVD	2900
"法治住建"法学名家讲座库	28DVD	2800
"法治国土"法学名家讲座库	27DVD	2700
"法治食药监"法学名家讲座库	21DVD	2100
行业法治动漫资源库（每个 40 秒，单价 4000，可编辑）		
"依法治国"法治动漫资源库	12 个	48000
"严格执法"法治动漫资源库	13 个	52000
"法治机关"法治动漫资源库	10 个	40000
"法治企业"法治动漫资源库	33 个	132000
"法治校园"法治动漫资源库	28 个	112000
"法治农村"法治动漫资源库	128 个	512000
"法治社区"法治动漫资源库	149 个	596000
"法治人社"法治动漫资源库	49 个	196000
"法治公安"法治动漫资源库	40 个	160000
"法治住建"法治动漫资源库	27 个	108000
"法治环保"法治动漫资源库	20 个	80000
"法治教育"法治动漫资源库	21 个	84000
"法治工商"法治动漫资源库	14 个	56000
"法治国土"法治动漫资源库	12 个	48000
"法治卫计"法治动漫资源库	9 个	36000
"法治安监"法治动漫资源库	9 个	36000
"法治质监"法治动漫资源库	6 个	24000
"法治金融"法治动漫资源库	5 个	20000

"交通安全" 法治动漫资源库	16 个	64000
"公民权力" 法治动漫资源库	9 个	36000
"婚姻家庭" 法治动漫资源库	12 个	48000
"知识产权" 法治动漫资源库	9 个	36000
"社区矫正" 法治动漫资源库	9 个	36000
"农村土地保护" 法治动漫资源库	8 个	32000
"突发事件应对" 法治动漫资源库	8 个	32000
"法治民政" 法治动漫资源库	4 个	16000
"法治国防" 法治动漫资源库	4 个	16000
"法治林业" 法治动漫资源库	3 个	12000
"法治税收" 法治动漫资源库	3 个	12000
行业法治展板/橱窗（每块单价1000，可自行署名印制）		
"依法行政" 展板/橱窗	6 块	6000
"公正司法" 展板/橱窗	8 块	8000
"法治机关" 展板/橱窗	20 块	20000
"法治企业" 展板/橱窗	27 块	27000
"法治校园" 展板/橱窗	47 块	47000
"法治农村" 展板/橱窗	57 块	57000
"法治社区" 展板/橱窗	57 块	57000
"法治国防" 展板/橱窗	42 块	42000
"法治公安" 展板/橱窗	23 块	23000
"法治监察" 展板/橱窗	6 块	6000
"法治司法行政" 展板/橱窗	9 块	9000
"法治民政" 展板/橱窗	22 块	22000
"法治教育" 展板/橱窗	44 块	44000
"法治体育" 展板/橱窗	3 块	3000
"法治人社" 展板/橱窗	18 块	18000
"法治卫计" 展板/橱窗	10 块	10000
"法治国土" 展板/橱窗	13 块	13000
"法治住建" 展板/橱窗	14 块	14000
"法治环保" 展板/橱窗	8 块	8000
"法治工商" 展板/橱窗	22 块	22000
"法治安监" 展板/橱窗	8 块	8000
"法治质监" 展板/橱窗	10 块	10000
"法治食药监" 展板/橱窗	4 块	4000
"法治金融" 展板/橱窗	9 块	9000
"法治税收" 展板/橱窗	8 块	8000
"法治财政国资" 展板/橱窗	5 块	5000
"法治商务" 展板/橱窗	5 块	5000
"法治交通" 展板/橱窗	6 块	6000
"法治农业" 展板/橱窗	19 块	19000

"法治畜牧"展板/橱窗	8 块	8000
"法治林业"展板/橱窗	4 块	4000
"法治渔业"展板/橱窗	3 块	3000
"法治文广"展板/橱窗	9 块	9000
"法治知识产权"展板/橱窗	5 块	5000
"法治旅游"展板/橱窗	2 块	2000
"法治物价"展板/橱窗	2 块	2000
"法治气象"展板/橱窗	3 块	3000
"法治煤炭"展板/橱窗	3 块	3000
"法治保密"展板/橱窗	2 块	2000
"法治信访"展板/橱窗	2 块	2000
"法治残联"展板/橱窗	2 块	2000
"七五"普法《学法笔记本》(电子版,可自行署名印制)		
"七五"普法《学法笔记本》(综合,电子版)	32 开	10000
"七五"普法《学法笔记本》(领导干部,电子版)	32 开	10000
"七五"普法《学法笔记本》(公务员,电子版)	32 开	10000
"七五"普法《学法笔记本》(企事业管理人员,电子版)	32 开	10000
"七五"普法《学法笔记本》(街道社区干部,电子版)	32 开	10000
"七五"普法《学法笔记本》(乡镇农村两委干部,电子版)	32 开	10000
"七五"普法《学法笔记本》(教育教师,电子版)	32 开	10000
"七五"普法《学法笔记本》(医药卫生,电子版)	32 开	10000
"七五"普法《学法笔记本》(文化广电,电子版)	32 开	10000
"七五"普法《学法笔记本》(农林水,电子版)	32 开	10000
"七五"普法《学法笔记本》(工业和信息化,电子版)	32 开	10000
"七五"普法《学法笔记本》(民族宗教,电子版)	32 开	10000
"七五"普法《学法笔记本》(人力资源和社会保障,电子版)	32 开	10000
"七五"普法《学法笔记本》(金融,电子版)	32 开	10000
"七五"普法《学法笔记本》(财政审计,电子版)	32 开	10000
"七五"普法《学法笔记本》(税务,电子版)	32 开	10000
"七五"普法《学法笔记本》(住房和城乡建设,电子版)	32 开	10000
"七五"普法《学法笔记本》(交通运输,电子版)	32 开	10000
"七五"普法《学法笔记本》(铁道,电子版)	32 开	10000
"七五"普法《学法笔记本》(商业外贸,电子版)	32 开	10000
"七五"普法《学法笔记本》(人口计生,电子版)	32 开	10000
"七五"普法《学法笔记本》(纪检监察,电子版)	32 开	10000
"七五"普法《学法笔记本》(政法,电子版)	32 开	10000
"七五"普法《学法笔记本》(环境保护,电子版)	32 开	10000
"七五"普法《学法笔记本》(海关,电子版)	32 开	10000
"七五"普法《学法笔记本》(质量检验检疫,电子版)	32 开	10000
"七五"普法《学法笔记本》(安监,电子版)	32 开	10000
"七五"普法《学法笔记本》(国土管理,电子版)	32 开	10000

"七五"普法《学法笔记本》（工商行政管理，电子版）	32开	10000
"七五"普法扑克系列（更多行业普法扑克，可署名印制）		
《"七五"普法法律知识》普法扑克	54张	5
《劳动合同法》普法扑克	54张	5
《安全生产法》普法扑克	54张	5
《土地管理法》普法扑克	54张	5
《税收征管法》普法扑克	54张	5
《食品安全法》普法扑克	54张	5
《突发事件应对法》普法扑克	54张	5
《烟草专卖法》普法扑克	54张	5
"七五"普法《名家法治书法》		
"七五"普法《名家法治书法》（有关宪法宣传，含装裱）	1幅	20000
"七五"普法《名家法治书法》（有关廉政教育，含装裱）	1幅	20000
"七五"普法《名家法治书法》（有关法治县市区，含装裱）	1幅	20000
"七五"普法《名家法治书法》（有关法治政府，含装裱）	1幅	20000
"七五"普法《名家法治书法》（有关执法示范单位，含装裱）	1幅	20000
"七五"普法《名家法治书法》（有关和谐社区，含装裱）	1幅	20000
"七五"普法《名家法治书法》（有关法治平安校园，含装裱）	1幅	20000
"七五"普法《名家法治书法》（有关诚信守法企业，含装裱）	1幅	20000
"七五"普法《名家法治书法》（有关民主法治乡村，含装裱）	1幅	20000
"七五"普法·"宪法"宣传图书		
《宪法》宣誓·手持本（精装）	32开	28
《宪法》宣誓·手按本（精装）	32开	40
《宪法与我》宣传册（漫画案例版）	32开	5
《宪法》单行本（平装）	32开	4
《宪法》单行本（精装）	32开	16
《宪法》单行本（口袋书，简装，2000册起订）	64开	2
《中小学生"宪法晨读"本》（口袋书）	64开	5
《国家工作人员"我读宪法"本》（口袋书）	64开	5
"七五"普法·"宪法"广播电视和新媒体系列		
《宪法》宣传条幅（室外，每包10条，红底白字内容不同）	10条	2000
《宪法》宣传标语（社区、农村，每包10条，红底白字内容不同）	10条	30
《宪法》摘要广播（流动车大喇叭，著名播音员录制，23分钟）	23分钟	1000
《宪法》宣传电视专题片（电视台，多画面，播音员录制，26分钟）	26分钟	5000
《宪法讲座—著名宪法学家陈云生》（上下集120分钟，2DVD光盘）	2DVD	200
《宪法》宣传动漫公益广告（源文件，6分钟，9个可自主编辑）	9个	4000
《宪法与我》手机短信（生活中的宪法，50条）	50条	1000
《宪法与我》手机报（彩信版，漫画生活中的宪法，10条）	10条	1000
《宪法与我》手机微信（漫画生活中的宪法，10条）	10条	1000
"七五"普法·"宪法"单页挂图展板台日历系列		
《宪法》宣传单页（16开，铜版纸，双面彩印，5000起订）	16开	0.6

名称	规格	价格
《宪法》宣传单页(电子版，16开，正背彩印，漫画故事)	16开	2000
《"宪法与我"宣传折页》(漫画故事5折12面彩印，5000册起订)	5折页	5000
《"宪法与我"宣传折页》(电子版，可自主印制署名，含若干漫画)	5折页	5000
《宪法宣传挂图》(一套6张，铜版纸彩色印刷，100套起订)	6张	60
《宪法宣传挂图》(电子版，一套6张，可自主印刷署名)	6张	6000
《宪法宣传展板》(易拉宝，含架，一套6块)	6块	1200
《宪法宣传展板》(电子版，一套6张，可自主喷绘署名)	6块	6000
宪法宣传年度桌历(大32，13张高档铜板彩印，500册起订)	大32	8
宪法宣传年度桌历(电子版，可自主印制署名，含若干漫画)	大32	10000
宪法宣传年度周历(大32，53张高档铜板彩印，500册起订)	大32	20
宪法宣传年度周历(电子版，可自主印制署名，含若干漫画)	大32	20000
宪法宣传年度年历(4开1张，彩色高档印制，1000册起订)	4开	3
宪法宣传年度年历(电子版，可自主印刷署名)	4开	5000
宪法宣传年度日历(365页，手撕，72开，5000起订)	72开	10
"七五"普法·"宪法"宣传办公和生活用品系列		
宪法宣传笔记本(皮革，精装，16开，500册起订)	16开	20
宪法宣传笔记本(简装，2000册起)	大32	5
宪法宣传鼠标垫(常规，1000个起订)	常规	3.5
宪法宣传纸杯(常规，2000个起订)	常规	1
宪法宣传水写笔(常规，2000支起订)	常规	3
宪法宣传书签(常规，10000起订)	常规	0.5
宪法宣传茶具(普通青花瓷，1套7件，即1壶6杯，现货)	7件	160
宪法宣传茶具(优质骨瓷，1套11件，现货)	11件	360
宪法宣传茶杯(青花牡丹图，高档优质骨瓷带盖、每箱10杯，现货)	10杯	420
宪法宣传茶杯(墨竹图，普通陶瓷带盖、每箱10杯，现货)	10杯	190
宪法宣传笔筒(红瓷，1个，现货)	1个	198
宪法宣传扑克牌(72开，高档印制，1000起订)	72开	5
宪法宣传扑克牌(漫画+条文，电子版，可自主署名)	72开	10000
宪法宣传手提袋(无纺布，30cm×40cm×8cm，1000个起订)	无纺布	3
宪法宣传围裙(防水布，长80×宽65cm，1000个起订)	防水布	8
宪法宣传围裙(优质型/韩版，77×67×23cm，1000个起)	常规	15
宪法宣传毛巾(常规，1000个起订)	全棉	10
宪法宣传太阳伞(名牌杭州天堂伞，7-8片，500个起订)	7-8片	28
宪法宣传晴雨伞(广告品牌伞，7片-8片，500个起订)	7-8片	20
宪法宣传太阳帽(常规，1000个起订)	夏	10

银行汇款：开户名：中国民主法制出版社有限公司，账号：1100 1071 6000 5604 0867，开户行：建行北京市右安门支行（行号：1051 0000 9098）。注：开发票时品名均为"图书"。

分社地址：北京市海淀区北三环西路32号恒润国际大厦711、901、902、911（邮编100086）。

咨询电话：400-659-2288（多线，免长话费），传真：010-62167260、62151293。

网　址：www.faxuan.net 或者 www.pfcx.cn 或者 www.Law124.com.cn 。